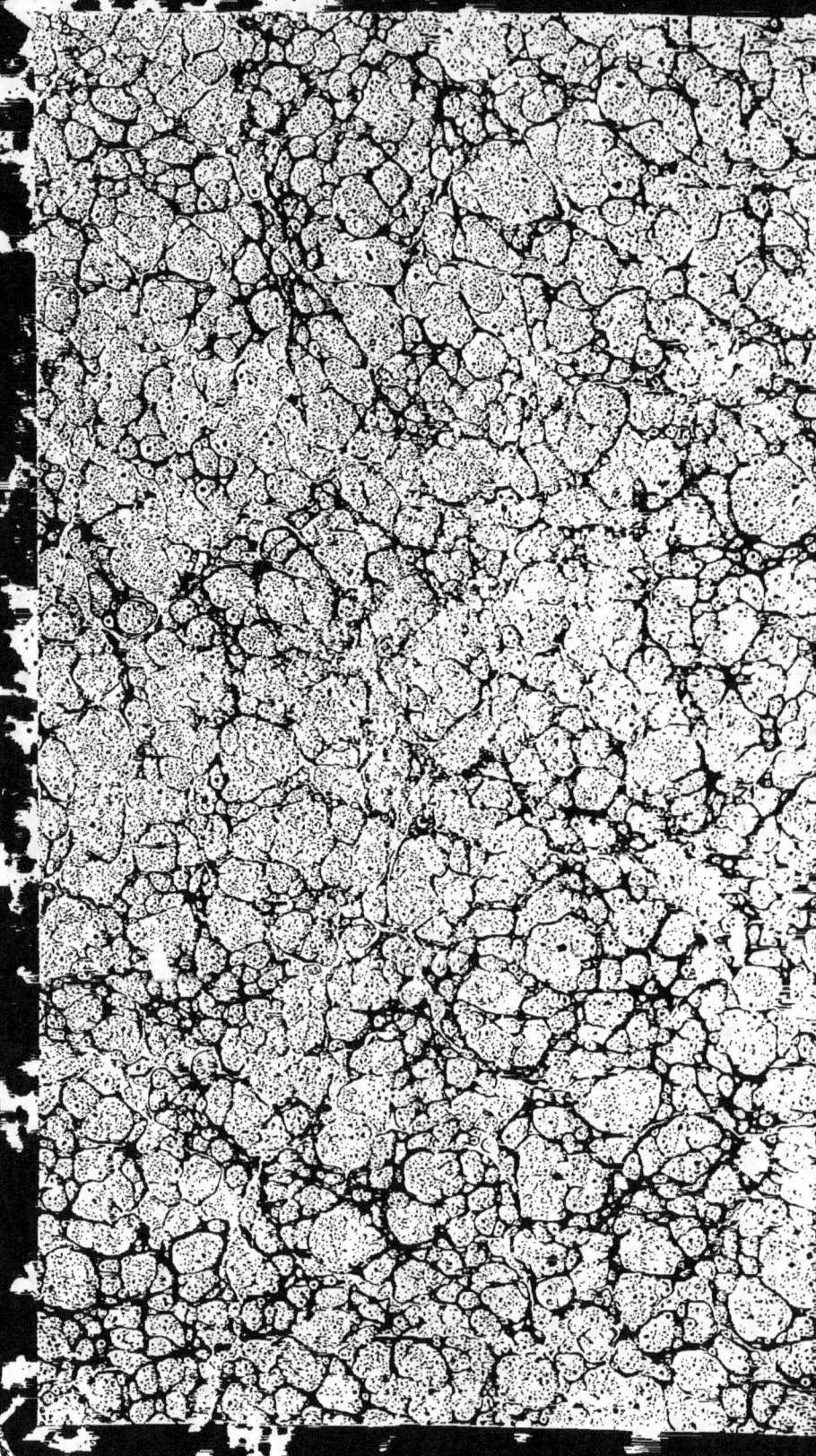

$LK^7 2425$

DIJON

HISTOIRE ET TABLEAU.

Propriété de l'éditeur :

Auxonne, Imprimerie de X. T. Saunié.

VUE DE DIJON, prise du rempart tivoli

BIBLIOTHÈQUE POPULAIRE

DES VILLES DE BOURGOGNE.

DIJON

HISTOIRE ET TABLEAU

DEPUIS LES TEMPS LES PLUS RECULÉS

JUSQU'A L'ASSEMBLÉE NATIONALE — LÉGISLATIVE DE 1849

PAR JOSEPH BARD

De l'Académie de Dijon

DIJON	AUXONNE
CHEZ JULES PICARD, LIBRAIRE,	CHEZ X.-T. SAUNIÉ, IMPR.-ÉDIT.
Rue de la Liberté, 120.	Rue de la Liberté, 11.

AOUT MDCCCXLIX.

AV · CONSEIL · GENERAL
DE · LA · COTE · D'OR (1)
AV · CONSEIL · MVNICIPAL · DE · DIJON
A · LA · FRATERNELLE · VNION
DV · DEPARTEMENT
ET · DE · LA · CITE

CHOREY · AVRIL · MDCCCXLIX

IOSEPH · BARD

(1) Le département de la Côte-d'Or est représenté au Conseil général du département en 1849 (août), par MM. Hernoux (Dijon est), Drevon (Dijon ouest), Grapin (Dijon nord). — Bourceret. — Molin, aîné. — Joigneaux. Boullenot. — Carnot. — Moreau, de Cencerey. — Gustave Geissveiller. — Godard-Poussignol. — Marion. — Coste. — Michea. — Misset. — Vaudrey. — Louis Basile. — Philippon. — Bordet. — Bougueret. — Noblet. — Perdrix. — Ally. — Joly. — Perrenet. — Vullierod. — Saunac. — Dufour. — Muteau. — Mairet, de Genlis. — Mairet, de Sombernon. — Benoit-Larché. — Maire, neveu. — Court. — Moreau, de Saulieu. — Rémond. — Lacoste, fils.

AVANT-PROPOS.

En publiant, pour ma BIBLIOTHÈQUE POPULAIRE DES VILLES DE BOURGOGNE, ce volume, c'est toujours une vieille pensée que j'applique à la ville de Dijon, comme je l'ai appliquée aux villes de Nuits, Beaune, Chagny, dans une série d'opuscules de même format, imprimés dans un but direct, et à celles d'Autun, de Chalon-sur-Saône, Mâcon et Lyon, dans des ouvrages où elles n'entrent que comme éléments secondaires. — Cette pensée, c'est celle de l'histoire peinte aux yeux, inscrite dans un cadre borné, au lieu de l'histoire délayée dans les faits, qui les enregistre froidement et les raconte d'une manière toute didactique. — Me pardonnera-t-on d'avoir pris pour objet, la grande chose dijonnaise et de l'avoir ployée à l'étroite mesure de ce travail?

Ce n'est pas l'histoire de Dijon que je présente aux lecteurs, c'est un résumé méthodique et clair des annales dijonnoises où le présent tient beaucoup plus de place que le passé. L'histoire de Dijon était partout et n'était nulle part; j'ai recueilli, coordonné, uni les éléments épars, pour former ce livre à l'usage de tous, en ne lui demandant qu'un seul succès, celui de la popularité.

En prenant la plume, je ne voulais d'abord écrire qu'un simple résumé des fastes dijonnais; le sujet m'a poussé bien au-delà de ces limites. Extrêmement rapide dans les trois premiers chapitres, le récit des événements se rallentit à l'époque de notre première révolution, et il devient tout-à-fait de la chronique depuis la chute de la monarchie en février 1848. Mon ouvrage sera complet à deux points de vue, celui des faits les plus voisins de nous, et celui du tableau. — Nul écrivain, je crois, n'avait encore exploité comme je l'ai fait, l'archéologie oculaire de Dijon. C'était bien là, je l'avoue, mon véritable terrain, car j'ai précédé de plusieurs années, M. de Caumont, dans l'amour et l'appréciation des monuments historiques. Le récit des événements dijonnais s'arrête précisément à l'heure même où finit l'impression de mon travail. — C'est là mon habitude, de conduire l'histoire jusqu'à ma dernière épreuve.

Ne cherchez point de politique dans ces études dijonnaises, vous n'y trouverez que de l'impartialité. J'ai constamment pensé sous l'empire de ce patriotisme sincère et de cette démocratie chrétienne qui allient le devoir au droit, la croyance à la raison, le passé au présent, l'ordre moral, ce premier de nos besoins, et l'ordre matériel, à la liberté légale, le mouvement des intelligences au calme des cœurs, les faits accomplis aux développements logiques et civilisateurs qu'ils comportent, qui secouent les aristocraties illégitimes et les préjugés nuisibles. — La démocratie chrétienne, pour moi, c'est le droit, l'accessibilité de tous, avec les intelligences vertueuses à la tête de la société, prises partout; c'est le pouvoir de tous modéré par la loi religieuse et réglé par la loi civile. — Quand j'ai dit que l'opposition démocratique remontait à Dijon aux premières années de la restauration, j'ai simplement constaté un fait, en recherchant les causes qui le produirent.

Nous n'avons pas cru devoir enrichir de dessins, cet ouvrage sur Dijon : les conditions de vente d'un livre, sont si précaires aujourd'hui! — Et d'ailleurs à quelle ville des estampes faisaient-elles moins besoin qu'à celle de Dijon, dont les vues partielles et générales sont répandues partout avec une profusion inouïe?

Les édifices publics et privés occupent dans le volume une place assez importante : c'est que Dijon est rempli de monuments inédits de la plus grande valeur, inconnus à beaucoup de ses enfants et de ses hôtes. — Au reste, tout ce qui tient à la statistique et aux monuments, est parfaitement distinct de la suite des faits : aussi peut-être, aura-t-on à me reprocher quelques répétitions, quand je reviendrai dans le regard particulier aux choses effleurées historiquement dans le coup d'œil général et chronologique.

Si on me laisse dans ma vie ignorée, muré dans la quiétude de mes goûts d'art, si j'ai du temps et du calme, je donnerai encore un peu plus tard, Auxonne, dans les limites posées à l'œuvre dijonnaise. — Puis successivement Saint-Jean-de-Losne, Seurre et Tournus; mais j'ai presque vécu un demi siècle, et l'avenir ne m'appartient pas.

C'est avec joie, je l'avoue, que je vais continuer la BIBLIOTHÈQUE POPULAIRE DES VILLES DE BOURGOGNE, par Auxonne, cette petite cité percée et coupée comme une grande ville, ayant la pose, les allures, la consistance d'un centre important.

Les erreurs dont fourmille l'ouvrage de Girault ne m'ont pas empêché de gagner beaucoup à la lecture de son livre : j'ai consulté avec fruit une foule d'écrits sur la capitale de la Bourgogne et la province, la vie de Charles de Brosses, par M. T. Foisset, etc. Mais je dois surtout des renseignements précieux à M. Joseph Garnier, et à M. Victor Dumay, ancien maire de Dijon, dont l'esprit éminemment méthodique, l'instruction sérieuse, la haute bienveillance m'ont été du secours le plus efficace.

DIJON,

HISTOIRE ET TABLEAU.

I.

SITUATION.

Dijon offre un de ces sites délicieux, un de ces ravissants aspects dont le ciel s'est montré prodigue envers les cités de la douce Burgundie. Cette ville, centre d'une glorieuse nationalité et capitale d'une immense contrée, semble plus particulièrement reine de la riante Bourgogne des vignobles, sous ce vert diadême de pampres qui orne son front toujours jeune dans sa vieillesse. — En effet, il y a une terre choisie qui est à l'ancienne province de Bourgogne ce qu'est la Limagne à l'Auvergne, ce qu'est la Touraine à la France, ce qu'est le pays de Naples à l'Italie; cette zône plus chaude, plus colorée, où la grâce et l'harmonie des contours s'unissent à la limpidité du ciel et à la fertilité du sol, cette Mésopotamie viticole, pour qui vient surtout du nord et du couchant, commence presque brusquement sous les murs de Dijon, dans le magnifique bassin de la Méditerranée. — On n'arrivait pas avec plus de préparation au Latium de l'antique territoire romain. — Vous passez à peu près sans transition, d'une contrée montagneuse, aux lignes dures, au ciel de fer, à ces horizons embaumés, à cette nature civilisée, à cette vivifiante et tiède atmosphère qui font palpiter de joie et les populations et les plantes. A Dijon, seulement, vous êtes en pleine Côte-d'Or, bien que les limites géographiques de ce département si justement baptisé d'un nom pompeux, soient depuis longtemps franchies.

Voilà ces belles collines, sentinelles avancées de l'Orient, coupées sur le patron des coteaux italiques, regardant sans cesse dans leur muette contemplation, l'aurore qui les inonde de lumière et de poésie, et les initie à d'ineffables secrets ! — Voyez comme elles se déplient mollement, comme elles s'arrondissent derrière Dijon, au nord, pour fermer le gai pays des vignes, comme elles s'abaissent pour se confondre avec la plaine, après avoir donné un cadre digne d'elle à la capitale de la province! Au-delà comme en-deça de ces élégantes collines, la nationalité historique et politique est la même; mais quelle dissemblance dans les mœurs, dans les populations, les aspects et la fortune! Quand le voyageur arrivant de Châtillon-sur-Seine ou de Langres, entre dans le périmètre de Dijon; il est vivement frappé de la splendeur d'un paysage qu'aucun arrière-plan ne lui avait fait deviner, à moins toutefois qu'il ne se soit dirigé par le vallon de l'Ouche qui, même avant de s'ouvrir sur Dijon, se pare à Plombières surtout d'un véritable luxe de sites et d'ombrages. — Ainsi du visiteur qui passe subitement des plages éteintes et mornes de l'*Agro Romano* à l'admirable végétation et aux pompes de la métropole du monde. — La Bourgogne des vignobles et de la Côte-d'Or, la bonne et franche Bourgogne des poètes, des buveurs, des amants, commence et finit à Dijon, à la vallée où coule sa rivière. Les monts de Talant, de Fontaines, les collines où se meurent les derniers vignobles d'Ahuy, sont d'une autre nature que celle de nos coteaux, elles émanent d'un autre souffle, elles viennent d'une autre chaîne, elles ne sont plus favorables à la vigne que dans des conditions misérables et restreintes. Dijon est le point de partage rigoureux du nord et du midi.

Cette ville posée d'une manière salubre, sur une éminence faiblement accusée dans l'horizon, sur le cours de Suzon, aux bords animés du canal de Bourgogne et de l'Ouche qui sort de deux sources sur le territoire de Lusigny (Côte-d'Or), Dijon embrasse de ses yeux princiers les plus belles régions de notre province. C'est tout d'abord, cette ligne continue d'harmonieux coteaux si riches par leurs vins, qui jalonnent par tant d'illustres vignobles et de si brillants villages la route du midi déroulée à leur ombre, coteaux aimés où tout étincelle, où tout sourit, où tout prospère, le sol, les rochers, les maisons et les hommes, où s'ébat avec une vivacité toute méridionale la société dorée de nos villes bourguignonnes. — Au nord de Dijon, ce sont les verdoyants monticules que Montmusard (MONS MVSARVM) couronne de son nom mythologique, de ses souvenirs et de sa poésie. — Au levant, c'est cette plaine, immense bassin de la Saône, limitée à l'orient par les montagnes jurassiennes et les cîmes glacées des Alpes, plaine variée jusqu'à l'infini dans ses mouvements de terrain, ses groupes d'arbres et de maisons, sa couleur, ses cultures, à travers laquelle se promène majestueusement le canal de jonction de la Saône à la Seine, et dont le parc dijonnais et l'antique village de Longvic occupent les premiers plans. — Au couchant enfin, voici Larrey célèbre par son crû des marcs-d'or et sa fontaine, tout jonché de *villas* qui s'éparpillent avec l'effusion italienne, Larrey dont le vieux prieuré n'existe plus que dans l'histoire; voici le Mont-Affrique si connu des Romains qui en fortifièrent jadis l'austère et vaste plateau ; voici encore ces deux monts isolés d'une saillie ferme, d'un jet hardi, au faîte desquels s'élèvent l'ancienne ville de Talant, et Fontaines, patrie de St.-Bernard, montagnes pittoresques qui concourent puissamment au charme oculaire des alentours de Dijon, qui, de loin, le signalent aux regards, qui, de près, semblent verser sur lui de secrètes bénédictions, comme le coteau de Fourvières sur la grave et auguste cité de Lyon. Que d'héroïsme, de religion et d'histoire tout autour de Dijon! C'est près de ce village dont le jeune clocher blanchit à l'horizon, le long du coteau, que P. de Beaufremont donna un des plus célèbres pas-d'armes du moyen-âge chevaleresque; ici eut lieu la première épreuve dijonnaise de l'aérostat; là non loin d'une fontaine qui murmure, La Trémouille sauva Dijon assiégé par les Suisses ; c'est dans cette ferme que vous voyez surgir près de la route d'Auxonne, que Guyton-Morveau fit la première application du paratonnerre en Bourgogne ; c'est dans ce village de Fontaines que naquit le sublime apôtre des temps moyens, l'oracle de l'occident : ici les ducs, plus loin les grands hommes qui valent encore mieux que les ducs, plus loin encore les élus-généraux de la province, les gouverneurs, les intendants, les trésoriers de Bourgogne revivant par des monuments ou des souvenirs, et l'ombre du parlement passant et repassant sur tous ces paysages.

Dijon n'est pas seulement situé près des plus renommés vignobles : ses montagnes lui fournissent les plus beaux matériaux de construction qu'il soit possible de trouver, et qu'il sait utiliser avec luxe et avec goût. La pierre dijonnaise se tirait autrefois des riches carrières d'Asnières et de Chenôve : aujourd'hui on l'extrait de Larrey, de Talant, de Brochon, on la fait venir d'Is-sur-Tille.

Si cette cité règne sur la fortunée Côte-d'Or entière, elle n'en est pas moins, en particulier, l'expression souveraine de la côte dijonnaise qui a une physionomie et un type parfaitement tranchés. « Cette côte se fait remarquer surtout — comme je l'ai dit ailleurs (1) — par ses petites combes boisées, vivement accidentées, ravinées, couronnées de rochers calcaires du plus pittoresque effet. Elle a presque la solennité, l'énergie et le mouvement des montagnes granitiques de la terre éduenne. »

Le moment n'est point venu pour nous de peindre l'imposante figure que fait Dijon sous le ciel radieux qui l'étreint, au milieu des paysages constellés qui l'enveloppent, de dire avec quelle fabuleuse variété, quelle hardiesse ses saillies monumentales montent à l'horizon et découpent l'atmosphère. Il n'est pas de ville en France dont l'aspect visuel extérieur produise un si imposant effet. — Hâtons-nous de franchir le seuil qui nous sépare de son histoire.

---

(1) Voyez *Itinéraire de Dijon à Lyon*, en suivant la Côte-d'Or et la Saône, par Joseph Bard.

II.

DIJON SOUS LES ROMAINS, LES ROIS BURGUNDES ET LES DUCS BÉNÉFICIAIRES.

La noble cité dijonnaise est sœur jumelle de Beaune : la même histoire plane sur le berceau de ces deux villes d'origine purement romaine. Dijon, pas plus que l'antique Minervie, n'a point d'éléments gaulois sérieusement reconnus dans son passé, quelques fleurs de patriotisme et de poésie qu'on ait semées sur les vieux âges dijonnais. La première figure et le premier nom historiques de cette cité commencent avec un simple camp posé par Jules César, aux limites du territoire Eduen et du pays des Lingons. Toutefois, j'aime à croire que le choix de cet emplacement ne fut pas en tous points arbitraire et fortuit, et que le *Castrum Divionense* inscrivit ou avoisina un foyer quelconque de population gauloise. — J'incline d'autant plus volontiers vers cette idée, qu'au fond des siècles écoulés, j'entends encore l'écho affaibli des noms de Mithra, dont la tradition place le temple sur les *Roches-aux-Fées* où se trouve aujourd'hui le *Creux d'Enfer*, et de la *divine* IO, qui n'est autre chose que l'*Isis* de l'Egypte à laquelle aucune voix traditionnelle n'assigne un sanctuaire déterminé sur le sol dijonnais. C'est par la *divine* IO surtout que s'expliquerait l'étymologie de *Dibio* et *Divio*, à moins que le beau soleil qui éclaire Dijon, la magnificence des paysages qui l'enveloppent, le vin généreux produit par les douces collines dijonnaises ne suffisent pour justifier le surnom de *divine* qu'auraient donné ses fondateurs à la ville éclose de leur souffle, sur cette terre si hautement privilégiée. Quelques restes de monuments gaulois trouvés dans les environs de Dijon, et le tombeau de Chindonax, grand-prêtre des Vaccies, ne me paraissent pas assez significatifs pour rebâtir une cité gauloise tout au moins problématique, dans le vide des documents et des souvenirs. — J'admets un temple consacré à Isis, c'est-à dire à la *divine* IO, et, par une induction moralement logique, je le pose même près du lieu qu'occupe aujourd'hui l'harmonieuse église de N.-D. de Dijon. J'admets tout aussi facilement l'existence du temple de Mithra; mais quant à celle de la grande cité gauloise, je la voilerai du doute historique, parce que nul monument écrit ne la rend probable. Rien ne me semble plus naturel que le culte particulier voué au soleil par les peuples anciens qui habitèrent la Bourgogne viticole. Y a-t-il beaucoup de terres au monde qu'il favorise davantage de sa bienfaisante influence, qu'il échauffe, colore, enrichisse et vivifie plus que ce pays dont les riantes collines, dont toutes les pentes étagées derrière elles se penchent vers l'orient et reçoivent avec tant d'amour les éblouissants reflets de l'aurore? Mithra à Dijon, Bélénus à Beaune, à Bellenot, dans les deux Bligny, ont laissé à nos yeux une auréole sacrée sur les plus lointains horizons de la vieille Burgundie. — Mais revenons à l'origine certaine de Dijon.

IVLIVS CAESAR envoya deux légions pour stationner dans le *Castrum stativum* établi par ses ordres et nommé *Castrum Divionense* soit de la divine IO, soit de la beauté toute céleste de l'emplacement et de la contrée. Quatre portes dont l'une désignée sous le nom de *Prétorienne*, tournée vers le levant, donnaient accès dans cette enceinte de forme à peu près carrée, défendue par des fossés et d'imposantes palissades. Une première ceinture de pierres, munie de tours, protégea le camp stable, d'autres murailles lui succédèrent sous les empereurs. Lorsque Jules César eut retiré ses légions de la station dijonnaise, elle fut occupée par des ouvriers et des marchands que l'industrie avait attirés en ces lieux, et par les vétérans de la xxiie légion, comme le prouve l'inscription :

ANTIDIAE · PATERNAE · SACRAE
RESTITVTVS · VET · LEG · $\overline{\text{XXII}}$ · P

Ils s'y fixèrent définitivement et y mirent ainsi le noyau d'une ville. A la faveur du climat, du sol et des hommes, cet élément se développa rapidement, cet embryon de cité grandit vîte et passa presque sans transition de l'enfance à l'âge mûr, et du *Castrum* au municipe. C'est ce qu'attestent des édifices et d'abondants débris. Un grand nombre d'ouvriers en fer (fabri, ferrarii) avaient été attirés dans le *Castrum Divionense*, par les légions romaines et le service de l'armée. A ces artisans se joignaient des négociants et des grainetiers. Le commerce des grains sur la Saône, alors florissant à Tournus et à Chalon, explique plus tard aussi l'existence à Dijon d'un chef des nautonniers : NAVTA · ARARICVS, personnage investi d'une sorte de magistrature secondaire formée sous l'impérat de Commode.

L'enceinte romaine de Dijon était inscrite entre la place des Cordeliers et celle des ducs de Bourgogne, la rue Buffon et la rue des Etioux. L'*histoire de l'église abbatiale et collégiale de Saint-Etienne de Dijon*, en donne la figure dans un plan précieux où les monuments dijonnais sont représentés en relief. Le Logis-du-Roi (Palais des Etats) en occupe l'extrémité septentrionale. Quant au palais-de-justice actuel, on voit qu'il marque le centre de l'espace, et tout fait croire que ce point fut le siège de la première demeure gouvernementale et politique de Dijon.

Quelque rapide qu'ait été l'accroissement romain de Dijon, cette ville ne possèda ni palais prétorial, ni amphithéâtre, ni basilique, ni hyppodrôme, ni naumachie, ni aucun de ces grands édifices publics qui attestent la magnificence d'un centre puissant de civilisation. — A l'exception d'un ou deux temples, celui de la Fortune, par exemple, où Carantillus vint accomplir son vœu en faveur de Flavius Tiberius, dont les débris ont été recueillis, reconnus, expliqués par Jean Richard (Lettre à J. Patouillet, Paris 1685), à l'exception de tombeaux plus ou moins somptueux qui ne sauraient influer sur l'idée qu'on se fait du passé de Dijon — car on prie et l'on meurt partout dans les bicocques comme dans les métropoles; — à l'exception de quelques monuments dont les restes de frises, de statues, d'inscriptions, de corniches, trouvés sur le sol dijonnais, près de l'emplacement de l'ancien Logis-du-Roi, constatent l'existence, rien dans le Dijon souterrain n'indique une cité antique de premier ordre. Un bas-relief très-connu, respirant tout le parfum de l'art latin, dans la période augustale, et représentant l'alliance d'Octave, de Lépide et d'Antoine, dut, selon toute apparence, appartenir à un arc de triomphe dijonnais, élevé en l'honneur des Triumvirs. Auguste et ses successeurs sur le trône impérial furent prodigues de bienfaits envers Dijon : tout fait croire qu'il en obtint le droit de bourgeoisie romaine. Le commerce et l'industrie fleurirent à l'ombre de ces priviléges et étaient singulièrement favorisés par l'une des quatre grandes voies militaires qui traversaient les Gaules et passait près de Dijon, au levant. Plusieurs familles sénatoriales et patriciennes habitèrent cette ville, comme celle des FABIVS, des ANICES, races célèbres dans l'empire, ce qui fait présumer que les arts libéraux et les sciences durent jeter dans le Dijon antique quelque lueur absorbée par la splendeur littéraire d'Autun. Jacques-Auguste de Chevanne cite quelque part une médaille d'or de Posthume sur laquelle on lisait :

HERC · DEVSONIENSI

pour *divionensi*, qui indiquerait qu'Hercule fut honoré à Dijon ; mais je pense qu'il y a ici erreur d'interprétation. — D'ailleurs ce document ne peut être vérifié puisqu'il est introuvable.

Marc-Aurèle répara les fortifications dijonnaises. Aurélien fit envelopper Dijon d'une nouvelle enceinte militaire. Plusieurs empereurs eurent occasion d'y séjourner et d'y déployer le luxe et la pompe de Rome. Constantin y passa en CCCXI et CCCXIX. Là s'arrête l'histoire authentique des remparts latins de Dijon : toutefois, dans la nuit épaisse des IVe et Ve siècles, une dernière ceinture antique de fortifications fut élevée contre ou par les barbares. C'est dans ses murs qu'on jeta pêle-mêle la plupart des monuments construits par la civilisation romaine.

Il est naturel de penser que Dijon faisait déjà, dès le second siècle de notre ère, une assez noble figure dans le monde gallo-romain, puisque, sous l'impérat de Marc-Aurèle qui était représenté dans le centre dijonnais par TERENTIVS, St-Bénigne, envoyé d'orient par St-Polycarpe, évêque

de Smyrne, en compagnie des Saints Andoche et
Thyrse, pour catéchiser la première Lyonnaise,
dont Dijon faisait partie depuis la subdivision en
17 provinces des quatre grandes régions gau-
loises, s'arrêta dans cette ville, à son retour de
Langres. — A Dijon donc, Bénigne prêcha comme
ses compagnons Andoche et Thyrse à Autun, le
renversement des idoles, la foi du Christ, et convertit un grand nombre de païens. Bénigne fut
martyrisé le 1er novembre CLXXVIII, et ce ne
fut qu'au début du vie sciècle, sous le règne de
Sigismond, roi de Burgundie, qu'eut lieu l'invention du corps de ce pieux martyr, par St-Grégoire de Langres, qui fit édifier, en DVI, pour
recueillir les saintes reliques, un temple consacré
en DXXXV.

Le christianisme commença à Dijon comme
partout, dans le silence de l'oratoire souterrain.
Les premiers fidèles Dijonnais s'assemblaient secrètement pour participer aux pieuses agapes
des âges militants de l'Eglise, et célébrer les
saints mystères, dans une crypte au-dessus de
laquelle, vers l'an CCCIII, ils élevèrent une basilique sous l'invocation de St Etienne, à la faveur
de St-Urbain, sixième évêque de Langres, qui bâtit encore, hors des murs, près du polyandre ou

cimetière commun, une seconde basilique consacrée à St-Jean-Baptiste. — Quelques historiens ont cru que, de ce prélat, datait la concession faite aux évêques de Langres, du temporel de Dijon; mais plus probablement, cette jouissance émane moins de l'empereur Constantin, que des rois de France Louis-le-Débonnaire ou Charles-le-Chauve.

L'esprit vivifiant du christianisme poursuivait noblement son œuvre, les lumières et la foi de l'orient ruisselaient sur les Gaules, et la grande régénération politique et sociale de ces temps reculés aurait presque immédiatement donné à nos pères cette brillante civilisation que leurs descendants ne connurent que douze siècles plus tard, si le travail de cette civilisation nouvelle n'eût été brusquement arrêté par les invasions des barbares, qui soufflèrent sur toutes les lueurs, détruisirent tous les germes, bouleversèrent les choses et les hommes, et amenèrent le moyen-âge féodal et militaire. Profitant des troubles, de l'anarchie, de l'affaiblissement politique du vieil empire romain, les tribus du nord rassemblèrent leurs hordes sauvages et se ruèrent coup sur coup sur les peuples de l'est et du midi. Dijon vit, à plusieurs reprises, ces diverses tribus lui faire payer cher l'honneur d'être cité romaine et d'occuper un magnifique territoire. Cependant, parmi ces nations septentrionales, avides de soleil, cherchant une nature épanouie et féconde, un climat doux, pour y fixer leur séjour, il en était une qui, à l'énergie musculaire des hommes du nord, unissait la loyauté du cœur, la beauté des formes, la haute intelligence de l'esprit et ce sentiment inné des harmonies poétiques qui prouvait assez qu'un reste de sang oriental coulait dans ses veines; c'était celle des Burgundes au pouvoir desquels Dijon ne tarda pas à tomber. Gondebaud, roi des Burgundes, comptait Dijon dans ses domaines, lorsque Clotilde, reine des Francs, qui transmit à Clovis sa haine contre son oncle, meurtrier de Chilpéric, invita les évêques à favoriser leurs desseins. Apruncule, évêque de Langres, qui résidait à Dijon, tenta de corrompre la fidélité des habitants, mais, dévoués au souverain que la conquête leur avait donné, héritier légitime de Gondicaire, premier roi burgunde et de Gondioc, ils cherchèrent le prélat pour le lui livrer.

Clovis profita habilement de ces troubles, il gagna Godegesile, frère de Gondebaud et s'avança à la tête de l'armée franque jusqu'aux environs de Dijon où il livra au chef du premier royaume de Burgundie, une bataille que celui-ci perdit par suite de la trahison de son frère. — Gondebaud reprit plus tard ses avantages, il força Godegesile dans Vienne et le fit massacrer dans l'église même où il s'était réfugié. Gondebaud employa les paisibles jours que lui donna la victoire, à rédiger les lois *Gombettes*, chef-d'œuvre d'intelligence et de sagesse pour des temps aussi profondément barbares. Sigismond et Gondomar régnèrent successivement sur la Burgundie, après le prince législateur, et le premier royaume des Burgundes finit en DXXXIV, lorsque Gondomar fut vaincu par Clotaire qui réunit ce royaume à celui des Francs.

Dans ces âges si éloignés de nous, comme sous les ducs des deux races royales, l'histoire de Dijon se confond avec celle de la Bourgogne. Son rôle fut constamment secondaire et passif dans le premier royaume de Burgundie, soit pendant son inféodation aux rois Burgundo-Vandales, soit durant son absorption par les rois Burgundo-Francs. La révolte de Chramme, fils aîné de Clotaire, est un évènement grave dans les fastes dijonnais ; ce fut dans cette cité que ce fils rebelle vint, à la tête d'une nombreuse armée, consulter St-Tétrice, évêque de Langres, qui, dans la basilique de St-Jean, lui annonça sa fin tragique à l'ouverture des livres saints.

La ville de Dijon n'eut jamais, même momentanément, les honneurs de la capitalité, dans les divers royaumes de Burgundie. Quand ces Etats passèrent à la race royale franque, Gontran fixa son séjour à Chalon-sur-Saône. Dijon se laissa comme toute la terre burgunde réunir une seconde fois à la France, après que Clotaire second eut fait périr Brunehault d'un si cruel supplice, puis une troisième, quand après la mort de Dagobert qui vint tenir ses assises dans la cité dijonnaise, le royaume indépendant de Burgundie, réveillé par Clovis second, gouverné par Clotaire II et Thierry, fut encore incorporé à la monarchie franque, par Childéric III.

Les divers nouveaux royaumes de Bourgogne, dont la mort de Louis-le-Bègue amena la formation, laissèrent complètement en dehors de leurs limites la ville de Dijon et les contrées dont elle fut plus tard l'expression et la reine. — Le temps de sa puissance, l'ère de sa gloire n'étaient pas arrivés.

Cependant, au milieu de tous les changements qui s'opéraient coup sur coup dans la géographie politique des anciennes Gaules, la première nationalité burgunde ne put s'effacer des lieux où l'avait fixée la conquête. Le duché de Bourgogne s'inscrivit naturellement à peu près dans les bornes que Gondebaud avait posées autour de ses Etats. Formé de l'agglomération des divers comtés, il embrassa tout le territoire dont Dijon devint plus tard la capitale et présenta un tout parfaitement homogène. C'est dans ces conditions qu'il constitua l'apanage des ducs bénéficiaires de Bourgogne, qui commencent authentiquement, en DCCCLXXX, avec Richard-le-Justicier, comte d'Autun, triomphateur des Normands, et finissent à Othe-Guillaume. Sous les ducs bénéficiaires dont sept seulement sont historiquement reconnus et dont plusieurs furent doués d'un vaste génie, la Bourgogne, émanation du royaume de France, n'eut pas cette existence indépendante qu'elle ne retrouva qu'à son érection en Duché-pairie. Dijon, sous la primitive ère ducale prospéra et s'accrut : il s'apprêta au rôle de capitale qu'il devait jouer plus tard. Du reste, les ducs bénéficiaires n'avaient point de capitale dans l'acception actuelle du mot; ils n'avaient que des résidences ou plutôt des séjours plus ou moins temporaires, plus ou moins habituels. L'un se plaisait à Autun, l'autre affectionnait Auxerre, etc.

— On verra dans la suite de ce petit travail qu'il en fut presque de même des ducs héréditaires de la première race royale. Aucun document, aucune tradition ne donnent à penser que Dijon ait été plus particulièrement que toute autre ville du territoire bourguignon, choisi par les ducs bénéficiaires, pour centre politique. Rien, à ces époques obscures de l'histoire générale et particulière, n'était fixe et permanent. Cours de souverains ou de justice, institutions, tout était variable et ambulant. — C'est que les idées de la conquête et de l'instabilité qu'entraîne l'état de guerre, planaient sans cesse sur cette société inharmonique, en travail d'une première civilisation militaire, toujours enveloppée d'éventualités et d'incertitudes.

La ville de Dijon eut à subir plusieurs siéges sous les ducs bénéficiaires, et comme toutes les cités de ce temps-là, servit souvent d'instrument ou d'objet à l'ambition des grands. Tristes phases de l'histoire où les peuples ne comptent pour rien et ne semblent destinés qu'au rôle alternatif de victimes ou de proies dans l'intérêt de quelques hommes! Avant le gouvernement des ducs bénéficiaires, toute la Burgundie étant divisée en comtés, Dijon, comme expression du *Pagus Di-*

vionensis, avait eu dès le ve siècle ses comtes et ses vicomtes particuliers, viagers et révocables, chargés de l'administration de la justice. Ces officiers devinrent héréditaires en DCCCLXXVII, dans la personne de Manassès de Vergy, jusqu'au moment où le comté de Dijon fut absorbé par le duché de Bourgogne. Quant au vicomté, il fut exercé pour les ducs jusqu'à l'érection de la commune de Dijon. Les vicomtes étaient devenus eux aussi, héréditaires comme les comtes. — Guillaume IV de Pontailler fut le dernier vicomte de Dijon. Nous retrouverons plus tard l'image de ces officiers, dans les vicomtes-maïeurs ou maires de la cité.

Othe-Guillaume, fils adoptif du duc bénéficiaire Henri-le Grand, se mit, à la mort de ce dernier, en possession du duché de Bourgogne et défendit vaillamment sa cause contre le roi de France, Robert qui, comme neveu et héritier d'Henri, voulait s'inféoder la province. Dieu sait ce que les prétentions réciproques de ces deux puissants exploitateurs du peuple bourguignon, valurent à notre beau pays, de calamités et de ruines, à la faveur d'une guerre qui ne dura pas moins de treize années, et poussa l'armée royale jusque sous les murs de Dijon. Enfin, par traité de MXV, le duché fut cédé au roi Robert et le titre de comte de Dijon réservé à son rival. Lambert, qui devait au roi son évêché de Langres, lui remit la propriété de Dijon. Robert fit de cette ville la capitale de la Bourgogne et investit du duché son fils Henri qui, étant devenu roi des Francs par la mort de son père, céda cet apanage à son frère puiné, Robert, tige des premiers ducs héréditaires de la race royale. Cette cession se rapporte à l'année MXXXV : la Chartre qui la constate dit positivement que le duché de Bourgogne est donné à Robert pour en jouir en pleine propriété et passer à ses héritiers, successeurs et ayant cause.

J'ai toujours été surpris que les droits d'Autun aient été méconnus. Quelle ville de Bourgogne, par son austère entourage de souvenirs, de monuments et de montagnes, par ses illustres précédents dans le monde gaulois et romain, par l'importance de son église et de ses traditions, semblait mériter mieux de devenir la tête gouvernementale de la Bourgogne? — Mais on voulut sans doute la poser sous un ciel plus rayonnant, sur une terre plus constellée de reflets de l'orient, dans un climat plus poétique et plus doux. — Résumons à présent les principales destinées historiques de Dijon, devenu premier centre politique de la Bourgogne érigée en duché-pairie.

III.

DIJON AU MOYEN-AGE.

Les temps fabuleux de l'histoire de Dijon sont passés, et nous entrons avec la première ère ducale des souverains héréditaires dans les périodes sérieuses des fastes dijonnais. — Robert devenu sous le nom de Robert premier chef de lignée des douze ducs héréditaires de la première race royale, n'a laissé à Dijon aucune trace de son passage. Ce prince fit une guerre continuelle à Raymond, comte d'Auxerre, dont il voulait envahir les domaines et mourut en MLXXV à Fleurey-sur-Ouche, après avoir régné pendant quarante-cinq ans sur la Bourgogne.

Hugues Ier commença en MLXXV son règne par le serment prêté dans l'abbaye de St-Bénigne, entre les mains de Rainal, évêque de Langres, de conserver religieusement les priviléges de la province. Ce prince gouverna la Bourgogne avec une remarquable sagesse, pendant trois années, au bout desquelles il se retira à l'abbaye de Cluny, fondée par le duc bénéficiaire Richard le-Justicier. C'est dans cette pieuse retraite qu'il mourut aveugle. Eudes 1er, son frère, entreprit le voyage de Terre-Sainte plutôt en pénitent qu'en paladin, et finit ses jours à Tarse. Son corps ramené en France fut inhumé à Citeaux, cette *Haute-Combe* des ducs de Bourgogne. Hugues II fut aussi savant que le comportaient les temps où il vécut; il combla de bienfaits la ville de Dijon, durant son règne de quarante ans, auquel se rapporte le mémorable incendie de cette capitale, en MCXXXVII.

Eudes II aima passionnément la paix et les arts qu'elle fait fleurir; son âge fut une époque de quiétude et de calme pendant laquelle se développa singulièrement la prospérité matérielle de Dijon.

Le règne d'Hugues III marque particulièrement dans l'histoire dijonnaise. Ce souverain fit ériger à grands frais la sainte chapelle ducale de Dijon, et y fonda un chapitre. Après des guerres opiniâtres avec les seigneurs de la contrée, il profita de la paix pour établir, en MCLXXXVII, la commune de Dijon, pour diminuer leurs forces et former un contre-poids à leur puissance. — En général, il ne faut pas prêter des idées démocratiques aux princes qui semèrent le germe des franchises communales. Hugues III mourut loin de la patrie, comme Eudes Ier. Ce fut à Tyr qu'il succomba. Le corps du noble croisé revint en France, embaumé dans un coffre de cèdre et fut enterré à Citeaux.

Eudes III, époux de la belle Alix de Vergy, fondateur de l'hôpital du St-Esprit, de Dijon, devenu l'hôpital-général, termina sa vie à Lyon. Ses sujets pleurèrent amèrement sa perte, et ses restes mortels furent recueillis dans l'abbaye de Citeaux. A ce règne succéda la brillante régence d'Alix, qui gouverna le duché pendant la minorité de son fils. La veuve d'Eudes III eut encore Citeaux pour sépulture. C'est au règne de ce prince qu'on fait remonter l'établissement des Templiers à Dijon. Leur siège était dans la rue actuelle du Chaignot, près de l'ancienne porte Nanxion. Ils en avaient un autre dans la rue Madeleine, appelé le *petit Temple*. Ces maisons et les biens qui en dépendaient furent, après la suppression de l'ordre hospitalier et militaire du Temple, en 1309, réunis à la commanderie de Malte.

Hugues IV, fils du précédent duc, se fit remarquer par son courage et sa force de volonté. Il se couvrit de gloire à la Terre-Sainte et après des prouesses dignes de ces âges chevaleresques, il rentra dans ses Etats qu'il régit avec la plus louable équité. Viennent ensuite les ducs Robert II, mort à Vernon-sur-Seine, inhumé à Citeaux, Hugues V qui termina sa carrière au château d'Argilly et fut également enterré à Citeaux, Eudes IV qui fonda la belle chartreuse de Fontenay, hors les murs, dans la ville de Beaune dont il affectionnait le séjour, Philippe de Rouvres enfin qui habita presque constamment le château de son nom. Dans la personne de ce prince, dont la vie fut courte et qui expira en MCCCLXI, finit la race des ducs héréditaires de la première race royale, après un règne de trois cent vingt-neuf ans sur la Bourgogne. — Aussitôt que le roi Jean eut appris la fin de ce prince mort sans postérité, il déclara que le duché de Bourgogne faisait retour à la couronne de France, par droit de proximité. — Ce fut la quatrième réunion de notre patrie particulière à la patrie générale, à la mère-patrie.

Si le règne des douze premiers ducs héréditaires ne représente point les phases les plus brillantes et les plus civilisées, il s'exerça du moins dans les âges les plus calmes de l'histoire de Bourgogne. Cette race forma le sentiment national bourguignon, jusque là indécis, et en excita singulièrement l'énergie, fit beaucoup de bien au pays par la paix et par la guerre, affermit et augmenta l'unité du pouvoir central, ébranla les grands fiefs et combla la contrée de bienfaits. Dijon dont le rôle fut toujours secondaire en Bourgogne jusqu'à l'avènement de ces princes, était devenu leur capitale officielle et politique. C'est dans son sein qu'ils prenaient possession de leurs Etats et ceignaient la couronne ducale. Toutefois, dans ces temps devenus presque fabuleux, l'idée de capitale n'entraînait ni celle de résidence souveraine ni celle de centralisation de toutes les grandes institutions ducales. Ces institutions siégeaient encore pour la plupart à Beaune, comme sous les ducs amovibles. Plusieurs de nos ducs habitèrent cette dernière cité. Ils résidaient et tenaient indistinctement leur cour dans leurs châteaux de Beaune, de Dijon, de Salmaise, de Marsannay, d'Aignay, de Pouilly-en-Auxois, de Montbard, de Germolles, de Pagny, de Vollenay, de Rouvres (près de Fauvernay), de Pommard, de Talant, d'Argilly. A Paris, leur palais occupait le mont Saint-Hilaire, sur l'emplacement de la rue de Bourgogne.

Cependant le roi Jean qui avait une prédilection décidée pour son quatrième fils Philippe, né à Pontoise en MCCCXLII, lui donna en MCCCLXIII, le duché de Bourgogne, à titre d'apanage, reversible à la couronne, *hœrede non succedente*, et le déclara premier pair de France. — Nous voici arrivé à l'époque la plus retentissante de notre histoire, à celle où les arts se produisirent avec le plus de noblesse et d'éclat en Bourgogne. — Le xive siècle fut, dans nos belles contrées, l'âge d'or de l'architecture religieuse et palatine, de la sculpture monumentale, etc. — Avec la seconde maison de Bourgogne, s'ouvre pour la nationalité bourguignonne, une ère inouie de puissance, de somptuosité, de renommée, sous le sceptre de ces quatre princes qu'on surnommait grands-ducs d'occident, et que le concile de Basle appela premiers ducs de la chrétienté. Les Etats de ces souverains devinrent presque le centre du monde politique d'alors, leur cour fit pâlir toutes les cours impériales ou royales, leur nom effaça presque tous les noms couronnés, Dijon, leur capitale, occupa presque dans l'opinion autant de place que les plus anciennes et les plus illustres métropoles de l'Europe. Le vieux sol burgunde se constelle de monuments et de gloire; tributaire des arts de tous les pays, la Bourgogne joue un rôle immense dans la civilisation du moyen-âge, elle semble vouloir absorber tout ce qui se fait de grand en Europe, elle prend l'initiative de tous les mâles élans de générosité, de courage, de pensée et d'art du temps. Dijon, en particulier, prend une allure princière, se pose avec une fierté sans exemple et domine de toutes ses pompes le vaste horizon des Etats de Bourgogne.

Philippe-le-Hardi à peine investi de son duché, se rendit à Dijon où après les serments accoutumés, il reçut les hommages de ses peuples et se prépara à les défendre contre une foule d'ennemis. On sait les guerres que ce prince plein d'intrépidité et d'ardeur eut à soutenir contre les Anglais, les grandes-compagnies, les Gantois. Ce fut son union à Marguerite de Flandres qui donna à la maison de Bourgogne les comtés de Bourgogne, de Flandres, d'Artois, de Rhetel, de Nevers. Philippe-le-Hardi voulut que Dijon eût dans son blason un chef de ses armes. Il acheva entièrement la nouvelle enceinte militaire de la ville, commencée en MCCCLIII, et réédifia avec magnificence son château ducal, il fit don à la cité de l'horloge dite de *Jacquemart*, qu'il avait enlevée à Courtray, et établit la chartreuse de Champmol. Ce fut sous son règne que Charles VI se rendant à Avignon, séjourna pendant huit jours à Dijon, où il fut fêté par le duc avec une pompe inouïe. Philippe-le-Hardi coûta beaucoup à ses peuples pour ses voyages, ses guerres, ses prodigalités. Ce fut lui qui par ordonnance datée de Talant, créa les greniers à sel dans les principales villes du duché, et commença le pavement des rues dijonnaises. Sous son règne, la ville fit exécuter l'étendard ou guidon jadis conservé en la maison commune, que l'on portait à l'entrée des souverains et dans les grandes cérémonies publiques. Du reste, il était doué de qualités précieuses, il avait l'esprit élevé, le cœur ardent, le naturel généreux, il aima les arts et les livres. Après sa mort arrivée en MCCCIV, à Hall, son corps fut porté aux chartreux de Dijon dont il était fondateur.

Jean-sans-Peur né à Dijon en MCCCLXXI, succéda à trente-cinq ans aux vastes Etats de Philippe-le-Hardi et les augmenta des comtés de Hainaut, de Hollande et de Zélande, par son union avec Marguerite de Bavière, qui fut célébrée à Cambray en MCCCLXXXV, et à laquelle le roi assista. Ce prince presque constamment tenu éloigné de sa capitale par les guerres opiniâtres qu'il eut à soutenir, exerça peu d'influence sur sa prospérité. — Quelle prospérité, quels progrès eussent été possibles dans ces temps de discordes civiles, de factions et de vengeances, où tant de peuples s'entr'égorgeaient pour la cause des grands? — On sait ce que coutèrent à la France et à la Bourgogne, de sang et d'or, la haine implacable qui existait alors entre les maisons de Bourgogne et d'Orléans, l'assassinat commis sur le duc d'Orléans, au sortir de l'hôtel Barbette, par une main que le duc de Bourgogne sembla faire mouvoir, et les cruelles représailles exercées par le dauphin, le 10 septembre MCCCCXIX, ou plutôt par ses partisans, sur le pont de Montereau où Jean-sans-Peur fut lâchement égorgé. Les bourreaux du duc voulaient jeter son corps dans la rivière; mais le curé de Montereau après l'avoir gardé jusqu'à minuit, le fit porter dans un moulin, puis à l'hôpital où il fut mis dans la bière des pauvres et enfin inhumé dans l'église de la paroisse avec *son jupon et ses houceaux*. L'année suivante, les dépouilles mortelles du prince furent transportées à Dijon où un magnifique mausolée leur fut érigé à la chartreuse. Marguerite, son épouse, mourut à Dijon en MCCCCXXIII. Jean-sans Peur unissait le dévouement et la générosité à l'audace. Malgré le tumulte de sa nature et de ses idées, il fut bon pour ses peuples et trouva toujours sa noblesse bourguignonne prête à faire à sa gloire, à ses rancunes, à ses goûts, le sacrifice de sa vie et de ses biens. L'existence agitée, inquiète, guerroyante qu'il mena ne lui empêcha pas de jeter parfois un regard oblique et préoccupé sur les arts de la paix : il aima presque aussi ardemment que son père, les collections de livres, les beaux manuscrits miniatés, enluminés du temps. — Jean-sans-Peur affectionnait ses peuples : il révoqua la défense faite à ses sujets de transporter des blés à l'étranger, et décréta la liberté du commerce, par ordonnance souveraine rendue à Montreal, sur les représentations des Etats.

Une figure imposante se rattache à ce temps, c'est celle de Nicolas Rolin, chancelier de Bourgogne, sous Philippe-le-Bon, fondateur du Grand-Hôtel-Dieu de Beaune. Ce fut l'homme le plus fin, le plus disert de son époque, le courtisan le plus adroit, et qui fit la plus grande fortune, dont après tout il usa noblement. Nul ne se montra plus sincèrement attaché aux intérêts de son prince que lui et n'eut un cœur plus éminemment bourguignon. Diplomate consommé, il fit preuve de patriotisme, de fidélité au souverain, de haute intelligence, dans les conférences d'Auxerre, en 1432, au congrès d'Arras en 1435, où il fut l'un des plénipotentiares du duc. Ce prince lui confia l'administration de ses Etats pendant le voyage qu'il fit en Allemagne, l'an 1454. — Il fut généralement considéré comme le plus habile courtisan du xv⁰ siècle, l'homme d'Etat le plus complet, le jurisconsulte le plus érudit. Sa mort fut une véritable perte pour les pays de Bourgogne. Il eut une immense puissance, mourut le 16 janvier 1462 et fut inhumé à Autun, sa patrie.

Philippe-le-Bon fut le Louis XIV des Etats de Bourgogne. Il se trouvait à Gand, lorsque la mort tragique de son père lui fut notifiée. Plein du désir d'en tirer une éclatante vengeance, il convoqua immédiatement à Arras une assemblée de seigneurs à laquelle il invita le roi d'Angleterre qui était à Rouen. Philippe-le-Bon était né à Dijon, au mois de juin MCCCLXXXXVI.

Les conseils de Pierre Floure, dominicain, chargé de prononcer l'éloge funèbre de Jean-sans-Peur, n'exercèrent aucune influence sur l'esprit tumultueux de Philippe. Le moine, avec une hardiesse inouïe pour ces temps de despotisme, avec toute l'indépendance et l'énergie d'une âme essentiellement chrétienne, invitait le prince à imiter l'exemple d'Adrien qui après son élévation à l'empire, embrassa son plus cruel ennemi ; mais cette voix si évangélique et si digne fut étouffée par les *hourras* des courtisans.

Le traité esquissé a Arras, fut ratifié à Troyes le 21 mars MCCCCXX et cimenté par l'union d'Henri V, roi d'Angleterre, avec Catherine, fille de Charles VI qui lui apporta en dot la couronne de France.

Ainsi une idée de vengeance implacable fit conclure à Philippe le traité le plus honteux pour le nom français, il livra sa patrie à l'étranger et le trône de France à un Anglais. Il s'associa à toutes les turpitudes et les extravagances de cette déplorable période de l'histoire nationale. Toutefois, l'historien le plus inflexible pourra expliquer sans la justifier, la conduite inouie du prince, en cette circonstance. Philippe céda à un double calcul de vengeance et de force. Ses vastes Etats ne souffraient aucune atteinte; ils n'en devenaient au contraire que plus indépendants par leur séparation complète d'avec les intérêts français. La nationalité bourguignonne grandissait de tout ce que perdait la nationalité française. Et puis Philippe se réservait tacitement le rôle d'arbitre dans le cas où la lutte entre la France et l'Angleterre se fût terminée par un pact : il disposait ainsi d'une couronne. Puis encore il voulait prouver à l'Europe toute la puissance de la maison de Bourgogne, le caractère inexorable, terrible de ses rancunes ; afin de rendre désormais impossibles les agressions de ses rivaux ou de ses ennemis, abaisser la France pour élever la Bourgogne, sauf à rétablir plus tard, par l'exercice de cette même puissance, l'équilibre politique ancien des monarchies et la carte géographique de l'Europe. C'est ce que comprirent les Dijonnais. Le traité anglo-français fut accepté avec une sorte d'ivresse à Dijon par le maire Bonne et par les habitants. On sait la suite de ce déplorable épisode. La Bourgogne et la France s'épuisèrent d'hommes et d'argent, et Philippe se réputa satisfait. Quand il crut vengés les mânes de son père, il reconnut jusqu'à quelles extravagances la passion l'avait entraîné, et scella l'ère nouvelle de son règne, par sa réconciliation à Nevers avec Charles Ier, duc de Bourbon, son beau-frère. Cette réconciliation signalée par des fêtes, inspira à un historien-philosophe, très-avancé en démocratie pour son temps, les réflexions suivantes : « On y dansa; il y eut moult grande foison de mômeurs et farceurs; ce qui fit dire à un chevalier bourguignon, nous sommes mal conseillés de nous avanturer et mettre en danger de corps et d'âme pour les singulières volontés des princes, lesquels, quand il leur plait, se réconcilient l'un avec l'autre, et souventes fois avient que nous en demourons poures et détruits. »

Cependant Auxerre fut le siége d'une célèbre conférence pour la paix générale : le concile de Basle, par la voix de ses ambassadeurs, dont un pontife bourguignon, Ferry de Grancey, évêque d'Autun, était le chef, invita Philippe à se rapprocher de Charles VII. Un congrès se réunit à Arras : jamais assemblée politique ne fut plus imposante que celle-là. La paix y fut signée aux conditions les plus avantageuses pour la maison de Bourgogne. Le roi s'oblige à payer à Philippe, par la grâce de Dieu, duc de Bourgogne, cinquante mille écus d'or pour les joyaux volés à Montereau, en MCCCCXIX, il lui délaisse pour partie de ses intérêts, la seigneurie de St-Gengoux, les comtés d'Auxerre, de Mâcon, de Bar-sur-Seine, la garde de l'abbaye de Luxeuil, et plusieurs villes de Picardie, il l'exempte de foi et hommage pour les terres qu'il tient en fief de la couronne.

La Bourgogne et la France purent enfin se regarder comme deux sœurs issues de la même mère, et la promulgation de la paix fut marquée par une allégresse commune aux deux nations. Par suite de ce dernier traité, la maison de Bourgogne arriva à l'apogée de sa puissance et de sa grandeur. Le rôle d'Octave qui jusqu'à sa réconciliation avec le roi, avait été celui de Philippe de Bourgogne, fut définitivement abandonné par ce prince, et ses peuples reconnurent en lui l'Auguste du moyen-âge. Ardent auxiliaire de la rentrée du roi de France à Paris, et de l'expulsion des Anglais, il put, après le siége de Calais, faire jouir des avantages de la paix les belles provinces soumises à son sceptre. L'épidémie de MCCCCXXXVIII sévit horriblement à Dijon, et au fléau de la peste, s'unit celui de la famine. Le cours de la justice fut interrompu dans la capitale de la Bourgogne, et l'hospice du St-Esprit y reçut jusqu'à quinze mille pauvres, dont le plus grand nombre moururent.

Les *écorcheurs* qui avaient reparu sous le règne de Philippe-le Bon, trouvèrent en Bourgogne une rude opposition : treize de ces bandits surpris à Dijon au faubourg d'Ouche, furent condamnés à être noyés dans cette rivière, et ensuite enterrés dans un champ.

Philippe qui avait pour sa patrie bourguignonne

un ardent amour, y vint vivre au milieu de ses peuples, et oublier dans un noble repos les fatigues de sa jeunesse. C'est alors qu'eut lieu le fameux pas-d'armes de Marsannay-la-Côte, annoncé par Pierre de Beaufremont, et exécuté à l'arbre de Charlemagne. A ce tournois figurèrent les plus illustres chevaliers des Etats de Bourgogne.

Louis XI avait suscité des ennemis à Philippe et soulevé contre lui Liège et Dinant. Le prince bourguignon quitta ses Etats héréditaires, fondit sur ces deux villes et les livra au pillage pendant huit jours, en MCCCCLXVI.

Philippe le-Bon fonda dans la métropole du comté de Bourgogne, à Dole, une université pour les deux Bourgogne, et fit rédiger les coutumes du duché et du comté. En Flandre comme dans les régions méridionales de ses Etats, c'est-à-dire dans la Bourgogne héréditaire, il fit fleurir les sciences, les arts et les lettres, et s'entoura d'hommes distingués dans tous les genres. Il commanda au célèbre Jean van Eyck, une foule de retables, tableaux, chapelles portatives, dont le Grand-Hôtel-Dieu de Beaune a conservé un monument, et fit exécuter beaucoup de peintures de ce grand maître, dans ses fabriques de tapisseries. C'est de son règne surtout que date la fraternelle alliance qui a toujours existé entre les Belges, les Flamands, les Arlésiens et les Bourguignons, et que la séparation des intérêts politiques n'a point paralysée. Philippe-le-Bon possédait cinq duchés à hauts fleurons, quinze comtés et plusieurs seigneuries. Ce fut Philippe-le-Bon qui acheva le pavage des rues de Dijon, et prescrivit en 1345 que les publications se feraient non plus à son de cor, mais à son de trompe.

Comme Louis XIV, ce prince aima vivement le luxe, les lettres, les fêtes, et exerça sur la prospérité de notre illustre nation, sur celle de notre capitale en particulier, la belle cité dijonnaise, une immense influence. Il mourut, fort regretté de nos pères, à Bruges, en MCCCCLXVII, âgé de 71 ans. Son corps exposé pendant deux jours, fut d'abord recueilli à St Donat, puis transporté, en MCCCCLXXIII, à la chartreuse de Dijon. Ce souverain avait été marié trois fois : ce fut à l'occasion de sa troisième union avec Isabelle, fille de Jean Ier, roi de Portugal, en MCCCCXXIX, qu'il institua l'ordre de la Toison d'or, dont Guillaume de Vienne fut le premier chevalier, et dont le troisième chapitre se tint en MCCCCXLIII, à la Ste-Chapelle ducale de Dijon. Il régla aussi par

un édit du IV juillet MCCCCXLII, les préséances pour les processions publiques dans sa capitale ; le doyen de la Ste Chapelle, l'abbé de St-Etienne et celui de St-Bénigne, étaient placés de front, au lieu d'honneur. Sous le règne de Philippe-le-Bon, les jeux de l'arc et de l'arbalète furent institués à Dijon. Dans le même temps aussi eut lieu une procession générale pour la destruction des vermines, qui gâtaient nos vignobles. La Société de la *Mère-Folle*, à Dijon, officiellement approuvée par Philippe-le-Bon, en MCCCCLIV, et qui se rassemblait dans la rue des Champs, atteignit sous ce prince son plus haut degré d'éclat burlesque. Le chef de cette société, composée des plus grands seigneurs de la nation bourguignonne, portait le nom de *Mère-Folle*; il avait une cour de souverain, ses officiers de justice et de maison, son chancelier, son grand-écuyer, son grand-veneur, son grand-fauconnier, ses dames d'honneur, ses hérauts-d'armes, ses pages, 200 hommes d'infanterie, 50 hommes de cheval, une garde formée de 50 Suisses. Son sceau, représentant une femme assise, la marotte à la main, portait la légende :
NVMERVS. STVLTORVM. INFINITVS. EST

Le costume des membres était aux couleurs

vertes, jaunes et rouges ; tous les discours et actes de la compagnie se faisaient en rimes bourguignonnes. Lorsque la *Mère-Folle* marchait dans Dijon, c'était sur de grands charriots peints ou plutôt bariolés, traînés par six chevaux. Ces promenades étaient de joyeux spectacles avec mascarades et concerts de musiciens, pour le peuple dijonnais.

La société de la Mère-Folle devint plus tard un foyer de débauches et de désordre, et fut supprimée par édit donné à Lyon, le 21 juin MDCXXX. Cette grotesque institution fut, à mon sens, plus philosophique qu'on ne le pense ; c'était la parodie des cours, c'était la caricature naissante et l'épigramme en action. La malice, la raillerie, la finesse bourguignonne protestaient ainsi contre les extravagances des grands.

Ce fut sous le règne de Philippe-le-Bon, en 1432, que René, duc d'Anjou et de Bar, prisonnier à la tour du château ducal de Dijon, qui a conservé son nom et qu'on connait aussi sous celui de Brancion, fut mis en liberté.

Philippe-le-Bon eut quatorze enfants naturels.

Charles surnommé le hardi ou le téméraire, né à Dijon le 10 novembre MCCCCXXXIII, baptisé à la Ste-Chapelle ducale, reçut le même jour de son père le titre de comte de Charolais. Dès les premiers temps de son règne, son humeur belliqueuse, superbe, son caractère violent et osé, se révélèrent : Gand et Liège furent désolés par ses armes, il réduisit aux abois cette dernière cité et la livra au pillage de ses soldats. A l'occasion de cet épouvantable sac, Charles créa deux cents chevaliers dont la plupart étaient bourguignons, entr' autres Guillaume de Villers-la-Faye et Gérard de Saulx. Il ne tarda pas à surprendre à Péronne Louis XI qui, sous le voile d'intentions amicales et d'un ardent désir de la paix avec son rival, cachait la plus noire perfidie, et soulevait par-dessous main, les Liégeois contre le duc de Bourgogne. Prisonnier dans le château, Louis XI ne dut son élargissement qu'à d'immenses prestations pécuniaires et à un traité honteux. Mais entre l'astucieux et roué Louis XI, et l'emporté, le redoutable, le rancuneux Charles de Bourgogne, il n'y avait pas de loyale transaction et d'armistice moral ou matériel possibles.

Lorsque Charles fit son entrée solennelle à Dijon, en MCCCCLXXIII, il trouva la ville tapissée et peuplée de théâtres où des mystères étaient représentés avec une pompe insolite. Les

Dijonnais étaient allés au-devant de leur souverain jusqu'au château de Perrigny où il reçut les hommages de tous les corps. Il fut harangué par le cardinal Rolin, évêque d'Autun, pour le clergé, et par Etienne Berbisey, lieutenant du maire Bonne, pour le tiers-état. Le prince se rendit dans cette marche éclatante, à la basilique abbatiale de St-Bénigne dont les moines portant leurs reliquaires, allèrent à sa rencontre et le conduisirent à l'autel-majeur où il jura de conserver les priviléges de l'abbaye, de la ville et du duché, et reçut des mains de l'abbé, cet anneau ducal composé d'un immense rubis acheté par Philippe-le-Hardi.

Quelques jours après cette mémorable cérémonie, Charles entra dans les Etats de Lorraine qui lui faisaient besoin pour relier entr'elles les provinces méridionales et septentrionales de ses domaines. En un tour de main, il prit Nancy, enleva toute la vieille Lotharingie, et en dépouilla son légitime souverain. Après cet exploit, le duc se crut invincible. Furieux de voir les Suisses alliés avec Louis XI, son mortel ennemi, Charles se hâta de leur déclarer la guerre avec une arrogance et des menaces sans exemple. En vain ces pauvres mais énergiques enfants des montagnes lui représentèrent-ils que les seuls mors de ses destriers valaient mieux que tout leur pays. Il avait juré leur perte, et livra la funeste bataille de Grantson, écueil de sa prospérité, de son orgueil et de sa puissance. Le III mars MCCCCLXXVI, vingt mille Suisses taillèrent en pièce l'armée bourguignoune dans un défilé et pillèrent le camp ducal dont les richesses furent estimées à plus de trois millions d'écus. De ce trésor faisait partie le fameux diamant dont l'histoire singulière est connue, et qui devint le plus bel ornement de la thiare pontificale. L'Annibal de la Bourgogne alla cacher au château de Noseroi le mauvais succès de ses armes. Mais il ne se tint pas pour définitivement battu, et après avoir levé une armée de cinquante mille hommes, Charles ne tarda pas à reprendre le chemin de l'Helvétie et vint camper devant Morat, petite ville du canton de Fribourg. Les Suisses enhardis par leur première victoire et soutenus par l'argent de Louis XI, encouragés par la présence au milieu d'eux de René, duc de Lorraine, attaquent le prince bourguignon et font une effroyable boucherie de nos pères. Charles, au désespoir d'une telle déroute, se retire précipitamment à Gex, de là à St-Claude et va pleurer ses revers au château de la Rivière, près de Pontarlier. Dès ce jour si fatal à la gloire de notre nation, Charles de Bourgogne accablé de chagrin, laissa croître sa barbe et ses ongles, et ne changea plus de vêtement.

Les Helvétiens élevèrent sur le champ même du combat une chapelle formée des ossements bourguignons, et y placèrent cette inscription déplorable, mélange d'orgueil, de sarcasme et d'insolence :

D · O · M

CAROLI · INCLYTI · ET · FORTISSIMI

BVRGVNDIAE · DVCIS · EXERCITVS

MORATVM · OBSIDENS

AB · HELVETIIS · CAESVS

HOC · SVI · MONVMENTVM · RELIQVIT

ANNO · MCCCCLXXVI

L'ossuaire de Morat, injurieux pour la Bourgogne, fut détruit par l'un des bataillons de la Côte-d'Or, lorsqu'il pénétra en Suisse avec les armées françaises, l'an VI de la première République française.

Les Suisses remplacèrent, en 1822, cet ossuaire par un monument moins barbare. C'est un obélisque de forme gracieuse, d'une composition simple, que j'ai visité, en 1834, avec la douleur d'un cœur bourguignon, et sur lequel se voit une légende plus modeste que la primitive — La voici :

VICTORIAM · XXII · IVN · MCCCCLXXVI
PATRVM · CONCORDIA · PARTAM
NOVO · SIGNAT · LAPIDE
RESPVBLICA · FRIBVRGENSIS

M · DCCCXXII

Une somme de 600 francs avait été votée par le grand-conseil de Fribourg, le 19 janvier 1821, pour l'érection de ce monument qui est de marbre et élevé sur trois marches de 18 mètres 66 centimètres.

Le grand Haller avait rédigé une inscription allemande placée sur l'ossuaire détruit en l'an VI, qui précéda l'obélisque. Cette légende était gravée en lettres d'or sur marbre noir.

La victoire de Morat rouvrit au duc de Lorraine les portes de sa capitale. Mais Charles, pour porter un défi à sa mauvaise fortune et conjurer la cruelle mélancolie qui s'était emparée de lui, voulut encore essayer de recouvrer Nancy. Trahi par un Italien, Campobasso, une troisième défaite l'attendait sous les murs de cette ville. Déjà la déroute était dans les rangs de ses soldats : entraîné par les fuyards, Charles, après des prodiges de valeur, tombe de cheval dans un fossé où il est tué, dit-on, par Claude de Bazemont, gentilhomme Lorrain, qui ne savait point quel cœur il frappait. — Rien d'authentique et de certain, du reste, relativement à la main qui attenta à la vie du prince. C'est un mystère que M. de Barante n'a point éclairé. — Cette triste bataille se donna le dimanche 5 janvier MCCCCLXXVI. La dépouille du duc de Bourgogne, reconnue deux jours après, à la grandeur de ses ongles, portée à Nancy, y resta six jours exposée aux regards de la foule, dans une salle tendue de noir et éclairée d'un riche luminaire. Elle fut ensuite déposée dans l'église de St-Georges, de la même ville où les obsèques se célébrèrent avec les honneurs souverains, et y demeura jusqu'en MDL, époque où Charles-Quint, arrière petit-fils de Charles-le-Téméraire, fit transporter dans le chœur de N.-D. de Bruges, où il lui éleva un magnifique mausolée à côté de celui de Marie de Bourgogne, le corps de l'infortuné duc.

Les Lorrains furent aussi fiers de leur victoire que les Suisses, ils ne construisirent point d'ossuaire; mais ils élevèrent comme monuments de leur victoire, sur le lieu même où fut trouvé le corps mutilé de Charles de Bourgogne, une colonne surmontée de la croix de Lorraine, avec une inscription commençant ainsi :

EN · L'AN · DE · L'INCARNATION MILLE · QVATRE · CENT · SEPTANTE · SIX colonne aujourd'hui détruite, et cette église de Notre-Dame-de-Bon-Secours, rebâtie par Stanislas, dont elle contient le mausolée, ainsi que celui de sa femme, Catherine Opalinska, et qui fut le sanctuaire des vœux et des actions-de-grâces du peuple Lorrain.

Charles n'eut d'autres qualités que celles d'un soldat. Il fut ambitieux et téméraire au-delà de toute expression : toutefois on ne peut se refuser à reconnaître en lui le sentiment le plus exalté de la nationalité bourguignonne. Si ses desseins se fussent accomplis, la Bourgogne aurait absorbé la France et la majeure partie de l'Europe. En luttant contre Louis XI, il luttait contre le plus odieux des souverains, contre la perfidie incarnée. Il sut prouver aussi que l'emportement belliqueux de son naturel n'étouffait pas dans son cœur les sentiments d'équité, et sa conduite dans l'affaire de Rhynsault, est une belle page de son histoire. Charles eut trois femmes, Catherine de France, inhumée à Ste-Gudule de Bruxelles, Isabelle de Bourbon, enterrée à St-Michel d'Anvers, mère de Marie de Bourgogne, Marguerite d'Yorck qui reçut la sépulture aux cordeliers de Malines. — Il y avait sous le duc Charles, à Dijon, un inquisiteur de la foi.

Avec Charles tomba, pour ne plus se relever, la puissante maison de Bourgogne, et finit la monarchie des ducs héréditaires de la seconde race royale, après avoir régné pendant cent quatorze années, de MCCCLXIII à MCCCCLXXVII. Une seule tête, celle d'une belle et jeune princesse, fille unique de Charles, Marie de Bourgogne, allait porter le fardeau de ces vastes Etats, et en laisser cheoir la moitié sur la France. Il arriva après sa mort ce qu'on vit se reproduire après celle de l'empereur Napoléon. Les peuples de la Bourgogne ne crurent pas à sa fin et mille histoires fabuleuses circulèrent dans toutes les bouches.

Les ducs de la seconde race développèrent à un degré éminent le sentiment national parmi leurs peuples, surtout dans la Bourgogne héréditaire dont l'unité de territoire favorisait l'unité d'esprit public. Ils couvrirent leurs États de monuments des arts et de gloire, et se montrèrent d'une rare bienveillance envers leurs sujets; ils furent toujours, sans en excepter même

Charles-le-Téméraire, animés d'une tendre sollicitude et firent constamment preuve d'humanité et de paternité à leur égard. Exempts de tailles, d'aides, de gabelles, les Bourguignons étaient associés à leur propre gouvernement, et le peuple concourait avec le clergé et la noblesse à toutes les délibérations importantes pour la nation. Les franchises de ce vieux pays d'Etats furent constamment respectées, augmentées même par nos quatre derniers ducs. C'est à eux que Dijon doit ses plus nobles souvenirs, son enceinte militaire, la plupart de ses monuments, son intelligence des choses d'art, de goût et de luxe, sa majesté traditionnelle, ses allures et sa pose de grande capitale. Les monétaires de Dijon, Chalon-sur-Saône, Cuiseri, d'Auxonne, avaient, sous leur règne, une prodigieuse activité. C'est à leur époque que fut mise en vigueur la loi du couvre-feu, conformément à laquelle le feu devait être éteint dans chaque maison, à sept heures du soir, loi sage et paternelle, dans un temps où les constructions de bois rendaient les incendies si fréquents et si terribles.

Nos ducs avaient à Paris, indépendamment de l'hôtel de leurs prédécesseurs, au mont St-Hilaire, dont nous avons parlé dans le commencement de ce chapitre, l'hôtel d'Artois, bâti par Guy de Dampierre, comte de Flandres, sur l'emplacement du premier théâtre italien, l'hôtel de Flandres, démoli par François Ier, au lieu où s'éleva ensuite l'hôtel Bullion, l'hôtel d'Armenonville, etc., l'hôtel de Nesle remplacé par le collége des Quatre Nations où siége aujourd'hui l'Institut national de France. Le 2e volume (estampes) du voyage pittoresque de la France, nous a laissé les portraits gravés avec soin et très-fidèles de nos quatre derniers souverains.

Toute l'ancienne noblesse militaire et civile, les prélats et les abbés de la Bourgogne étaient représentés à Dijon et à Beaune par de somptueux hôtels, où ils résidaient quand le souverain se trouvait dans sa capitale. Il y avait à Dijon les hôtels de Chabot, d'Agey, Aubriot, d'Angleterre, de Mirebeau, Chambellan, de Croi, de Couchey, de Crux, de Gissey, d'Esguilly, de Grancey, Godran, de Hochbert, de Jaucourt, de Langres, de Lantenay, de Malain, d'Arc-sur-Tille ou de Mailly, de Lux, de Montrevel, de Pot, de Pourlans, de Pousanges, Rolin, de Vienne, de Villers-La-Faye, de Damas, de Saulx, de Sennecey, de Tavannes, de La Trémouille, de Vergy, de Talmay, d'Orange, etc. Les abbés de Bèze, de La Bussière, de Citeaux, de St-Seine, du Miroir, de Clairvaux, de Morimont, de Cluny, de La Ferté-sur-Grosne, le doyen de Beaune, etc., et les prélats du duché et des comtés, comme l'évêque d'Autun, ceux de Chalon, d'Auxerre, Mâcon, avaient à Dijon des demeures temporaires ou fixes. La haute noblesse militaire abandonna ses palais à la chute de la monarchie ducale et rentra dans ses terres ou s'établit près de la cour de France. Ces hôtels historiques tombèrent en ruines, passèrent en d'autres mains, et il n'en existe presque plus un seul de cette époque. Ils furent remplacés par des demeures de conseillers et de présidents et tombèrent dans le domaine de la noblesse de robe.

Les Etats qui, dans le principe, s'assemblaient dans l'abbaye de St-Etienne, étaient dans ces temps d'absolutisme, une tradition toute démocratique, attestant qu'au début des nationalités, le peuple était toujours intervenu dans son gouvernement. A aucune époque les nations n'ont accepté ni reconnu le *droit divin*, et la nation bourguignonne, plus que toute autre, savait que le pouvoir souverain résidait en elle, qu'elle pouvait ou l'exercer directement par ses élus, ou le déléguer à une famille à certaines conditions. On a pu confisquer le droit fondamental, naturel, logique des nations de choisir leur gouvernement, de s'associer à leurs affaires; mais elles ne l'ont jamais abandonné, et nulle prescription ne peut leur être opposée. Les Etats de Bourgogne furent le contre-poids constitutionnel à l'autorité ducale qu'ils limitaient souvent, tempéraient toujours. C'était la continuation des *plaids* et l'ébauche du vote universel. Ils firent plus d'une fois de vives et courageuses remontrances sur les impôts et résistèrent énergiquement au souverain. Ils avaient dans les mœurs de si profondes racines, que les rois de France, successeurs des ducs, furent obligés d'en confirmer l'existence. — Ce fut à la poursuite et requête des Etats, que la coutume de Bourgogne fut rédigée par écrit, sous Philippe-le-Bon, en MCCCCXXXIX. — Les Etats, après avoir quitté St-Etienne, se réunirent en 1602 aux Cordeliers, puis au palais bâti pour eux dans un but direct. Leur existence est historiquement constatée dès le roi Robert, en MXV.

Quand le sceptre de Charles-le-Téméraire se brisa, — je le répète — ce ne fut pas une province qui perdit son chef, ce fut une forte nationalité qui perdit son existence indépendante et son nom. La Bourgogne le comprit à merveille, car malgré les revers et les fautes de Charles, elle pleura amèrement ce prince, elle ne se soumit qu'à contre-cœur à l'obéissance de Louis XI et demeura tant qu'elle le put, fidèlement attachée à Marie de Bourgogne, qu'elle persista à regarder comme la seule et légitime souveraine, comme l'expression de la patrie. Elle allait cependant par son parlement sédentaire et ses Etats, retrouver une ombre d'individualité et d'indépendance; mais elle pressentait que la monarchie ducale ne se réveillerait plus, et que du rang de nation, elle descendrait à celui de province. Dijon fut la plus illustre victime de cette déchéance politique de la maison de Bourgogne; et ce n'est qu'avec le temps qu'elle parvint à se consoler dans son sort, à subir avec moins d'abattement son rôle secondaire de centre provincial, rôle qui fut encore éclatant pour elle. Plus l'unité française et la centralisation monarchique et parisienne ont grandi, plus Dijon s'est déprimé, et ce n'est qu'à la formation des départements et à la chute de l'ancien régime, que cette cité reçut un dernier coup dont sa bonne étoile voulut pourtant qu'elle fût dédommagée par de nouveaux avantages réunis dans son sein.

Si Marie de Bourgogne, née à Bruxelles le 13

février MCCCCLVII, malgré sa jeunesse et le fâcheux état de la Bourgogne épuisée par des revers, fut venue se jeter dans les bras de ses Bourguignons et assembler ses barons, soutenue par le sentiment national si vivace alors, il est à croire qu'elle aurait sauvé ses Etats. Mais elle montra, dans ces conjonctures, une inertie blâmable et se laissa dépouiller par Louis XI, du duché de Bourgogne, avec une faiblesse que les circonstances, la disette d'hommes et d'argent, peuvent seules mal et méchamment justifier. A l'instigation de Louis qui avait corrompu ce seigneur, trahie par Jean de Chalon, prince d'Orange, qui persuada aux Etats de Bourgogne spontanément assemblés à Dijon, que le parti le plus sage était de remettre le pays entre les mains du roi, Marie attendit les évènements et ne les maîtrisa point. Les Etats tombèrent dans le piège qui leur était tendu par la prétendue union décidée de Marie de Bourgogne avec le Dauphin de France, et crurent voir dans ce mariage qui n'était qu'un prétexte et une fraude, un moyen de concilier pacifiquement les intérêts bourguignons et français. L'armée royale suivit de près les négociateurs et hâta les délibérations des Etats. La réunion du duché à la France fut consentie à des conditions honorables que Louis XI se réservait bien d'éluder. Une fois la négociation terminée, l'astucieux monarque leva le masque et ne parla plus de l'alliance projetée : la violence acheva l'œuvre commencée par la duplicité et la ruse. Les Etats de Bourgogne et la princesse Marie, âgée de 19 ans, s'aperçurent trop tard qu'ils avaient été joués. Enfin, l'héritière de la maison de Bourgogne, soutenue par les Flamands qui désiraient pour elle un époux assez puissant pour défendre ses Etats, donna sa main à l'archiduc Maximilien, fils de l'empereur Frédéric; et ces nôces furent célébrées à Gand en MCCCCLXXVII. Tous les Etats de la maison de Bourgogne, à l'exception du duché, le comté, les Flandres, l'Artois, etc., passèrent ainsi à l'Autriche, et Louis XI, dupe de sa fausse politique, se prépara à lui-même et prépara à ses successeurs les maux qu'une redoutable rivalité appesantit sur eux.

Il existe sur une tapisserie de la maison-de-ville de Bruxelles, une peinture historique représentant les traits de Marie de Bourgogne, tapisserie que j'ai visitée en 1835. Cette princesse avait une figure noble, des cheveux blonds et une constitution frêle.

Louis XI en tuant la nationalité bourguignonne, avait porté un coup fatal à la nationalité française : criminel il recueillit et sema les fruits du crime; les Bourguignons et les Français doivent éternellement confondre leur indignation autour de sa mémoire. Toutefois, il eut à reconquérir une à une les villes du duché de Bourgogne : Beaune, Semur, Verdun-sur-le-Doubs, Nuits, proclamaient hautement l'archiduchesse et s'étaient soulevées contre le roi. Chalon-sur-Saône qui avait constamment tenu pour elle, malgré le consentement des Etats à la réunion, était en pleine insurrection, une grande agitation règnait à Dijon, et aboutit à une révolte générale par suite de laquelle Jean Jouard, premier président du parlement établi par Louis XI, fut assassiné. Il fallut avec des alternatives de succès et de revers assiéger toutes les places, et choisir pour gouverneurs de la Bourgogne, les hommes les plus courageux et les plus populaires. La soumission fut enfin complète et toutes les résistances furent vaincues. Pour rendre impossible le retour des soulèvements, Louis XI éleva des bastilles et fit bâtir le château de Dijon. Ce prince vint en personne dans la capitale, prendre possession du duché, et renouvela solennellement à St-Bénigne le serment des ducs.

La paix d'Arras mit un terme à toutes les hostilités entre la France, la Bourgogne française et la Bourgogne autrichienne. Dans ce traité, il ne fut pas question du duché : de là l'origine des prétentions que l'Autriche a conservées sur lui, et du droit qu'elle n'a cessé de se réserver, fondé sur l'illégitimité de la réunion, droits qu'elle n'a pas sacrifiés dans le fameux traité de Vienne (1815).

Ici se termine l'histoire de Dijon capitale, d'une nation et celle de la Bourgogne indépendante : elles ne deviennent plus que des épisodes de l'histoire générale de la France. La quatrième période des ères dijonnaises est fermée. La réunion définitive du duché de Bourgogne à la France fut la cinquième depuis son existence politique.

IV.

DIJON DEPUIS LA RÉUNION JUSQU'A NOUS.

Des gouverneurs pour le roi de France vinrent remplacer les souverains indépendants de la nation bourguignonne, absorbée par un peuple avec lequel elle n'avait depuis longtemps de commun que la langue écrite. Aucun prince de la maison de France, depuis la mort de Charles-le-Téméraire, n'osa pendant longtemps porter un titre accablant et que les monarques avaient d'ailleurs intérêt à faire oublier. Ce ne fut que le 6 août 1682 et le 13 septembre 1751, qu'on le vit reparaître d'une manière purement honorifique, sur le berceau d'un royal enfant. — Il ne porta pas bonheur aux deux princes qui en furent investis en naissant. — Georges de la Trémoille, sire de Craon, fut le premier gouverneur de la province de Bourgogne depuis sa réunion à la couronne, en 1476. Jean d'Amboise, évêque de Langres, pourvu de ce gouvernement après le décès de Charles d'Amboise, son frère, mérita par ses bienfaits le titre de père des pauvres et de la patrie. Jean de Baudricourt, son successeur, fit publier avec éclat, à Dijon, la paix d'Arras en 1482, et confirma l'établissement de la *Mère-Folle*.

Charles VIII allant en Italie, passa à Dijon où il renouvela l'ancienne cérémonie de la prise de possession du duché de Bourgogne, reçut l'anneau ducal des mains de l'abbé de St-Bénigne et jura la conservation des priviléges, cérémonie qui ne servit qu'à faire mieux comprendre aux Bourguignons combien leur nationalité était irrévocablement perdue et leur territoire définitivement incorporé à la France.

La peste désolait alors Dijon et nécessita la translation temporaire de la chambre des comptes à Talant. Vers ce temps aussi, le parlement fut déclaré sédentaire et fixé à perpétuité à Dijon, par lettres-patentes datées de Grenoble, 29 août 1494. Ce fut Louis XII qui confia le gouvernement de Bourgogne à Engelbert de Clèves, comte de Nevers, qui fit la branche des ducs de Nevers. On lui rendit d'immenses honneurs dans la province, notamment à Dijon, Nuits, Beaune, Chalon, et on lui offrit les vins les plus fameux de la côte bourguignonne.

En 1500, la peste sévissant avec violence à Dijon, exila encore ses magistrats à Auxonne et à Barjon. Le fléau se remontra plusieurs fois après.

Louis XII se rendant en Italie, imita Charles VIII et prit solennellement possession du duché de Bourgogne, dans l'abbaye de St-Bénigne. Dijon témoigna dans cette occasion de sa magnificence, de son intelligence des fêtes publiques et de son goût. Quelque temps après, l'archiduc Philippe qui avait épousé l'infante Jeanne, se rendant en Espagne, eut à traverser le duché de Bourgogne.

Il fut reçu à Dijon avec un enthousiasme qui s'explique par l'amour que les Bourguignons avaient conservé pour le sang de leurs anciens souverains. Le roi, d'ailleurs, avait ordonné qu'on l'accueillît avec la même distinction que sa propre personne.

Louis XII, relevé d'une maladie dangereuse, envoya deux hérauts, le 29 avril 1505, au chapitre de la Ste-Chapelle de Dijon, pour lui offrir en son nom, sa couronne d'or, destinée à être mise sur le somptueux reliquaire de la Ste-Hostie. L'année suivante il appela au gouvernement de la Bourgogne redevenue frontière depuis la restitution de la Comté, le fameux Louis de la Trémoille, et revint à Dijon en 1510 où il fit rétablir la portion du palais ducal et de la tour appelée la terrasse, endommagée par le feu, le 17 février 1502. Le même prince ordonna la construction du palais-de-justice, qui ne fut achevée que sous Charles IX. — Mais nous touchons à une importante période de l'histoire de Dijon; nous voulons parler du siége de cette ville par les Suisses en 1513.

Pendant les guerres d'Italie, ces montagnards excités par les ennemis de la France et par l'énivrement traditionnel qu'avaient causé à leurs pères les victoires de Grantson et de Morat, résolurent de faire irruption sur le territoire français. La Trémoille à qui s'était appliqué le mot célèbre de Louis XII : « Le roi de France ne venge pas les querelles du duc d'Orléans », La Trémouille se hâta de quitter l'Italie et de venir pourvoir à la sûreté de son gouvernement. L'armée des Suisses, forte de 16 mille combattants, reçut en traversant la Comté de puissants auxiliaires. On peut faire monter à 40 mille hommes leur armée ainsi composée de l'élément primitif, d'impériaux et de volontaires franc-comtois. Son passage sur le sol sacré de la Bourgogne fut marqué par une horrible traînée de sang et de ruines, et dès le 7 septembre 1513, débouchant par les villages de St-Apollinaire et de Ruffey qu'elle raza, cette armée mit le siége devant Dijon. Les Suisses côtoyèrent la cité et vinrent asseoir leurs batteries sur les hauteurs des Chartreux et des Perrières au couchant, et des Petites-Roches au levant. Leur artillerie ne cessa de mugir pendant six jours contre la place, mais elle n'endommagea que les murailles, les églises et les toitures des maisons. La ville était sans défense et fut presque miraculeusement sauvée. Déjà les assiégeants avaient brûlé les faubourgs St-Nicolas et St-Pierre et fait une brèche considérable dans la courtine située entre la porte Guillaume et la porte d'Ouche : ils se disposaient à donner l'assaut, lorsqu'une procession, en tête de laquelle fut portée solennellement l'image vénérée de Notre-Dame-de-bon-Espoir, et surtout les habiles expédients de La Trémouille, qui, par toutes les séductions et les promesses de la plus habile politique, fit tomber les colonels suisses dans le piège d'une négociation imprévue; ces deux circonstances délivrèrent Dijon et le royaume de France des plus imminents périls. Le brave gouverneur de Bourgogne prit sur lui de traiter sans l'autorisation du roi. Il fut convenu le 15 septembre 1513 que le roi quitterait le Milannais, qu'on rendrait au pape les terres, villes, châteaux dont s'étaient emparés les Français, etc., que de fortes sommes seraient payées aux assiégeants, moitié comptant et le reste à la St-Martin. De l'argent, c'était-là la corde sensible, la considération qui avait ému les colonels suisses et autrichiens, et ébranlé leurs premières résolutions. La province se saigna aux quatre veines pour réaliser la majeure partie de la grosse somme qui devait être immédiatement versée; la ville de Dijon y concourut pour 25,000 livres. Enfin les Suisses se retirèrent, emmenant avec eux plusieurs otages et le neveu du gouverneur, qui demeurèrent seize mois dans les prisons de Zurich. — Le traité de Dijon sauva la Bourgogne et la France, car les Anglais étaient déjà maîtres de Thérouanne et de Tournai et menaçaient Paris; aucun secours ne pouvait être envoyé à La Trémouille, et les Suisses, après la prise de Dijon, ne trouvaient nul obstacle sérieux jusqu'à la capitale du royaume. On connait la belle tapisserie commémorative du siége de Dijon par les Suisses. Tous les ans, depuis l'heureuse et toute providentielle délivrance de Dijon, on faisait dans cette cité, le 13 septembre, une procession générale où l'image de la Vierge, les reliques de St-Bénigne et de St-Médard, étaient portées avec pompe. Cet usage s'est soutenu jusqu'au milieu du dix-septième siècle. Ce jour était pour tous les habitants de Dijon une fête patriotique et religieuse, connue sous le nom de la Notre-Dame-des-Suisses. On déposa dans une chapelle de Notre-Dame, où on les voyait encore en 1789, les boulets helvétiques trouvés sur les murs et les monuments de Dijon.

François 1er, en récompense de l'immense service rendu au royaume par la ville de Dijon, lorsqu'elle arrêta les Suisses, accorda à ses habitants le droit de tenir des fiefs, sans payer aucunes taxes, bien qu'ils ne fussent pas nobles, et les exonéra pendant neuf années de l'impôt des marcs d'argent. Sous le règne de ce prince et sous celui de Henri II son fils, Dijon jouit d'une tranquillité parfaite, grâce au traité de neutralité signé à St Jean-de-Losne en 1522 et religieusement observé entre les deux Bourgognes, toujours renouvelé à chaque déclaration de guerre entre l'empire et la France.

La peste qui avait si cruellement ravagé Dijon en 1452, 1465, 1500 et en 1521, et en avait exilé dans ces dernières années la chambre des comptes et le parlement, reparut avec une intensité inouie en 1531 ; la chambre de ville se retira à St-Apollinaire et tint ses séances à Montmusard. La cité fit alors un vœu solennel et se mit, pour la cessation du fléau, sous la protection de Ste-Anne. — Mais nous touchons à la plus triste période de l'histoire nationale, celle des guerres de religion, et nous allons dire en peu de mots quelle fut leur influence à Dijon. Les troubles occasionnés sous la minorité de Charles IX, par l'école furieuse de Luther et de Calvin, occupait tous les esprits. Claude de Lorraine, duc d'Aumale, avait été investi du gouvernement de la Bourgogne après la mort du duc de Guise son frère, et Gaspard de Saulx, comte de Tavannes, était lieutenant de roi de la même province. Ce dernier avait empêché que l'édit qui défendait d'inquiéter les huguenots, lorsqu'ils s'assemblaient ailleurs que dans les villes, fût promulgué en Bourgogne. Son inébranlable attachement à la foi catholique était partagé par toute la noblesse du pays.

Cependant les protestants, enhardis par les succès de la réformation, secondés par les mécontents et les brouillons de tous les partis, se promenaient en Bourgogne les armes à la main. Ils avaient trouvé d'ardents auxiliaires à Lyon, dans les troupes indiciplinées du trop fameux baron des Adretz, et s'étaient emparés des villes de Chalon-sur-Saône, Tournus et Mâcon, où comme partout, ils commirent les plus graves excès sur les personnes et les monuments religieux. En 1562, ils se seraient promptement rendus maîtres de toutes les autres cités de la province, si le comte de Tavannes n'eût convoqué le ban et l'arrière-ban, pour opposer une digue à ce torrent et pris les mesures les plus énergiques et les plus promptes. Les villes conquises par les huguenots, habilement reprises, il revint à Dijon. Les protestants de cette capitale s'assemblaient toutes les nuits en armes, dans la rue des Forges, au nombres de six cents et menaçaient hautement de pendre Tavannes aux fenêtres de son hôtel, comme l'avait été à Valence, Lamothe-Gondrin, par le fait de leurs coréligionnaires. Tavannes fit entrer secrètement des troupes dans le château, passer en revue tous les habitants, en chassa douze ou quinze cents de la ville, et força les chefs du parti à se constituer prisonniers, en les avertissant que leur tête répondrait de tous les troubles qui pourraient survenir. Ainsi, sans effusion de sang, la capitale du duché de Bourgogne fut maintenue dans la double fidélité à la foi et au devoir.

En 1564, Charles IX espérant que sa présence dans les provinces calmerait les discordes que l'hérésie y avait suscitées, vint en Bourgogne et fit son entrée solennelle à Dijon. A l'exemple de Charles VIII et de Louis XII, Charles IX prit possession du duché dans la basilique abbatiale de St-Bénigne et jura le maintien des priviléges. Il était descendu à l'hôtel du grand-écuyer de France, Léonor Chabot, qui reçut splendidement la cour. Ces royales promenades à travers les provinces françaises n'exercèrent aucune influence favorable sur l'esprit de divisions et de guerres qui désolait le pays. Action et réaction, insultes et représailles, factions, violences, cruautés, vandalisme, toute l'histoire de ces temps agités est dans ces mots. Dès l'année 1567 on commença à voir surgir en Bourgogne, cette terre plus anciennement et plus profondément catholique encore que la Lorraine, des ligues catholiques, sous le nom de Confrèries du Saint-Esprit. Il n'est malheureusement que trop vrai que ces associations hautement encouragées par le comte de Tavannes, loin de donner l'exemple de la modération, commirent tous les excès qu'elles reprochaient aux protestants. Les catholiques massacraient sans pitié les religionnaires, partout où ils les trouvaient faibles ; de là l'exaspération toujours croissante de ces derniers. Cependant Dijon, au plus fort des guerres civiles et des mêlées de partis, eut une gloire qui ne s'effacera pas de son front auguste. La courageuse éloquence de Pierre Jehannin, avocat et conseil de la ville, suspendit en 1572, dans cette capitale, la hache de la St-Barthelémi. Les ordres sanguinaires arrivés de Paris ne furent point exécutés à Dijon. Jehannin avait engagé vivement le comte de Charny, commandant, à ne point agir, lui faisant comprendre qu'un contr'ordre était infaillible.

Ainsi ces deux grands citoyens épargnèrent à la cité dijonnaise et à la province la honte indélébile d'un crime et les horreurs d'une boucherie.

Bientôt, s'ouvre le malheureux règne de Henri III, et en 1576 se rallume plus violent que jamais le flambeau à peine assoupi de la guerre civile. Le prince de Condé et Casimir, duc de Deux-Ponts, entrent en Bourgogne à la tête de six mille *Reitres*, et viennent poser leur camp pendant huit jours sous les murs de Dijon qu'ils espéraient forcer ; mais repoussés par l'énergique contenance de la place, ils se replient sur ma chère petite cité de Nuits qu'ils mirent à feu et à sang.

L'édit de pacification de 1576 avait été trouvé trop favorable à la cause des huguenots : de là l'origine de la ligue catholique ou sainte ligue (comme on l'appelait alors) des principaux seigneurs, à la tête desquels étaient les princes de la maison de Lorraine, connus sous le nom de Guise. Le duc de Mayenne qui avait succédé à son frère le duc d'Aumale, dans le gouvernement général de Bourgogne, en propagea largement l'esprit et fit entrer dans la croisade les villes de Dijon, Beaune, Chalon-sur-Saône, d'Autun et de Nuits, de St-Jean-de-Losne où l'on battait monnaie pour le roi, etc. La ligue et Mayenne régnèrent souverainement à Dijon jusqu'en 1595. L'infortuné Laverne, maire de cette ville, et le capitaine Gault qui avaient tenté de faire rentrer sous l'obéissance de Henri IV, après le parricide commis sur la personne de Henri III, la cité dijonnaise, portèrent leur tête sur l'échafaud. Un grand nombre d'illustres familles et d'excellents citoyens, furent jetés en prison, proscrits ou ruinés. Le parlement présidé par Bénigne Fremyot, la chambre des comptes et les trésoriers se retirèrent à Semur-en-Auxois. Cependant, à la faveur d'un armistice, les Etats de Bourgogne s'assemblèrent à Dijon en octobre 1593. Toutes les villes y représentèrent par l'organe de leurs députés, l'état déplorable d'anxiété et de misères où elles se trouvaient. La ligue, maîtresse de la capitale, ne prêta point à ces justes doléances l'attention qu'elles méritaient. Le comte de Tavannes et le président Fremyot soutenaient presque seuls, en Bourgogne, avec une poignée de nobles et de citoyens fidèles, dévoués à la cause royale, le parti d'Henri IV. Ponthus de Thiard, évêque de Chalon, était l'unique des prélats de Bourgogne qui n'eût pas embrassé la ligue.

L'énergie de la résistance ne fut point comprimée par les armes peu intelligentes du duc d'Aumont, envoyé par le roi en Bourgogne. Le duc de Biron, plus heureux, parvint à réduire plusieurs villes et châteaux. La bataille de Fontaine-Française, gagnée par le roi, porta le décisif et dernier coup à la ligue, en 1595. Ce ne fut qu'après cette rencontre où Henri IV avait failli périr, et l'arrivée du roi à Dijon, où il entra par la porte St-Pierre (6 juin 1595), si puissamment favorisée par le maire Fleutelot, que le capitaine Franchèse remit au roi le château de Dijon, et que la Bourgogne fut entièrement soumise. Quelques jours après l'arrivée du souverain à Dijon, le collége des jésuites fut fermé et le recteur Gentil chassé de la ville avec ses auxiliaires. Henri IV assista en personne, le 21 juin, à l'élection du maire, respecta les priviléges, et se contenta de désigner les échevins qu'il désirait voir élevés aux honneurs de l'édilité, et de changer quelques capitaines et lieutenants de la garde bourgeoise, qui était la garde nationale du temps. Le président Fremyot fut élu maire ou vicomte-maïeur, en remplacement de René Fleutelot, mort dans cette même année de 1595. Le 1er juillet il y eut procession générale de la Ste-Hostie, à laquelle Henri IV assista avec toute sa cour.

Cette cérémonie est une des plus augustes dont la capitale de la Bourgogne ait conservé le souvenir. Le prince se rendit à l'arquebuse et y tira l'oiseau. Le cœur du grand et populaire Henri IV fit plus de conquêtes à Dijon que ses armes n'en avaient opéré dans la province. Tous ceux qui eurent le bonheur de le voir, de l'approcher, de l'entendre, le considérèrent comme le meilleur des pères.

Depuis cette époque jusqu'en 1629, l'histoire de Dijon ne présente plus que de pacifiques années pour la capitale et la province. Les progrès matériels de cette cité furent considérables, et de cette ère de calme datent la plupart des belles constructions de la renaissance avancée, que nous y admirons encore. Ce fut le temps des grandes explosions du culte catholique dijonnais et des pompes ecclésiastiques, si fortement surexcitées par le besoin de réagir contre le protestantisme. Les bourgs longtemps isolés, enveloppés de solitude et de silence, comme le bourg St-Bénigne, qui formait la sainte région, le quartier de la Chrétienté, le bourg de St-Etienne, se ralliaient par des constructions continues, aux autres centres de population et faisaient corps avec eux : les rues se rejoignaient, s'entremêlaient; Dijon devenait plus compact et plus dense. C'est à ce temps que se rapporte le plus grand nombre de ces maisons du Bourg, à étages progressivement saillants, à pignon sur rue, faites de pans de bois, qui demeurent, dans le Dijon actuel, comme de vieux et muets témoins du Dijon d'autrefois; et malgré leur pittoresque ensemble, font souvent trembler nos contemporains par le formidable aliment qu'en cas de sinistre, elles fourniraient à l'incendie. Le faubourg St-Michel qui avait été détruit par les ordres du gouvernement, le 6 septembre 1513, lors du siége des Suisses, l'un des plus considérables de la ville, ne s'était point relevé, et n'a plus reparu à l'ombre de Dijon; mais les éléments des autres faubourgs se grossissaient et s'apprêtaient à présenter l'appareil de petits bourgs rangés autour de la grande agglomération dijonnaise. Henri IV avait à peu près respecté l'enceinte militaire de Dijon, dont nous allons résumer en peu de mots l'histoire. Le fond des fortifications qui inscrivent Dijon, date du XIII° siècle. Cette ceinture ne fut achevée que sous la régence de Jeanne de Boulogne, mère et tutrice de Philippe de Rouvres. Les quatre ducs de la branche des Valois entretinrent ces murailles et les augmentèrent de seize tours. Pendant les guerres de

François Ier avec l'Espagne, on ajouta les bastions élevés de 1515 à 1588, pour mettre la place en état de défense contre les troupes du comté qui sans cesse harcelaient les frontières du duché. La tour de Guise, maintenant démolie, fut construite sous la ligue, et pendant les troubles de la fronde, un nouveau bastion protégea la porte d'Ouche. Le château est l'œuvre des rois Louis XI et Louis XII. On connait les modifications que l'enceinte militaire de Dijon a reçues dans ces derniers temps et les graves solutions de continuité, les mutilations, les destructions qui ont altéré sa pittoresque et noble figure. — Mais revenons aux jours de quiétude et de sécurité qui suivirent la soumission de Dijon à Henri IV. Un heureux travail d'idées s'opéra alors dans les esprits las de dissensions et de guerres, et ils se tournèrent vers les arts de la paix et le commerce. Les érudits et les industriels régnèrent presque parallèlement dans l'horizon pacifié de la capitale bourguignonne. Une louable émulation vivifia les corps de métiers; la science jusqu'ici isolée et toute recueillie dans les cloîtres, passa dans la société avec le goût, la connaissance, l'amour du bien-être et des arts dépendant du dessin. A cette époque, la tannerie, la teinture, les foulons où se fabriquait une serge de *deux tiers de large*, la préparation de la moutarde pratiquée dans cette ville, dès le xiie siècle, avec la supériorité et la renommée qu'elle conserve encore dans le xixe, et une foule d'autres branches d'industrie manufacturière fleurirent à Dijon.

Cependant la basilique abbatiale de St-Bénigne prépare de nouveau ses pompes pour une royale solennité, et Louis XIII vient, comme ses pères, prêter le vieux serment, sous les voûtes du temple, le 31 janvier 1629. Peu de temps après, dans le cours de la même année, les trois plus grands fléaux qui puissent désoler un pays, vinrent fondre sur Dijon; je veux parler de la peste, de la famine et de la guerre civile. L'édit des élections avait été interprété par le peuple dijonnais dans le sens le plus largement préjudiciable à ses intérêts; il se figura qu'on voulait imposer les *aides* à la Bourgogne. — Les gabelous n'ont jamais été populaires dans nos contrées essentiellement viticoles et amies de la liberté. Les vignerons de Dijon s'attroupèrent, s'armèrent de faulx, de fourches et de hallebardes, élurent un des insurgés pour chef et le baptisèrent du nom de roi *Machas*. Le torrent envahit toutes les rues et places de la ville; le portrait du roi de France fut brûlé, plusieurs maisons de citoyens suspects furent pillées et incendiées; on se livra à toutes sortes d'excès aux cris retentissants de *Lanturelu, vive l'empereur, à bas le roi de France!* Le mot de *Lanturelu* n'était autre chose que le refrain d'un ancien vaudeville fort goûté en 1629. — *Vive l'empereur!* c'était le cri que le peuple bourguignon était toujours prêt à jeter à la tête du roi de France, et comme le symbole et le mot de ralliement de son opposition, comme une inflexible protestation contre la réunion au royaume, qu'il n'avait pas consentie. — C'est que l'empereur pour lui, c'était la maison de Bourgogne, c'était le vieux duché vivant de sa vie propre, c'était la nationalité bourguignonne toute entière, c'était la Bourgogne bourguignonne et non française, régie par des lois à elle propres. Une énergique tradition d'esprit national s'était maintenue dans le peuple, il avait subi le joug français, mais il ne l'avait jamais accepté : de là cette résistance morale qui dura jusqu'au moment où la lime révolutionnaire de 1789 effaça toute trace d'esprit public bourguignon, et qui survécut si longtemps à la résistance matérielle et à la réduction de fait. Tant que le peuple de Bourgogne vit ses anciens souverains couchés dans leurs tombeaux de la Chartreuse, il crut à la probabilité d'un réveil pour sa nationalité, et ne fut français qu'à demi. Mais quand, de ses ducs il ne lui resta pas même la cendre, quand il vit briser les monuments qui attestaient leur puissance, il finit par oublier son indépendance perdue et son histoire. Les révolutions politiques ont beau changer les destinées d'un pays, la nationalité ne meurt jamais toute entière dans le peuple, son cœur en est le sanctuaire, et au bout d'un grand nombre de générations, le germe s'en retrouve encore.

Quoiqu'il en soit, Louis XIII, informé des désordres et de la grave sédition du *Lanturelu*, se rendit en toute hâte à Dijon, après avoir donné ordre qu'on envoyât les vignerons hors de la cité et fait signifier au corps de ville, la défense de se présenter devant lui. Ce prince fit son entrée le 27 août 1629. — Une foule de magistrats s'étaient compromis dans cette insurrection qui tint la ville violemment agitée pendant six mois. — La présence du monarque ramena les esprits : mais il parlait d'intenter procès aux magistrats pour n'avoir ni prévenu ni réprimé l'insurrection, et semblait disposé à adopter les plus rigoureuses mesures. Le duc de Bellegarde intervint et fit pen-

cher le roi vers les idées de clémence et d'oubli.
Un illustre avocat de Dijon, Charles Fevret,
plaida avec une rare éloquence, à genoux, la cause
du corps-de-ville introduit en présence du roi,
avec cent des plus notables bourgeois, prosternés. Son plaidoyer toucha Louis XIII jusqu'aux
larmes : merveilleux succès d'un grand talent et
d'un beau caractère! Le chancelier répondit à
Charles Fevret en termes flatteurs pour la Bourgogne et pour Dijon, et annonça le pardon royal.
Ensuite, il prononça l'arrêt du conseil portant
que le *crime de sédition est aboli*, que divers capitaines et officiers de ville sont révoqués, que le
corps municipal ne sera désormais composé que
d'un maire et de six échevins, statuant sur le mode
à suivre dans leur élection, que la ville est et demeure condamnée à payer à qui de droit tous
dommages et intérêts, que l'artillerie, moins quatre couleuvrines, sera remise au château, que la
tour St-Nicolas sera en partie abattue, que les
vignerons quitteront la cité et ne pourront s'y
fixer à l'avenir, sans encourir les plus sévères
châtiments. — C'est à la même année 1629, que
remonte l'installation des intendants de Bourgogne, dont Hay du Chatelet (Paul) ouvre la série.
Il assista à l'ouverture des Etats généraux de la

province, en 1631. Le premier siége de l'intendance était situé dans les dépendances de l'abbaye de St-Bénigne, en face de l'église, à l'extrémité de cette rue Docteur-Maret percée dans les anciens jardins du monastère, au commencement du xixe siècle.

Henri de Bourbon, prince de Condé, nommé gouverneur de Bourgogne en 1631, après Roger de Bellegarde, fit son entrée à Dijon, le 26 mars de la même année. Il fut le premier anneau de cette noble succession de princes gouverneurs du nom de Condé, qui, sauf l'interrègne accidentel de César, duc de Vendôme, et de Bernard de Foix, duc d'Epernon, et l'intérimat du duc de St-Aignan, administrèrent constamment la Bourgogne jusqu'au moment où la première révolution française brisa brusquement cette chaîne. Ce prince obtint du roi la révocation de l'édit des élections, le rétablissement des priviléges de la ville et le retour aux anciens usages quant au mode d'élire les maire et échevins. Sa prise de possession du gouvernement de Bourgogne ne fut signalée que par des bienfaits. Mais la peste, quelques instants assoupie, se réveillait encore et força la ville à recourir au vœu de Ste-Anne. La famine devint affreuse, et le triste tableau de la guerre civile ne tarda pas à se représenter sur la scène dijonnaise. Gaston, duc d'Orléans, frère unique du roi, brouillé avec la cour, s'était retiré dans le comté de Bourgogne et inquiétait, ravageait sans cesse les plaines bourguignonnes et les environs de Dijon. Les Comtois, au mépris de la trève qui subsistait depuis 1522, harcelaient sans relâche le duché. Le prince de Condé mit devant Dole un siége que ses forces diminuées par le rappel d'une partie de ses troupes, ne lui permirent pas de soutenir. Les Comtois unis aux impériaux commandés par Galas, saccagèrent la plupart des villes et bourgs du duché, et n'éprouvèrent d'échec que sous les murs de St-Jean-de-Losne, où un héroïsme fabuleux et une poignée de femmes et de bourgeois, arrêtent toute une armée. Nonobstant ce revers, la guerre continua entre les deux Bourgognes jusqu'au traité des Pyrénées, en 1660. Pendant ces sanglantes luttes entre la France et l'Espagne, qui armaient entr'elles le duché et le comté de Bourgogne, Louis de Bourbon, surnommé le grand Condé, celui-là même dont un enfant de Dijon, le grand Bossuet, prononça la magnifique oraison funèbre, éternel chef-d'œuvre du genre, Louis de Bourbon se couvrait de gloire et sauvait la patrie. Les drapeaux qu'il recueillit sur le champ de victoire de Rocroy, furent déposés solennellement à la Sainte Chapelle de Dijon. Pourvu en 1646 du gouvernement de Bourgogne, le grand Condé fit son entrée dans la capitale le 29 janvier 1647, et la ville lui fit hommage d'un bassin d'or. — Deux années auparavant, en 1645, un orage violent décapita l'église de St-Jean, et renversa sa flèche qui ne tarda pas à être relevée.

Les premiers troubles de la Fronde en 1648 et 1649, n'exercèrent aucune influence fâcheuse sur la tranquillité de Dijon, et il est probable que plus tard ils n'auraient amené aucune insurrection en Bourgogne, si le prince-gouverneur, arrêté par le cardinal Mazarin, et enfermé au donjon de Vincennes, en 1650, n'eût été en cause. Le grand Condé avait en Bourgogne un parti puissant cimenté par l'amour de la gloire qui rayonnait sur son front, et par l'affection particulièrement vouée à sa personne. Ce prince était fort attaché à la province et particulièrement à sa capitale où il se plaisait presque autant qu'à Chantilly. — Le procureur-général Lenet, le président Bouchu, l'intendant Machaut, le comte de Tavannes, élu de la noblesse, une foule de citoyens considérables par le savoir, le rang et la fortune, soutenaient le prince avec une audacieuse persévérance. D'un autre côté, le marquis de Tavannes, lieutenant-général, et Marc-Antoine Millotet, d'abord avocat-général du parlement, puis vicomte-maïeur de Dijon, restaient invariables dans leur fidélité au roi. Une grande fermentation travailla les esprits dijonnais, et la ville fut partagée en deux factions irréconciliables. La nomination de César, duc de Vendôme, à la charge de gouverneur, que la détention de Louis de Bourbon laissait inoccupée, parut un coup d'État, elle aigrit les rancunes et redoubla l'agitation. Toutefois, Millotet, à force de fermeté et d'adresse, en déjouant les préparatifs militaires du commandant Comeau, et en s'opposant à l'entrée du régiment de Persan, que les partisans de Condé voulurent introduire, parvint à maintenir la capitale du duché. Les *principions* ou *albions* (tel était le nom donné aux amis du prince, par opposition à celui de *Frondeurs* porté par ceux de la cour), les *principions* ne purent avoir à leur disposition en Bourgogne, que la seule place de Seurre, dont Louis XIV fut forcé de venir faire le siége, et qui ne capitula que le 21 avril 1650. Ce prince, au retour du camp devant Seurre, était entré à Dijon le 16 mars, il avait offert le pain bénit à la Ste-Chapelle, fait la touchante cérémonie de la cêne et lavé les pieds à douze enfants qui reçurent chacun un demi-écu de gratification. Le roi de France se croyant peu en sûreté à Dijon où il savait que le parti des *principions* était compact et puissant, voulait partir pour Chalon, mais on le fit renoncer à ce projet et il demeura dans la capitale de la Bourgogne jusqu'à la reddition de la ville de Seurre, sous les murs de laquelle il n'avait paru qu'un instant.

Quand on voit un premier président Bouchu et bon nombre de graves personnages prendre contre le roi parti pour un gouverneur, trouver dans le peuple d'ardents auxiliaires, soulever toute une province contre le souverain, n'est-on pas fondé à reconnaître encore dans cet esprit d'insurrection, le vieux levain d'opposition bourguignonne à l'inféodation royale et à l'absorption des Etats de la Bourgogne par la France? — Et puis, grand nombre d'hommes sérieux et loyaux, en bonne conscience, n'aimaient-ils pas mieux s'associer à la cause du grand Condé, vexé par Mazarin, qu'à une intrigue de cour? Bientôt le prince de Condé fut rendu a la liberté. Les *principions* dijonnais firent chanter à St-Etienne un *Te Deum*, sans y ajouter l'*Exaudiat*, Une troupe de femmes, sous la conduite d'une nommée Bourguignon, habilla d'une manière grotesque une figure de paille qu'elles appelèrent la Fronde, creusèrent devant l'église une fosse où elles enterrèrent le fantôme en le couvrant d'ordures, d'imprécations et d'invectives, et forçant tous les passants à les imiter. Chalon et même Seurre suivirent l'exemple dijonnais.

Cependant le duc d'Epernon succédait en 1651 au duc de Vendôme, pourvu l'année avant, dans le gouvernement de Bourgogne. Il arriva à Dijon le 29 novembre et fut obligé d'assiéger le château qui ne voulait point le reconnaître. Laplanchette qui y commandait, fit pendant plusieurs jours tirer le canon sur la ville et y sema la désolation. La plupart des citoyens, pour échapper aux cruels effets du bombardement, s'étaient cachés dans les caves et les souterrains. Le son des cloches fut interdit, on implorait les secours du ciel; enfin une mine que le duc fit jouer sous une des tours du château, détermina la capitulation du 8 décembre. Une procession générale à Notre-Dame suivit cette réduction, et la Bourgogne fut pacifiée.

Bientôt une meurtrière épidémie de fièvre rouge, décima la population dijonnaise, emporta le premier président Bouchu, et avec lui les derniers germes d'inquiétude et de fermentation qu'il entretenait dans la capitale et la province.

Ce fut au mois d'août 1656, que Christine, reine de Suède, venant de Beaune, entra à Dijon par la porte d'Ouche, marchant sous un dais étendu depuis cette porte jusqu'à la Ste-Chapelle. Le parlement en robes rouges et en corps, alla lui présenter ses hommages, conformément aux intentions du roi. Elle fut en relation avec de spirituels Dijonnais, les Lantin, les Fevret et les Morisot.

L'hiver de 1658 fut un des plus rigoureux dont on ait gardé le souvenir. Les débordements du torrent de Suzon, causèrent à cette époque de grands dommages à la ville de Dijon. Le grand prix de l'arquebuse n'en fut pas moins tiré dans la même année avec une pompe insolite. Trente villes furent représentées à cette fête où deux cents chevaliers assistèrent. Un nommé Evrard, maître-boulanger de Dijon, remporta le prix consistant en vaisselle d'argent.

Le 5 novembre 1658, Louis XIV, marchant à la conquête de la Franche-Comté de Bourgogne, revint à Dijon et tint lit de justice au parlement. Il y reparut dix ans plus tard et pour la quatrième fois; enfin, le 30 avril 1674, à l'occasion de la seconde conquête de la même province, en compagnie de la reine et du dauphin. Pendant la résidence de la cour à Dijon, le parlement envoyait chaque jour au chancelier huit flacons de vin.

Ce fut en 1668 que le vicomte-maïeur Joly obtint la réduction à six, des échevins de Dijon. Le corps municipal se composa du maire, des six magistrats exerçant l'échevinage, du procureur-syndic, du secrétaire, du contrôleur et de deux prud'hommes. On ne pouvait recevoir une seconde fois les honneurs de l'édilité qu'au bout de quatre ans après les avoir quittés, et le vicomte-maïeur-maire devait remettre le 10 juin, les insignes de la magistrature entre les mains du doyen des échevins, devant la façade de St-Philibert. Un édit de 1692 rendit perpétuels les maires en exercice, et une déclaration royale de 1697, régla les fonctions, droits et privilèges de ces magistrats.

Ce fut à la fin du xviie siècle, que parurent à Dijon une foule de graves ouvrages sur l'histoire particulière, le parlement, la jurisprudence. La magistrature dijonnaise, dans le beau siècle de Louis XIV, était fertile en caractères antiques, en mœurs austères : Nicolas Brulart en était l'expression et le type.

Cependant, dès l'année 1686, Henri-Jules de Bourbon était pourvu du gouvernement de Bourgogne rendu au grand Condé par suite de la paix des Pyrénées. — Une des plus grandes figures dijonnaises de ce beau siècle de Louis XIV, est celle de ce Nicolas Brulart, modèle du magistrat austère, intègre, inébranlable dans ses résolutions, né à Dijon le 19 janvier 1627 et mort dans la même ville le 30 août 1692. Plein du vieil esprit bourguignon, il s'opposa avec une fermeté antique à l'enregistrement de plusieurs édits défavorables aux intérêts de la province, et aima mieux subir avec une fierté stoïque, les rigueurs de l'exil, que de ployer devant les volontés de la cour de France.

Le XVIIIe siècle s'ouvrit à Dijon au milieu d'une génération d'hommes distingués dans toutes les branches du devoir, de la science et des arts. De ce temps datent une foule de monuments publics et particuliers dont il sera parlé au VIe chapitre de cet ouvrage, et les embellissements considérables que reçut la cité dijonnaise. Ce siècle s'écoula calme à Dijon jusqu'en 1789 : la sérénité constante de la situation ne fut troublée qu'en 1775, par l'émeute occasionnée par la cherté des grains. Quant aux émotions causées par l'exil et le rappel du parlement, elles ne sortirent point de l'atmosphère bourgeoise qu'elles intéressaient. La province fut successivement gouvernée par Louis de Bourbon, nommé en survivance d'Henri-Jules son père, par Louis-Henri, duc de Bourbon, mort en 1740, Paul-Hyppolite de Beauvilliers, duc de St-Aignan, gouverneur intérimaire pendant la minorité du prince de Condé, par Louis-Joseph de Bourbon, prince de Condé, qui déclara aux Etats de Bourgogne en 1769 que son fils Louis-Henri, duc de Bourbon, avait la survivance de son gouvernement. On sait comment a fini, dans le cours du XIXe siècle, cette royale famille des Condé, toujours loyale, toujours française, toujours généreuse, autant que celle des d'Orléans fut perfide, égoïste et lâche. Le fils du dernier prince de Condé a été assassiné dans les fossés de Vincennes et le prince survivant au duc d'Enghien, étranglé dans son palais par un mystérieux bourreau. A ce même siècle se rattachent l'érection de l'université, de l'évêché, de l'Académie qui tint sa première séance en 1741, et de l'école de dessin de Dijon. Des intendants pleins de patriotisme et de lumières, comme Joly de Fleury,

Dupleix de Bacquencourt, Dufour de Villeneuve, qui le premier conçut l'idée de doter la ville de Dijon de fontaines publiques, des trésoriers-généraux des Etats, bienfaisants, comme Chartraire de Montigny, concoururent avec une pléïade de grands citoyens et le zèle éternellement mémorable des élus de la province, l'intelligence des magistrats, à maintenir sur le front de Dijon cette couronne de la pensée que la Bourgogne saluait en elle, à la place de ce diadême politique qu'elle perdit à la mort de Charles-le-Téméraire.

Ni le régent, ni Louis XV, ni Louis XVI ne vinrent jamais à Dijon : cette cité ne vit passer dans ses murs que la duchesse de Chartres en 1776. — Les déplorables effets de l'agiotage et de la banque de Law, y furent peu marqués, car Dijon n'était pas une ville de financiers et de traitants.

En 1752, l'archéologie s'enrichit de tombeaux gaulois trouvés dans les environs de la porte Neuve.

Ce fut en 1776, le 1er janvier, que parut à Dijon la première feuille périodique spéciale à la Bourgogne, rédigée par le libraire Mailly. L'année suivante, un incendie accidentel se déclara à la salle des Pas-perdus du palais de Dijon, et sans la promptitude des secours, aurait pu dévorer un des plus curieux monuments de la capitale de la Bourgogne. En 1788, la basilique abbatiale de St-Bénigne fut témoin d'une grave cérémonie, à l'occasion du sacre comme évêque de Nancy de l'abbé Anne-Louis de La Fare, chanoine de la Ste-Chapelle, que nous avons vu mourir cardinal et archevêque de Sens, dans le XIXe siècle. — L'industrie des tanneries, jadis si florissante à Dijon, y fut presque anéantie par les entraves que lui jetèrent les édits de 1759 et 1772, frappant ses produits d'un impôt de deux sols par livre.

La première révolution française éclata; toute l'ancienne administration provinciale s'ébranla; Louis Moussier, élu maire de Dijon, le 19 juillet 1789, donna, aux premiers retentissements du canon révolutionnaire, sa démission, le 21 juillet 1789 et ferma pour toujours le passé souvent glorieux de la vicomté-mairie. La loi du 22 décembre de cette année ordonna une nouvelle division du royaume en départements. Dijon devint le chef-lieu de celui de la Côte-d'Or, composé de sept districts. Conformément à la même loi, il fut créé des administrations de département, de district, de municipalité, dont les membres sortirent de l'élection. Un conseil de département et un directoire, un procureur-général syndic représentaient l'administration, et elle subsista ainsi organisée jusqu'à l'établissement du gouvernement révolutionnaire, le 4 décembre 1793, qui remplaça par la violence toute ombre de gouvernement régulier.

Le premier maire de Dijon depuis l'abolition de la vicomté-mairie, fut Marc-Antoine Chartraire de Montigny, que nous avons vu dernier trésorier-général de Bourgogne, installé le 24 février 1790. — En cette même année, les six sections de la commune envoyèrent au roi Louis XVI, une adresse conçue dans les termes les plus respectueux et respirant les sentiments de la plus parfaite fidélité. On sait assez quelles furent les vicissitudes éprouvées par les administrations départementale et municipale, depuis cette période jusqu'à l'an X. Plusieurs représentants du peuple vinrent à Dijon en qualité de commissaires extraordinaires, seconder le mouvement d'idées imprimé à la France, et parmi eux Piochefer Bernard qui fit vivement sentir aux Dijonnais la verge de ses licteurs et les pouvoirs exorbitants de son proconsulat. Un maire de Dijon, issu des entrailles du peuple particulièrement fécondes alors en natures énergiques et fortes, Pierre Sauvageot, installé le 10 décembre 1792, laissa des traces profondes de sa courte administration. Il se trouva un moment de 1792 à 1795 où la ville de Dijon, si riche autrefois en institutions centrales, mourut à la civilisation, à la puissance et s'absorba dans sa commune. Cette ville fut comme atrophiée.

Dijon qui en 1789 avait eu pour députés de son baillage aux Etats-généraux, l'évêque de Mérinville et Merceret, curé de Fontaines, pour le clergé, Lemulier de Bressey, le comte de Lévis avec Bataille de Mandelot et le marquis de Courtivron, comme suppléants, pour la noblesse, Volfius, Arnoult, Gautrey pour le tiers-état, Dijon envoya des hommes distingués à toutes nos assemblées législatives.

La révolution, dès le début des premiers troubles populaires de Paris, à l'époque des Etats-généraux, avait ému le peuple dijonnais qui courut aux armes, et s'empara de la tour St-Nicolas, du château et des munitions de guerre. Cependant ce douloureux travail d'enfantement de la France nouvelle, n'eut dans notre province et dans sa capitale aucune de ces crises affreuses qui ailleurs souillèrent trop souvent la cause démocratique. Nous trouvons tour-à-tour dans les annales dijonnaises de la période révolutionnaire, la bénédiction des drapeaux de la milice dijonnaise à St-Michel, en 1789, le serment civique des autorités, dans le même temple, en 1790, la fédération solennelle des gardes nationaux, dans le cours la Reine, avenue du Parc, commandée par le jeune comte de Buffon, fils du naturaliste, l'installation à l'évêché par la municipalité, en présence des autorités, de l'abbé Volfius, comme évêque constitutionnel en 1791; les élèves du collége de Dijon, déposant, dans la même année, leurs prix sur l'autel de la patrie, les troubles graves qui se manifestèrent contre les prêtres réfractaires, et le peuple affamé poursuivant le maire jusqu'à la commune dont il casse les vitres, et faisant mettre en liberté Chartraire de Montigny en 1792; les plus beaux monuments de Dijon mutilés ou détruits, la cendre de nos ducs jetée au vent, les églises violées, le culte proscrit, les symboles de la religion traînés dans les ruisseaux, le cahos dans l'administration, l'anarchie dans les pouvoirs, plusieurs victimes envoyées au tribunal révolutionnaire et immolées à ses vengeances, comme MM. de Ruffey, de Corbeton, etc., le marquis de Jaucourt, Demoireau, l'ingénieur

Lejolivet, Lamugnière, le procureur Gueland, Testard, condamnés à mort par le même tribunal, en 1794, la société populaire de Dijon, demandant dans la même année, l'organisation des comités révolutionnaires de districts, et désavouant ensuite cette demande, grâce aux efforts faits dans toutes les sections, par le représentant Calès, l'histoire de Dijon, en un mot, dans cette période de fanatisme révolutionnaire, devenue commune avec celle de toutes les cités, au point de vue des saturnales, des profanations, des honneurs mythologiques rendus à la déesse Raison, et de la mort absolue de toute expression appréciable du culte catholique. En 1795, le représentant Mailhe, en mission à Dijon, licencia les artilleurs de la garde nationale dijonnaise, pour ôter aux anarchistes les moyens d'exécuter leurs sanguinaires desseins.

Toutefois, comme nous l'avons annoncé plus haut, avec l'effusion d'un cœur bourguignon, de 1790 à 1795, aucun excès décidément barbare, aucun acte de noire férocité ne furent commis à Dijon, sous l'influence sédative des mœurs parlementaires. L'amour de la gloire, les pulsations d'un patriotisme ardent, la douceur traditionnelle des mœurs bourguignonnes, tempérèrent presque toujours les accès violents de la fièvre révolutionnaire. La milice citoyenne de Dijon parla une des premières de voler à la défense de nos frontières menacées : cette ville fournit au célèbre bataillon de la Côte d'Or, son contingent de beaux et courageux soldats. En 1799 eut lieu avec éclat la fête patriotique commémorative de la fondation de la république. Dans la même année, de grands honneurs funèbres furent rendus, à Dijon, au général Joubert, enfant de Bourg-en-Bresse : son éloge fut prononcé par le citoyen Locquin; et l'année suivante vit s'effectuer le départ des légions cisalpines et italiques, organisées à Dijon par le général Lecchi, en mars, et le consul Bonaparte, partant pour Marengo, traverser le 7 mai l'ancienne capitale de la Bourgogne.

La révolution française avait été à Dijon plus funeste aux monuments et aux institutions qu'aux personnes, et quoiqu'aucune cité n'ait peut-être plus souffert qu'elle dans ses somptueux édifices, autant eprouvé qu'elle d'irréparables pertes, elle est encore la ville de France spécifiquement la plus riche en œuvres d'architecture et d'art, tant la mine inépuisable des trésors semés sur son sol avec la prodigalité italienne, est restée inépuisée sous la pioche des démolisseurs. La révolution toutefois avait enlevé à Dijon jusqu'aux situations honorifiques qu'elle avait gardées après la réunion définitive à la couronne.

Une France nouvelle avait commencé. La Bourgogne royale, ducale, provinciale n'existait plus que dans les souvenirs historiques, et on retrouvait à peine sur la carte les limites de son vieux territoire, divisé en départements. Une foule de besoins anciens ne pouvaient plus être ni satisfaits, ni compris; des besoins et des intérêts nouveaux recevaient leur consécration dans les faits. Il fallait disperser les débris inutiles, relever bien des ruines morales et matérielles, former un lien solide entre un passé dont le retour était devenu impossible et un présent mal affermi, par une transaction entr'eux, par des concessions réciproques, sceller enfin leur alliance; c'est ce que firent le consulat et l'empire. Ils se montrèrent pleins de sollicitude et de générosité envers l'ancienne capitale de la Bourgogne, qui retrouva dans les grands ressorts judiciaires, universitaires, militaires, dans les établissements centralisés dans son sein, l'ombre de ses juridictions provinciales éteintes. La France nouvelle, en un mot, traita Dijon comme une reine déchue qu'on entoure de déférences et de respect, à laquelle on conserve quelque pouvoir et le titre honorifique de majesté. Mais aucun de ces dédommagements ne lui fit oublier son rang dans le passé, sa puissance tombée, ne la consola de la perte de sa cour souveraine de parlement, dont les arrêts allaient retentir des portes de Chambéry, Genève et Lyon, à celles de Paris, de ses Etats provinciaux, de sa chambre des comptes, de la présence triennale dans son palais, d'un prince-gouverneur, de sa chambre permanente des élus-généraux, de sa cour des aides unie au parlement, de toutes les juridictions consulaire, administrative, bailliagère qui siégeaient dans l'enceinte de ses murs. — Quelques hommes opulents et titrés, quelques existences à grand fracas de gens, de chevaux et de chiens, qui consentent à y passer trois mois d'hiver, quelques chanoines d'une église-cathédrale nouvelle et peu fortunée, une cour d'appel, etc., n'ont pas remplacé au XIXe siècle ce qu'elle avait encore au XVIIIe. Quelle différence en effet, entre une cour d'appel s'étendant aux départements de la Côte-d'Or, de Saône-et-Loire et de la Haute-Marne et le parlement de Bourgogne, entre un préfet de la Côte-d'Or et un intendant de Bourgogne, entre un receveur-général de la Côte-d'Or et un trésorier de Bourgogne.

La gloire du nom français portée si haut dans les temps mémorables qui terminèrent le dernier siècle et ouvrirent le nouveau, fit diversion aux regrets dijonnais : en voyant plusieurs de ses propres enfants ou des Bourguignons élevés aux plus grandes charges civiles et militaires de l'Etat, la ville de Dijon sentit battre dans son cœur de patriotiques élans, et s'abandonna à une légitime fierté.

Jusqu'à cette période de l'histoire dijonnaise, dont la révolution de 1789 forme la préface, il n'y avait à peu près pas eu de classe moyenne, indépendante, à Dijon. Toujours, dans cette cité éminemment aristocratique sous l'ère de l'ancienne France, la classe moyenne avait été gênée dans son émancipation et son développement par les préjugés, les priviléges des corporations. Le peuple presque seul agit pendant la rafale révolutionnaire : la bourgeoisie divisée d'opinions et d'intérêts n'avait pas alors acquis par son extension que favorisèrent l'industrie et le commerce, cette force morale et numérique, cette consistance matérielle arrivées à leur apogée sous la monarchie administrative de Louis-Philippe. Dans le peuple resta l'élément révolutionnaire de 1793, dans la bourgeoisie, l'élément révolutionnaire de 1789 : ce furent les germes du libéralisme dijonnais sous les deux restaurations. Ce fond de bourgeoisie sérieusement attachée aux principes de 1789 opéra plus tard la révolution de juillet 1830 dans son propre intérêt, comme plus tard encore, le peuple fit la révolution radicale de février 1848.

Les villes les plus aristocratiques de l'ancienne France furent, en général, celles où la réaction populaire se montra en 1792 et 1793 avec le plus d'intensité. Tempérée à Dijon par la douceur des naturels et la politesse des mœurs, elle y avait été moins violente que dans beaucoup de capitales, comme j'ai déjà eu occasion de le faire observer.

La ville de Dijon, même en sortant des tempêtes révolutionnaires et placée encore sous l'influence des émotions qu'elles avaient causées, songeait à retenir quelques marques de son ancienne magnificence. Ainsi nous la voyons, en 1801, se faire autoriser à acquérir l'emplacement du Parc, domaine provenant du prince de Condé. Dès l'année 1800, elle avait été le siège de l'école centrale de la Côte-d'Or dont la clôture fut prononcée en 1803.

Dijon qui avait vu le consul Bonaparte, ne reçut jamais dans son enceinte l'empereur Napoléon. Cette cité conserva sous l'empire le rang de chef-lieu administratif de la Côte-d'Or, qui lui avait été attribué par le décret du 17 ventôse an VIII et par l'arrêté des consuls du 17 vendémiaire an X. Son premier préfet, Charles-Philippe-Toussaint Guiraudet, fut installé en cette qualité le 22 mars 1800. Elle devint le siége d'une sénatorerie, d'une cohorte de la légion d'honneur, d'un évêché, d'un lycée, d'une faculté de droit, le quartier-général de la 18e division militaire. Une haute-cour de justice y fut installée le 29 avril 1811 par le sénateur Monge, comte de Péluze, en présence de toutes les autorités civiles et militaires. Dans la même année, on érigea dans son sein une sous-préfecture administrée par un auditeur au conseil d'Etat: elle embrassait 280 communes, et n'a existé que temporairement. Dijon eut sous l'empire le titre de bonne ville que lui maintint plus tard la restauration. L'empereur des Français se rappelant les présents faits par Louis XII à la Sainte-Chapelle de Dijon, et voulant témoigner de sa munificence comme duc de Bourgogne, offrit en 1811 plusieurs tableaux précieux au musée de cette ville.

En 1812, le typhus importé en Bourgogne par les prisonniers espagnols, fit à Dijon un grand nombre de victimes. — Mais l'astre impérial qui avait rayonné si éclatant sur la France et sur l'Europe, pâlissait : le colosse ébranlé chancelait sur sa glorieuse base ; la déchéance de Napoléon était prononcée ; le 19 janvier 1814, huit cents cavaliers autrichiens prenaient possession de la ville de Dijon, et le 18 mai suivant, M. de Nansouty, commissaire extraordinaire dans la Côte-d'Or, y annonçait le rétablissement de l'antique dynastie des Bourbons, sur le double trône de France et de Navarre. La première restauration fut reçue à Dijon avec un enthousiasme peut-être plus factice que réel, mais très-éclatant. Pendant sa courte apparition sur le sol français, elle n'eut pas le bon esprit de faire aux idées nouvelles une part assez large : entraînée par un mouvement réactionnaire impétueux, elle revint trop ouvertement aux priviléges, aux formes et aux hommes du passé ; c'est ce qui explique les vives sympathies bourgeoises et populaires que les *cent-jours* trouvèrent à Dijon. La deuxième restauration n'excita pas d'entrain dans cette ville à laquelle les deux invasions, les revues et le camp des Autrichiens situé dans ses alentours, donnèrent des goûts militaires qu'elle a conservés. Une opposition marquée au gouvernement royal ne tarda pas à se développer dans cette cité qui avait vu avec douleur les pouvoirs réactionnaires exercés dans son sein, la cour prévôtale établie dans son enceinte le 5 mai 1816, et les cruels arrêts qu'elle prononça contre des enfants de la riante Bourgogne, le commissariat-général de police dont elle fut le siège, supprimé en 1818, la commission de censure constituée en 1820. Dijon, pendant les deux invasions et dans le cours des deux restaurations, fut visité par les empereurs d'Autriche, de Russie, les grands-ducs Nicolas et Michel, le roi de Prusse, le comte d'Artois, le duc et la duchesse d'Angoulême, etc. Elle eut bientôt pour maire le docteur Claude-Auguste Durande, installé sous l'empire (2 avril 1806), et qui reprit ses fonctions le 10 juillet 1815, pour les conserver jusqu'à l'installation de M. Pierre-Théodore Morelet, en 1818. Etienne-Nicolas-Philibert Hernoux, pendant les cent-jours, nommé provisoirement maire de Dijon par arrêté du maréchal Ney et confirmé par arrêté de Thibaudeau, commissaire extraordinaire à cette époque, se posa entre les deux périodes administratives de Durande, mort à Ahuy en 1835. Vinrent ensuite Antoine-

Nicolas-Philippe-Tannegui-Gaspard Lecompasseur, marquis de Courtivron, qui succéda en 1821 à Morelet, et Louis-Philippe-Marie de Courtivron, fils du précédent, installé en 1830. La restauration réveilla le vieux titre de gouverneur, non plus de Bourgogne, mais de la ville de Dijon. M. Le Comte, mort duc Charles de Damas, en fut investi.

La révolution bourgeoise de Juillet 1830, fut saluée à Dijon par de bruyantes acclamations. Je ne dirai plus rien des entrées princières dans son sein : assez de plumes courtisanesques et faméliques les ont enregistrées, toutefois, je ne puis en passer une sous le silence. Le 29 juillet de cette année 1830, arriva à Dijon, venant d'Auxonne, où elle avait passé en revue les troupes de la garnison, Mme la duchesse d'Angoulême (dauphine); s'étant rendue au théâtre, elle y fut accueillie par des vociférations très-peu monarchiques, quitta la salle et se rendit, reconduite par une foule tumultueuse, à l'hôtel de la préfecture où elle passa la nuit. Les démonstrations populaires et bourgeoises ne se bornèrent pas à des clameurs, elles devinrent aggressives, et des projectiles furent lancés contre la voiture de la princesse. On remarqua parmi les excitateurs ou les artisans de ces scènes révolutionnaires, des hommes qui, plus tard, sous la monarchie de Louis-Philippe, occupèrent des postes élevés dans l'Etat. Ils se faisaient surtout distinguer par leur violence. Le lendemain, la duchesse partit incognito de Dijon, accompagnée par Denest qui avait empoigné Manuel, ce qui lui valut le grade de chef d'escadron de gendarmerie. — Le lieutenant de garde au poste du théâtre, était Leflo', devenu général et ambassadeur en Russie. C'est à Dijon que la Dauphine de France fit son dernier acte d'autorité royale, assista au dernier spectacle français et reçut les derniers honneurs militaires dus à son rang. Par suite de la révolution de 1830, M. Hernoux redevint pour la seconde fois maire de Dijon. Sous les diverses époques de l'histoire dijonnaise, depuis le commencement de ce siècle, cette cité gagna beaucoup en embellissements matériels en assainissements, en air et en lumière. Elle eut des députés illustres, les Chauvelin, les Brenet, les de Berbis, etc., et continua à fournir aux sciences, aux lettres, aux arts, son contingent de célébrités.

Ne devant rigoureusement compte ici au bienveillant public qui me lit, que des évènements dijonnais qui ne se révéleront pas dans le chapitre VI° par l'histoire des monuments; comme dans tout le cours de ce travail, je vais continuer à être bref. — C'est sous le règne de Louis-Philippe Ier que Dijon naguère encore, ville de consommation et de repos exclusivement, est devenu un centre assez actif de commerce et d'industrie, grâce à la prospérité toujours croissante du canal de Bourgogne. Le commerce des laines, de la faïencerie, des vins ordinaires, des grains et des farines, des merrains, des bois, celui des objets de luxe et de modes, la commission, le roulage, les filatures y ont pris, depuis 15 ans, un développement considérable. L'industrie des entrepôts, celle des fonderies s'y sont également montrées avec éclat.

Le choléra-morbus asiastique qui désola la capitale et une partie des départements de la France, en 1832, s'arrêta aux limites de l'arrondissement de Dijon, et épargna cette illustre cité. C'est du 18 janvier 1833 que date l'intelligente administration municipale de M. Victor Dumay, adjoint depuis cette époque, maire par *interim* en 1837, maire en titre en 1838. Nulle administration municipale dijonnaise, depuis le premier maire dont le nom soit arrivé jusqu'à nous, Bonami, n'a marqué par des bienfaits et d'éclatants services, par un ardent patriotisme, par une activité sans bornes, par le génie des entreprises civilisatrices et utiles, que celle de cet honorable et savant magistrat. Malheureusement, les conseillers municipaux qu'il présidait ne furent pas toujours mesurés à sa taille et ne comprirent pas tous également cette nature si essentiellement douée du sens municipal et du tact administratif. Faute d'auxiliaires, faute de pensées s'associant pleinement à la sienne, il ne fit pas, en tous points, ce qu'il voulait faire. C'est du mois de septembre de l'année 1839 que date l'éclairage au gaz de la cité dijonnaise, qui fut la première et est encore la seule du département, où ce mode ait été adopté, et fournit 136 becs à l'éclairage public, tandis que 226 lanternes et 16 appliqués continuent à recevoir en outre 509 becs alimentés par l'huile. La grande œuvre municipale de M. Dumay, celle qui immortalisera son nom et sur laquelle se concentrèrent tous ses efforts, fut l'établissement des fontaines publiques. Par suite de ce bel ouvrage dont il sera reparlé au long dans le chapitre VI° de cet écrit, la ville de Dijon devint immédiatement après Rome la cité du monde la plus riche en eaux salubres et magnifiques. Dans cette mémorable circonstance de l'établissement des fontaines publiques dijonnaises, deux hommes s'entendirent à merveille,

MM. Dumay et Darcy : la sollicitude du magistrat marcha parallèlement à la science et au désintéressement de l'ingénieur, enfant de Dijon. Ce fut en 1840 que la source du Rosoir fut amenée dans la ville où elle se distribua ensuite dans cent vingt-une bornes fontaines publiques, 7 à l'hôpital-général, 9 aux casernes militaires, 1 à celle de gendarmerie, 2 aux prisons, dans 3 lavoirs, une chûte d'eau appliquée à l'industrie, de 6 mètres de hauteur, à l'entrée du débarcadère, le jet-d'eau monumental de la porte St Pierre, l'appareil contre l'incendie disposé au théâtre et plusieurs concessions particulières consenties moyennant 8,000 fr. En 1842, tout ce grand ouvrage était au complet.

En 1841 fut posée la première pierre du bassin du jet-d'eau, vis-à-vis la porte St-Pierre et l'entrée du cours, avenue du parc. L'inscription placée dans les fondations, est rapportée page 40, dans la notice sur l'établissement des fontaines, publiée par M. Victor Dumay. Dès l'année 1838 avaient commencé les travaux qui ont changé l'ancienne entrée courbe de la porte St-Pierre, en une des plus somptueuses que puisse offrir une ville de province. Voici le texte de l'inscription mise dans les fondations de l'angle nord-ouest du batiment oriental :

LE · XXVI · SEPTEMBRE · M · DCCCXXXVIII
SOVS · LE · REGNE · DE · LOVIS · PHILIPPE · I · ROI · DES
FRANCOIS
A · ETE · POSEE · LA · PREMIERE · PIERRE
DE · CET · EDIFICE · CONSTRVIT · AINSI · QUE · CELVI
QVI · EST · EN · FACE
PAR · M · CHARLES · ANDRE · NEGOCIANT
CONCESSIONNAIRE
REMI · BILLETTE · ET · PIERRE · GVIGRE
ENTREPRENEVRS
POVR · SERVIR · D'ENTREE · A · LA · VILLE
SVR · L'EMPLACEMENT · D'VN · ANCIEN · BASTION
ET · DE · LA · PORTE · S · PIERRE
D'APRES · LES · PLANS · DRESSES
PAR · M · FRANCOIS · PAPINOT · ARCHITECTE · VOYER
DE · LA · VILLE
ET · ARRETES · PAR · LE · CONSEIL · MVNICIPAL
M · PIERRE · ACHILLE · MARIE · CHAPER
OFFICIER · DE · L'ORDRE · ROYAL · DE · LA LEG
D'HONNEVR
PREFET · DV · DEP · DE · LA · COTE · D'OR
ET · M · VICTOR · DVMAY
MAIRE · DE · LA · VILLE · DE · DIJON

Il eut mieux valu rédiger cette vulgaire légende dans la langue latine qui est invariable, et la placer à l'extérieur, que de l'enterrer. C'est une absurde idée que celle des inscriptions fossiles mises à l'exclusion des inscriptions ostensibles qui ne révèlent la date d'un édifice qu'au moment même de sa destruction.

En 1841, eut lieu à Dijon, sous les auspices de la commission départementale des antiquités de la Côte-d'Or, une imposante cérémonie, ce fut celle de la réinhumation des restes mortels de Philippe-le-Hardi et de Jean sans-Peur, extraits des caveaux de St-Bénigne, et reconnus parmi les ossements entassés pêle mêle dans ses charniers, à la suite de la révolution de 1793. Le crâne de Jean-sans-Peur portait évident le sceau de son authenticité, c'est-à-dire présentait encore la large fracture faite au prince par la hache de Tannegui du Châtel, dans le guet-à-pens du pont de Montereau, ce *trou par lequel les Anglais entrèrent en France*. — C'est pour populariser cette tête que le mouleur Pouchetty ou mieux Puchetti avait été appelé à la reproduire au moment même de l'exhumation.

La mendicité, vieille tradition des mœurs monacales, fut si non éteinte, du moins interdite à Dijon par arrêté municipal du 9 octobre 1844. A ces temps de 1842, 1843 et 1844, se rattache la fièvre de chemins de fer qui travailla cette cité. Nulle en France ne s'agita, ne se remua autant qu'elle, ne manœuvra avec plus de persévérance et d'habileté pour faire passer dans son sein, malgré la carte géographique, les raisons d'économie, de célérité, de logique qui l'en éloignaient, au mépris des intérêts du commerce général, la ligne ferrée de Paris à la Méditerrannée et à Mülhausen. Je doute que cette grande voie, à la prise de possession de laquelle Dijon attacha tant de prix, qu'elle sollicita et obtint au préjudice de tant de droits plus légitimes que les siens, exerce sur sa prospérité, son accroissement, son bien-être, l'immense influence qu'elle en espérait; et je crains bien qu'elle n'ait fait à ses dépens, une guerre ruineuse pour d'autres centres, inutile pour elle-même, dont les dépouilles opimes seront recueillies sur d'autres champs. — Dijon, en voulant absolument faire prédominer en elle les idées d'industrie et de commerce, appelées à n'y tenir qu'une place bornée, sort complètement de sa nature. Au reste, ne préjugeons rien. Peut-être est-ce la voie providentielle tracée devant lui, pour ressaisir par une vie nouvelle, les sceptres qu'elle a perdus.

C'est le 15 janvier 1844, qu'on a établi une

boîte-aux-lettres aux portes de la ville de Dijon.

La société d'études, fondée à Dijon en 1821, par de jeunes amis de la littérature, sous la deuxième restauration, a rendu le dernier soupir pendant le règne de Louis-Philippe, en 1832. Une société de jurisprudence s'était aussi organisée vers le même temps.

Les incendies accidentels ou criminels qui, en 1846, portèrent l'effroi dans les villes et surtout dans les campagnes de notre chérie Bourgogne, n'ont point atteint la ville de Dijon, elle n'a eu, à ce point de vue, qu'une simple alerte. Les émeutes qu'à la fin de la même année et au commencement de la suivante, excita sur plusieurs points de la France, la disette des céréales, si tardivement conjurée par un ministère imprévoyant, uniquement préoccupé du soin de se maintenir au pouvoir, ne furent point imitées à Dijon. L'administration municipale de la cité procura aux ouvriers sans ressources suffisantes, un travail considérable d'utilité publique, dans les années 1846 et 1847, ce fut la rectification et l'élargissement de la porte St-Nicolas, aujourd'hui fermée d'une grille de bois temporaire, par suite de l'acquisition par la ville du bastion qui flanquait l'ancienne porte, et de sa démolition, puis la canalisa tion du cours de Suzon, sur une longueur de 1,350 mètres, qui concourut avec l'établissement antérieur des fontaines, à placer Dijon dans les plus désirables conditions hygiéniques. A l'administration de M. Victor Dumay correspond tout ce qui a été fait de grand, de durable, d'utile à Dijon, sous la monarchie de Louis-Philippe. Il n'était bien qu'adjoint au maire quand la caisse d'épargnes et les salles d'asile furent établies, l'une en 1834, les autres en 1833; mais il était maire intérimaire quand la société des amis des arts fut instituée à Dijon sur le modèle de celle de Lyon, en 1837, et fit en août de la même année, sa première exposition, quand une foule de belles et bonnes choses furent opérées dans la cité. On doit lui attribuer aussi l'idée d'avoir, en 1842, changé le système de numérotage des maisons, d'avoir provoqué le baptême de dénominations morales données aux rues et d'avoir régularisé les écriteaux qui les indiquent. La ville étant partagée en 3 cantons, les numéros des demeures situées dans le canton ouest sont sur fond gris, le canton nord sur fond rose, dans le canton est sur fond vert. On s'est bien gardé d'imiter la fameuse *beaunoise* des chiffres précédés du mot n°. — Les noms de rues sont peints en lettres jaunes sur des plaques métalliques noires, mobiles, en tête desquelles on voit les initiales du canton auquel appartiennent ces rues, initiales indiquant la couleur propre à la circonscription. On y avait joint à l'extrémité opposée de la plaque les initiales de l'arrondissement de police; mais cette mesure est devenue inutile par suite de la suppression des 4 services spéciaux des agents de police, absorbés par le service général. Je n'ai trouvé dans aucune ville ce système excellent, aussi simple qu'il est clair, et je ne saurais trop insister pour qu'il soit imité dans toutes les cités importantes.

Le conseil municipal de Dijon avait eu plusieurs fois l'idée d'élever une statue au grand Bossuet, et ce projet paraissait devoir s'exécuter d'autant plus probablement, qu'une commission officieuse et privée s'était chargée d'en ériger une à St-Bernard, laquelle fut effectivement posée avec pompe, en 1847. Par délibération du conseil municipal du 7 février 1845, ce corps s'était réservé de prendre l'initiative relativement à Bossuet. L'administration municipale devait faire concourir toutes ses mesures à la prompte érection du monument. En effet, on est surpris que la plus haute gloire de Dijon n'y soit pas encore consacrée par l'apothéose.

Sous le règne de Louis-Philippe, une entreprise bibliographique sérieuse, signala la librairie dijonnaise, ce fut la réimpression de la description générale et particulière du duché de Bourgogne, par Courtépée, avec un curieux et beau travail de M. Roget de Belloguet. Un grand mouvement d'idées littéraires, archéologiques, artistiques, s'opéra à Dijon. Une foule de publications le représenta : on avait vu tour-à-tour paraître, avant la réimpression de Courtépée, le *Voyage pittoresque en Bourgogne* (la Côte-d'Or-Saône-et-Loire), dont le premier volume parut en 1833, ouvrage commencé par feu Jobard et continué par Guasco Jobard, *Dijon ancien et moderne* en 1840, éditions de luxe, illustrées par le crayon de M. E. Sagot, l'admirable monument typographique élevé par M. Simonnot-Carion, l'imitation de N.-S., les volumes de poésie de Charles Brugniot, en 1836, de Mademoiselle Antoinette Quarré, de M. Jean-Baptiste-Claude Langeron (1846), le guide du voyageur à Dijon, de M. Goussard, les éphémérides de Dijon et de la Côte-d'Or (1842), la belle série des travaux de la commission départementale des antiquités, dont il sera parlé au VIe chapitre de cet écrit. Je ne dirai rien d'une foule de publications locales comme le voyage de Piron à Beaune, etc. La presse lithographique et typographique dijonnaise s'associa à tout ce mouvement d'idées et le marqua vivement. La première acquit une grande importance entre les intelligentes mains de Jobard et de l'époux de sa veuve, la seconde par les entreprises de MM. Douillier, Simonnot-Carion et Frantin. Ces imprimeurs distingués, les éditeurs Victor Lagier, Popelain, Hémery, Lamarche, rappelèrent les Palliot, les Despringles, les Mailly, les Desventes, les Marterel, les Capel, les Defay, les Causse, les Frantin-Majores, etc. L'établissement Guasco-Jobard rivalisa avec ceux des Engelmann, de Paris, Mülhausen et Strasbourg, des Desroziers de Moulins, et arriva à un état que Lyon n'a pas encore tout-à-fait atteint à l'heure qu'il est. — Pourquoi faut-il que l'annuaire de la Côte-d'Or n'ait pas été depuis longtemps continué, comme ceux du Doubs, du Jura, de Saône-et-Loire, etc., et qu'une bonne statistique complète du département soit encore à faire? — Il y a bien toujours un petit annuaire de la Côte-d'Or, mais sans critique, sans histoire, sans rédaction, laissant même à désirer les renseignements administratifs les plus utiles, comme le classement numérique des routes nationales, départementales et des chemins de grande communication. — Un Franc-Comtois laborieux, M. Gabriel Peignot, un Dijonnais, M. Frantin, aîné, un Bourguignon, M. Lorrain, ont publié sous les derniers règnes, des ouvrages estimés chacun, dans leur genre, sans parler des œuvres des jurisconsultes de la force de Proudhon et Ladey, des naturalistes et des médecins. La gravure sous le burin de M. Monot, la sculpture sous le ciseau de MM. Darbois et Moreau, le dessin sous le crayon de Jeantet, des Mazaro, des Petit et des Sagot, l'archéologie sous l'inspiration de M. de S. Mesmin, la numismatique, la plastique, ont noblement prospéré. La médecine pratique et le barreau de Dijon, moins célèbres qu'au dernier siècle, ont eu toutefois, dans les 49 premières années de ce XIXe, des expressions distinguées.

C'est sous le dernier règne surtout, que les mœurs dijonnaises ont changé au point de vue commercial, et que tant d'hôtels historiques ont été convertis en boutiques. De cette tendance toute factice, toute fortuite des esprits dijonnais vers le négoce, sont nées certaines habitudes jadis inconnues à Dijon. Les cafés y ont pullulé, depuis celui de Frascati, tenu sous l'empire par Boulée, puis par les Quantin, les Borel, les Jusseaume, aujourd'hui remplacé par les magasins de M. Tagini, jusqu'aux cafés Georges et de Paris.

Les anciennes tendances républicaines d'une portion du peuple dijonnais, brusquement refoulées par la combinaison politique boutiquière qui fit monter Louis-Philippe sur le trône, se réveillèrent et se développèrent prodigieusement sous ce règne. Un banquet réformiste fut organisé à Dijon, le 22 novembre 1847, et la plupart des chefs de l'opposition y firent entendre de mâles accents. L'esprit démocratique s'était lentement, mais énergiquement développé à Dijon, et quand la rafale qui a ramené la république en France, foudroya le vieux mât de la monarchie, tout était prêt dans le chef-lieu de la Côte-d'Or, pour recevoir la nouvelle forme de gouvernement et la continuer. L'opinion prédominante, en somme, dans le peuple dijonnais, n'était point le radicalisme le plus absolu ; c'était le principe de la démocratie sage et chrétienne, ne traînant ni aux gémonies ni aux apothéoses, les hommes extrêmes de 1793, ne voulant ni des endormeurs ni des endormis pour régir l'Etat.

Lorsque les évènements imprévus de février 1848, éclatèrent à Paris et jetèrent à l'improviste la France dans l'inconnu, Dijon s'émut. Un des points de départ les plus actifs du mouvement républicain dijonnais, fut un établissement public connu sous le nom de café Berthet (aujourd'hui café de l'Union), rue des Godrans; c'est de là que sortit une partie du gouvernement provisoire de la cité, comme la révolution de juillet était sortie de l'ancien café Frascati, centre de l'opposition libérale sous la restauration, comme la démocratie de 1848 sortit à Chalon-sur-Saône du café Lafayette, toute armée, pour devenir gouvernement. — La république fut proclamée en mairie à Dijon, le 25 à midi, et dans les rues le même jour au soir. Le peuple se montra modéré et sage : pas une insulte aux personnes, pas une violence. Une seule démonstration contre le grand-séminaire alarma les patriotes sérieux. On se borna à demander la translation à la cathédrale de la statue de St-Bernard. Une commission provisoire exécutive s'établit à l'hôtel-de-ville, et fonctionna de concert avec les membres du conseil municipal légal que cette fusion n'effraya pas. Elle siégea en permanence. M. Victor Dumay, maire titulaire de Dijon depuis le 7 juin 1838, se démit de ses fonctions, et M. Hernoux qui, à toutes les révolutions favorables à la cause démocratique, est toujours disposé à ceindre l'écharpe municipale, fut investi de l'honneur de présider cette commission. Voici le premier proclamat qu'elle fit afficher :

Dijon, 25 février 1848, à 8 heures du soir.

Citoyens,

« La dynastie d'Orléans a cessé de régner! Un système de lâcheté et de corruption a reçu la juste punition de ses fautes; la révolution est consommée.

L'énergie, la capacité, la moralité des hommes qui composent le gouvernement provisoire, sont une garantie de grandeur, d'ordre et de liberté pour le pays.

Nous vous engageons à vous rallier autour du drapeau populaire que l'énergique population de Paris vient de lever de nouveau.

Une commission composée de cinquante de vos concitoyens, en permanence à l'hôtel-de-ville, veille au maintien de l'ordre et au développement des destinées de la révolution qui vient de s'accomplir. Elle compte sur votre patriotisme pour assurer avec elle le triomphe de l'ordre et de la liberté.

Comptez sur elle; elle sera au niveau de ses devoirs.

Vive la République!

Les membres de la commission,

Hernoux, *président*, Magnin-Philippon, *vice-président*, Pelletier de Cléry, Gaudelet, Perrenet, A. Maire, T. Mathieu, Forgeot-Debias, Drevon, Jules Chevillard, Aug. Sirodot, Monnet, Delarue, Luce-Villard, Clertan, A. Petit, Bernard Echalié, Langeron, Guillier, Chambraut, Boillot, Belin, Petitot, Burgiard, Fréd. Bertrand, Carion aîné, Bonotte fils, Dudeffand, Pauper, Charles Petit, Fiet, Machard, Jacquelin, Flasselière, Monot, Limaux, Neurhor, Crestin, Regnault, Gaudelet fils, Merlin, Gabiot, Benoit, Lorrain, Bavelier. »

M. Dumay, maire sous le gouvernement déchu, eut la générosité et le courage de ne point signer cette pièce.

Cependant un arrêté du 8 mars appela pour la troisième fois le citoyen Hernoux au poste de maire *provisoire* de la ville de Dijon. La commune de Dijon au grand complet s'était formée de la plupart des membres signataires du proclamat, auxquels avaient été adjoints d'autres membres, pour combler le vide causé par la retraite de plusieurs anciens conseillers municipaux. Elle cumula d'abord les attributions préfectorales et municipales. La direction politique resta concentrée dans ses mains; cependant, elle délégua, pour l'expédition des affaires civiles, un comité composé de MM. Hernoux, Perrenet, Drevon et Limaux, près la préfecture. Mais, dès le mardi, 7 mars, M. James Demontry avait été, à 3 heures du soir, en présence des autorités militaires, installé à la commune comme commissaire du gouvernement provisoire de la république française. Il publia le 9 du même mois, une proclamation énergique, lorsque ses pouvoirs s'exercèrent dans l'hôtel de la préfecture de la Côte-d'Or, proclamation trop longue pour être reproduite ici. — Que de changements survenus à Dijon, entre l'année 1783 où Amelot de Chaillou fut réinstallé à l'hôtel de Lantenay comme intendant de Bourgogne (il fut le dernier), et l'an 1848 où M. James Demontry entra dans le même hôtel, comme commissaire de la deuxième république française dans la Côte-d'Or! Bientôt les clubs dijonnais se formèrent, et celui dit de la commune de Dijon se fit remarquer par l'unité de ses tendances radicales.

Bien qu'il n'y eût pas de répartition par arrondissement, des 10 représentants du peuple à élire dans la Côte-d'Or, Dijon et son arrondissement contribuèrent plus particulièrement à faire sortir de l'urne les 23 et 24 avril, les noms des citoyens Monnet, James Demontry, Magnin-Philippon et Lamartine, et le 4 juin suivant, celui du citoyen Perrenet, appelé à remplacer le citoyen de Lamartine qui élu dans la Seine, avait opté pour Paris.

L'ordre, dans ces moments difficiles, une seule fois menacé par une poignée d'hommes égarés, n'a jamais été sérieusement troublé à Dijon. Les adversaires les plus opiniâtres de M. James Demontry ne peuvent sans lâcheté, refuser l'aveu que sa conduite fut constamment loyale comme administrateur et qu'il usa dans un esprit de conciliation toujours associé aux moyens révolutionnaires que prescrivait sa position, les immenses pouvoirs qui lui étaient confiés. — De violentes passions réactionnaires se sont soulevées contre ce nom; l'histoire toujours impartiale doit replacer cet ardent champion de la démocratie dans son véritable jour. Et puis, ne faut-il pas faire la part des temps et de la situation? — Le lundi 17 avril un arbre de la liberté fut planté à Dijon, sur la place d'Armes, vis-à-vis la rue Vauban. Par ordre du gouvernement républicain, le quartier-général de la 18e division militaire, fixé à Dijon, fut écarté de cette ville, et elle fut incorporé à la 5e qui siège à Besançon.

Cependant des élections particulières et générales avaient renouvelé le conseil municipal de Dijon et fait disparaître la commission provisoire. M. Hernoux, devenu maire définitif, continua à le présider. La garde civique dijonnaise formée dès le principe, s'était régularisée et le colonel Vaudrey en avait été élu commandant. M. Morel fut nommé par la commission du pouvoir exécutif, premier préfet de la république dans la Côte-d'Or. Lorsque le général Eugène Cavaignac, à la suite des tristes évènements de juin, fut investi par l'assemblée nationale d'une sorte de dictature, il révoqua ce magistrat et donna la préfecture de la Côte-d'Or à M. Augustin Pététin, frère d'Anselme, ancien rédacteur-en-chef du *Précurseur* de Lyon, commissaire de la république, puis ministre en Hanovre, aujourd'hui conseiller d'Etat.

Le produit d'une double élection constitua définitivement le conseil municipal de Dijon des noms suivants : Hernoux qui fut continué comme maire, Grapin, Muteau, Delarue, Vaudrey, Genty, A. Maire, Legouz de St-Seine, Lépine, Luce-Villard qui se démit, Goisset, Gaulin, Drevon, Forgeot, Sirodot, Masson-Naigeon, Démoulin, Manuel, Bavelier, Mitaut, André-Tramoy, Moussier, Belin, Couturier, Lombart, Varembey, Chanoine, en tout 27, conformément à la loi.

La 5ᵉ division de l'armée des Alpes fut formée et son quartier-général établi à Dijon. Elle fut d'abord commandée par le général divisionnaire Rachis, mort si malheureusement, le samedi 14 octobre 1848. A deux heures après-midi, ce brave et loyal officier-général se promenait à cheval dans la grande avenue du parc. En arrivant au dernier rond-point, son cheval fit un mouvement violent qui lança le malheureux écuyer la tête en avant contre le dernier arbre à gauche en descendant. Le cerveau fut brisé et la mort instantannée. Ses obsèques ont été célébrées avec tous les honneurs dus à son rang et à son noble caractère. Notre compatriote, M. Stanislas Marey-Monge, nommé général de division par la commission du pouvoir exécutif, fut appelé en octobre par le général Cavaignac au commandement de la 5ᵉ division de l'armée des Alpes, en remplacement du général Rachis, et vint en cette qualité fixer à Dijon une résidence aussi temporaire que la division elle-même. Au mois de janvier 1849, de quartier-général qu'il était de la 5ᵉ division de l'armée des Alpes, Dijon devint celui de la 3ᵉ de la même armée. Peu après, l'état major de l'ancienne 5ᵉ division fut transférée à Bourges et le général Marey remplacé à Dijon par le général Magnan. M. Stanislas Marey-Monge ne quitta pas Dijon sans lui laisser un monument de sa présence. Il offrit à la ville, pour son musée d'histoire naturelle, dix-sept dépouilles curieuses d'animaux d'Algérie (fin de janvier 1849). — Mais n'anticipons pas sur les dates.

Dans la nuit du 15 au 16 novembre 1848, le feu se manifesta à Dijon dans le moulin Saint-Etienne, entre le castel et la colombière. Cet établissement considérable a été en entier consumé. L'incendie semble avoir commencé par l'engrénage.

Le 22 octobre 1848, jour anniversaire du premier banquet réformiste dijonnais, un autre banquet démocratique et social avait eu lieu dans le chef-lieu de la Côte-d'Or. Cette réunion était extrêmement nombreuse et s'est constamment montrée prudente et calme. M. Paul Petit en a reproduit la physionomie animée par un charmant dessin lithographié.

La constitution de 1848, proclamée à Paris le 12 novembre, a été promulguée à Dijon comme dans toutes les autres communes de la république, le dimanche, 19 du même mois, à midi précis, sur la place d'Armes. Une estrade spacieuse s'élevait sur le fond de l'hémycicle, pour recevoir les autorités civiles, judiciaires, administratives et militaires, qui toutes y ont pris place. La garde nationale et les troupes de la garnison sédentaire et accidentelle, ont assisté à la cérémonie qui a été annoncée par une salve de 21 coups de canon. Après la lecture de la constitution, faite par le citoyen Hernoux, maire, pour le préambule, et par le citoyen Grapin, l'un des adjoints, pour les 116 articles, le cortège des autorités s'est rendu à l'église-cathédrale où une messe du St-Esprit a été célébrée et un *Te Deum* chanté. La garde nationale et les troupes ont accompagné les autorités à cette cérémonie religieuse, conséquence de la cérémonie civile. Le son des cloches se mêlait au chant du *Te Deum* et le bruit du canon s'est fait entendre à la fin de la solemnité catholique comme après la lecture de la constitution. Le soir, les édifices publics furent illuminés. En général, cette fête patriotique s'est passée avec beaucoup de dignité et de calme. Des cris un peu tumultueux de *vive la république démocratique et sociale, vive Ledru-Rollin !* n'ont rien changé au caractère pacifique et grave de cette journée.

Le 10 décembre, les élections pour la présidence se firent à Dijon avec un ordre remarquable. Le résultat du scrutin pour les trois cantons de Dijon a donné la répartition suivante des suffrages :

Dijon est :

Louis-Napoléon.	Ledru-Rollin.	Cavaignac.
2,624	956	627

Dijon ouest :

2,758	924	501

Dijon nord :

2,763	710	865

Un arrêté du 10 janvier 1849, du président de la république française, appela M. Pagès à la préfecture de la Côte-d'Or. Sa proclamation est datée du 28 de ce mois. Le ministre de l'intérieur reçut de ce magistrat, le 31 janvier au soir, une dépêche télégraphique ainsi conçue :

« Le complot qui devait éclater à Paris était concerté avec les sociétés secrètes de ce département. Celles d'ici sont restées en permanence dans la nuit du 29 au 30. Quelques dragons conduits par des socialistes bien connus, et qui avaient pris l'uniforme des dragons, ont cherché à troubler pendant la nuit, la tranquillité publique. Ce petit attroupement a cassé le bras à un agent de police. Les deux meneurs seront arrêtés ainsi que les dragons. » — L'histoire raconte purement et simplement le fait administratif sans pouvoir constater le fait révolutionnaire qui l'a motivé, fait qu'aucune manifestation connue n'a révélé et qui jusqu'ici est resté dans l'ombre pour tout le monde, excepté pour M. le préfet, probablement.

Le 28 du même mois de janvier, un incendie a eu lieu dans les hangars du chemin de fer, situés près de la porte Guillaume.

Le mois de février a vu s'augmenter, dans une proportion considérable, les forces militaires sur pied de guerre, concentrées à Dijon.

Par arrêté du président de la république, daté du 16 février et non préalablement notifié à qui de droit, la compagnie d'artillerie de la garde nationale dijonnaise a été licenciée. Mais ce ne fut que le dimanche 18, pendant qu'une grande revue militaire annoncée avec éclat, attirait toute la population de Dijon au parc, que s'opéra par une sorte de surprise, l'enlèvement de la batterie que le gouvernement provisoire lui avait cédée le 7 avril précédent. Cette mesure détermina la démission immédiate de MM. les maire et adjoints, et M. Delarue, premier conseiller municipal inscrit au tableau, prit momentanément la signature. — Quant aux canons, ils furent reconduits à l'arsenal d'Auxonne d'où ils avaient été extraits, avec tout l'appareil usité en terre conquise. Quelques jours après, des arrestations eurent lieu, sans doute par suite de la dépêche préfectorale du 31 janvier et de l'agitation produite dans les esprits. Tous ces faits qui parurent violents à beaucoup de citoyens, se rattachèrent vraisemblablement aux cris isolés proférés dans une revue de la garde nationale d'*à bas les ministres! à bas le préfet!* vociférations dont il eût peut-être été plus prudent de ne pas étendre la responsabilité aux masses. — A la suite de la démission de M. Hernoux, la garde nationale dijonnaise et son lieutenant-colonel firent visite à l'ex-maire de Dijon.

D'après le projet de loi sur l'organisation judiciaire, présenté à la séance du 19 janvier 1849, de l'assemblée nationale, la cour d'appel de Dijon au ressort de laquelle il a été question d'enlever le département de Saône-et-Loire, pour le rattacher à la cour de Lyon, serait réduite à un premier président, un président, 16 conseillers, un procureur-général, deux avocats-généraux et un substitut. Le titre de premier avocat-général serait supprimé.

Quelques jours seulement après la démission de M. Hernoux et de ses adjoints, il a été pourvu à la vacance de la mairie de Dijon, temporairement remplie par M. Delarue. Les citoyens André-Tramoy (ancien maire de la Guillotière) comme maire, et MM. Moussier et Lombard, comme 1er et 2e adjoints, ont pris les rênes de l'administration municipale.

Le 11 mars eut lieu avec solennité à Dijon, la distribution des drapeaux aux gardes nationaux de l'arrondissement.

Le dimanche 25 mars, M. James Demontry, représentant du peuple, fut élu colonel de la garde nationale de Dijon, en remplacement de M. Vaudrey, colonel démissionnaire.

Les mesures préfectorales prises en conformité de l'arrêté du président de la République, du 16 février, loin de rallentir le mouvement démocratique dijonnais, semblèrent lui imprimer une nouvelle énergie. L'esprit public, en somme, à

Dijon, ne veut ni d'une république musicale à la façon de M. de Lamartine, ni d'une république rétrograde, ni d'une république sauvage; mais il demande le développement libre, sincère, progressif, des institutions et des mœurs démocratiques, et est toujours prêt à respecter le principe d'autorité sous la forme la plus largement nationale.

De l'examen attentif des diverses vicissitudes qu'a subies la cité dijonnaise depuis l'apogée de sa force et de sa gloire, sous Philippe-le-Bon, il résulte cette conclusion, c'est que l'unité politique, la centralisation royale et administrative, sous l'ancien régime provincial, la centralisation plus absorbante encore établie sous le nouveau régime départemental, ont constamment tendu à apauvrir et à ruiner Dijon. Elle avait beaucoup perdu à la réunion, elle a plus perdu encore à la révolution de 1789. La révolution de 1848 lui a enlevé le quartier général de sa division militaire.... — Encore une révolution fondamentale, et elle sera comme anéantie. — Espérons qu'un jour, l'unité politique de la France, par de nouvelles combinaisons, pourra sans préjudice de son énergie, rendre moins accablante pour nos provinces, la centralisation monstrueuse qui les atrophie, et que le moyen sera enfin trouvé de vivifier la tête apoplectique de la capitale, sans frapper de mort les membres. Paris ne sera plus que le point de convergence où aboutira et se résumera la pensée générale des divers centres intellectuels et administratifs de la France.

V.

DIJON PENDANT LE XVIIIe SIÈCLE ET EN 1789.

Bien que notre récit des évènements historiques dont Dijon a été le théâtre, nous ait conduit sur une pente rapide jusqu'aux jours actuels, nous éprouvons le besoin de revenir sur nos pas, pour jeter un coup-d'œil plus profond et plus vaste que le simple aperçu sur les destinées dijonnaises pendant le cours du xviiie siècle. Il est peu de cités où ses manifestations aient marqué d'une manière aussi individuelle, dans les monuments, la science, la philosophie, les lettres, l'esprit public, la société, les beaux-arts. Il y a laissé l'empreinte d'un type propre, le type dijonnais. — C'est au centre du dernier siècle qu'il faut se placer pour comprendre Dijon, non plus capitale d'un puissant Etat, expression suprême d'une grande nationalité, mais tête politique et intellectuelle d'une magnifique province. Reculons donc jusque vers 1750, c'est-à-dire au milieu du xviiie siècle. — Sous le régime royal burgunde, sous le régime royal franc et français, sous le régime ducal et provincial, à chaque âge, Dijon capitale indépendante ou capitale satellitaire, a reçu un nouveau baptême de civilisation et de gloire. Voyons-le rapidement couché dans l'atmosphère du dernier siècle.

Dijon faisait alors une noble figure dans le monde français et comptait ses enfants ou les enfants de la Bourgogne dans les plus hautes charges de l'Eglise et de l'Etat. Ce n'était plus, il est vrai, la cité reine avec ses pompes chevaleresques et princières, ses grands dignitaires, ses fêtes augustes, sa mâle fierté; mais c'était encore une très-grande chose, c'était le centre du gouvernement général d'une province immense qui, au midi, se confondait avec le Beaujolais et le Lyonnais, au nord, touchait aux marches de la Champagne, c'était encore le siège d'une cour de parlement savante et grave, où la magistrature conservait toute son indépendance et sa dignité;

c'était encore la résidence d'une foule de familles sénatoriales et de vieux débris de la noblesse d'épée de Bourgogne; c'était encore une ville d'Etats, d'université, de monastères et d'études fortes. Elle représentait bien l'œuvre générale de Richelieu et de Louis XIV qui réduisit à des honneurs et à des titres, les grandes positions féodales de la vieille France du moyen-âge. L'élan scientifique, philosophique et littéraire du xviiie siècle, y fut vivement senti dans la société, dans l'académie, dans les cloîtres; Dijon eut une littérature locale, un esprit public particulier, une vie à soi. Un homme résuma merveilleusement tout ce fracas d'idées dont sa patrie était le centre; ce fut Charles de Brosses, dont notre compatriote, M. Foisset, a écrit la vie avec une haute portée d'intelligence et d'observation. — Mais ce que l'on comprenait à Dijon, ce qu'on y pratiquait avec une supériorité à peu près sans rivale, c'était la conversation, la causerie, l'art d'être aimable dans le monde, le bel esprit, les belles manières et le bon sens.

Qu'on veuille donc bien se représenter par la pensée le Dijon du xviiie sièce, *la ville aux grands clochers*, avec ses larges et solennelles rues peuplées d'hôtels historiques ou récents, de niches, de symboles, de croix rogatoires, de monuments publics de tous les âges formant de véritables musées en plein-air, sillonnées sans cesse par les équipages et les litières des patriciens, des élus-généraux de la province, par les moines, les chanoines, les corporations d'arts et métiers, retentissant d'inouis concerts de carillons et de cloches en volée des collégiales, des abbayes, des hospices, des chapelles, des monastères, des congrégations, alors que la grande voix des chants chrétiens d'un culte pompeux, éclatait en vingt-cinq ou vingt-six églises à la fois. Un cheval de bronze ornait la plus belle place de Dijon, des temples de toutes les formes se pressaient les uns contre les autres, comme dans Lyon et dans les cités italiennes ; l'illustre abbaye de St-Bénigne était bien déchue de ses anciennes splendeurs ; mais c'était toujours un noble et digne monastère de bout à côté de ses cryptes et de sa rotonde, dans ce *quartier de la chrétienté* d'une solitude toute romaine. Si les magistrats de la *Table de marbre* supprimée par édit d'octobre 1771 et dont la juridiction (eaux et forêts) fut incorporée au parlement, avait disparu, si la grande figure de Nicolas Brulart ne dominait plus le sénat dijonnais, il n'en offrait pas moins les exemples de cette probité sévère, de cette intégrité rigoureuse, de ces caractères antiques qui firent sa gloire. Dijon avait le parlement composé de quatre chambres, la grand-chambre, celle de la Tournelle, celle des Enquêtes, celle des requêtes du palais, la chancellerie unie au parlement, la cour des Aides que l'édit donné à Dijon en 1630, associa au même parlement, le bailliage érigé en présidial en 1696, et la chancellerie qui s'y rattachait, la chambre des comptes de Bourgogne et de Bresse, le bureau des finances et la chambre du domaine réunis en 1703, la chambre des élus-généraux, la chambre de la capitation de la noblesse de Bourgogne, la chambre des monnaies (située dans la petite rue de ce nom, tendant de la place St-Michel à la rue Jehannin), l'intendance, la trésorerie de Bourgogne, la grande-prévôté de Bourgogne dont le titulaire était général des maréchaussées de la province, la maîtrise des eaux et forêts, la justice consulaire. Si la ville de Dijon ne voyait qu'à des époques périodiquement temporaires, le gouverneur de Bourgogne représenter le roi, dans ses murs, elle était la résidence fixe d'un lieutenant-général commandant en chef dans la province, et dont la généralité embrassait les comtés et pays annexés, d'un commandant de la ville et du château, d'un commissaire provincial des guerres, etc., d'un lieutenant des maréchaux de France. Il n'y avait pas de garnison sédentaire dans cette capitale : la force armée s'y composait exclusivement des 150 hommes de la troupe du guet, d'une compagnie de soldats invalides ou vétérans et d'une autre de morte-paye, appelée compagnie-franche, casernées partie au château, partie à l'ancien hôtel de Clairvaux, près de la place Suzon. Dijon avait une édilité admirable de sollicitude et d'intelligence avec le vicomte-maïeur à sa tête. La mairie-vicomté existait depuis que la seigneurie de la ville avait été réunie à la charge de maire en 1284. Elle frappait pour perpétuer la mémoire des citoyens qui avaient exercé cette magistrature, des médailles ou jetons, recueillis avec soin aujourd'hui par les archéologues, et dont la collection forme une série extrêmement intéressante pour l'histoire et comme un monétaire dijonnais. Comme j'ai déjà eu occasion de le dire, un maire-vicomte-major, 6 échevins, un procureur-syndic, un receveur, un greffier, deux prud'hommes, un capitaine et un lieutenant des gardes, formaient encore au xviiie siècle le corps de ville dijonnais.

Toute cette vaste centralisation de juridictions et de charges ne comblait point à Dijon le vide fait par la disparition de la cour ducale; mais elle le voilait. Rien n'avait remplacé la capitalité indépendante de cette cité; mais elle pouvait encore se dire privilégiée et se croire puissante, car son influence était immense, son nom retentissait avec éclat dans tous les coins de la province, sa réputation était imposante.

Que d'occasions les Dijonnais avaient de voir de grands spectacles passer sous leurs yeux! C'était l'arrivée du prince-gouverneur, escorté de sa garde dijonnaise, composée de 33 cavaliers, commandée par un capitaine, un exempt, un cornette, un maréchal-des-logis, et d'une compagnie à pied dite *de la Porte*, commandée par un capitaine. C'étaient l'ouverture solennelle des Etats, les messes du St-Esprit à la Ste-Chapelle, les fêtes et cérémonies publiques, alors si majestueuses et si populaires, la *messe-rouge* dans la chapelle du palais, où l'on voyait à la fois, trois évêques, l'abbé de Citeaux, le premier président du parlement, les présidents à mortier, les chevaliers d'honneurs, les soixante-quatre conseillers, les cinq conseillers-clercs, et Messieurs les gens du roi.

Que penser de la société aristocratique de Dijon, en plein xviiiᵉ siècle, quand on sait que sur un seul point de la ville, à l'ombre de St-Jean, et sur la place de ce nom, se trouvaient réunis tant de salons distingués par le cœur, l'esprit, l'exquise urbanité de leurs hôtes? Là demeuraient porte à porte, Charles de Brosses, Fevret de Fontette, de Maletête, l'abbé Cortois, depuis évêque de Belley, le procureur-général de Quintin, bibliophile et collecteur de tableaux, d'objets d'art, de curiosités en tout genre, Fyot de Neuilly, le conseiller de Migieu, Joly de Bévy, de Blancey, Mesdames de Bourbonne, fille du président Bouhier, des Montots, Perreney de Vellemout, Cortois, etc., tous éminents par l'amabilité, la science, le sentiment exalté du beau et du bon, le goût et l'art de causer. Tous ces hôtels de la place St-Jean, qui existent encore, donnent la mesure des existences et des mœurs qui les habitaient alors. Plus loin, dans un horizon plus élevé et moins intime, chez Madame de St-Contest, femme de l'intendant, s'assemblaient le président Bouhier, le président de La Marche, Legouz de Gerland, le président Richard de Ruffey, de Clugny, le cardinal de Tavannes, les évêques Bouhier, de Macheco, etc., Mademoiselle de

Thil, Madame de St-Julien, etc., hautes fleurs de l'aristocratie dijonnaise. L'étiquette unie à l'aisance règnait dans ces salons : on y trouvait une magnificence à la Louis XIV, un ton noblement cérémonieux et apprêté sans efforts, sans courtisannerie, le sens le plus délicat et le plus vif du point d'honneur et des préséances, enfin une absence de provincialisme tout-à-fait surprenante dans une ville si éloignée de Versailles. — M. Théophile Foisset qui a étudié particulièrement le XVIIIe siècle dijonnais et le comprend si bien, l'a fait en partie revivre, dans un animé tableau de genre mêlé à sa vie du président de Brosses.

Au-dessous de l'atmosphère patricienne dijonnaise, en était une autre, c'était celle de la société bourgeoise qui avait bien, elle aussi, sa physionomie et son importance, où l'on causait avec infiniment d'esprit, où l'on soupait beaucoup, où les épigrammes, les bons mots, les chansons tenaient une place considérable. Elle se composait des docteurs en médecine qui y tenaient le premier rang et y exerçaient une sorte de patronage, des avocats, des robins non qualifiés, des professeurs et des savants *ex professo*. Mais cette seconde couche avait avec les deux premières des relations immédiates par le parlement, l'académie, la chambre des comptes. A cette société dut appartenir Jean-Bernard Michault, né le 18 janvier 1707, mort le 16 novembre 1770, premier secrétaire de l'académie de Dijon. C'était un grand philologue, un infatigable faiseur d'anas, un éternel écrivain et conteur d'anecdotes. Cette zône avait encore au-dessous d'elle, ce qu'on appelait la petite bourgeoisie, formée des procureurs, des chirurgiens, des apothicaires, des garde-notes, des gros marchands, des imprimeurs, des libraires. Les farceurs, les chansonniers, les soupeurs y abondaient avec les avocats sans cause plus soucieux de rire de grosse joie au second étage bourgeois que de s'amuser plus sérieusement au premier. Cette société était peu réservée, mais toujours spirituelle et maligne. Elle se donnait fréquemment rendez-vous au cabaret et au *café du Centre* de la place royale, ce doyen des cafés dijonnais, l'unique établissement de ce genre qui existât à Dijon en 1789. On n'a pas encore oublié les noms de Sigaud et de l'avocat Roche qui, au dernier siècle, en faisaient les charmes par leurs saillies. Un trait caractérisera on ne peut mieux la tournure d'esprit de cette société.

M. Moussier, vicomte-maïeur de Dijon, atteint d'une maladie secrète, fait ses préparatifs de voyage et annonce qu'il va s'absenter pendant quelque temps de la ville. Au lieu de quitter Dijon, il va se fixer dans la demeure du docteur *** pour se faire traiter. L'aventure transpire dans la société de Roche et Sigaud. Que font mes deux plaisants? ils se déguisent un soir en soldats du guet, fabriquent à la hâte avec de la paille et des branches une façon de guérite, la déposent à la porte du docteur et s'y établissent comme factionnaires. Le docteur qui était en ville veut rentrer chez lui. Les sentinelles lui interdisent l'accès de sa maison, en disant qu'il est défendu d'entrer chez M. le maire.

— Comment! chez M. le maire! s'écriait le docteur ***, c'est chez moi, parbleu!

— M. le mairie est ici, et vous n'entrerez pas, répliquaient les factionnaires. Au reste nous obéissons à notre consigne, et si vous êtes en droit de vous en plaindre, allez parler à l'officier du poste.

Le pauvre docteur, après une inutile plaidoirie, se rend auprès de l'officier du guet; mais quand il revint devant sa porte, avec la force publique, guérite postiche, factionnaires de circonstance, tout avait disparu, et la farce était jouée.

La société dijonnaise au xviiie siècle, en somme, était libérale et philosophe en gros, très-aristocratique en détail. Elle formait une communauté harmonieuse et une véritable échelle de proportion parfaitement graduée. Ainsi les prolétaires et les mendiants exceptés, les corporations d'artisans avec leurs bâtonniers, leurs symboles, leurs bannières, constituaient une première aristocratie populaire en relation immédiate avec la petite bourgeoisie qui touchait elle-même à la haute bourgeoisie, laquelle s'unissait à ce parlement de Bourgogne qui commençait dans la classe moyenne et finissait dans la noblesse. Il y avait dans les diverses conditions une foule d'honorables patriciats, celui des Capel dans l'imprimerie, des Milsand dans l'apothicairerie, etc. — Aujourd'hui que nous sommes tous déclassés, nous comprenons mal cette hiérarchie, ce système d'étages distincts, se touchant tous, se confondant tous par les extrémités et formant la maison, c'est-à-dire la société. Les hommes de science et de talent, au xviiie siècle et à Dijon surtout, étaient de toutes les classes. Venait à côté de la société civile, la société ecclésiastique qui représentait à elle seule toute l'organisation sociale et toutes les idées : la démocratie par les cordeliers et les capucins, la science par les bénédictins, le barreau par les frères-prêcheurs, la haute bourgeoisie par les chanoines, la noblesse civile par les abbés et les pontifes, la noblesse militaire par les commandeurs, l'université par les congrégations enseignantes.

A Dijon, le parlement où par suite d'un privilége propre à la Bourgogne, la noblesse militaire avait un banc distinct, tenait socialement parlant de l'aristocratie et de la démocratie. C'était un corps intermédiaire entre la noblesse et le peuple, c'était la solemnelle expression de la classe moyenne. La vénalité des charges y amenait des hommes d'en bas, d'un côté, de l'autre, des hommes d'en haut venaient chercher de grosses dots dans son sein. Nulle nature plus absorbante que celle de ce corps : il voulait monopoliser en lui toutes les juridictions, tous les droits, tous les priviléges, et remplir à lui seul, aux dépens du roi, le vide causé en Bourgogne par la chûte de la monarchie ducale. Ce corps devenu plus mondain au xviiie siècle, avait perdu son austère physionomie du xviie ; mais il demeurait encore grave et digne.

Le peuple, cette portion si intéressante de la société, concourait à Dijon à l'allure générale. Plus spirituel, plus malin, plus railleur, plus instruit qu'ailleurs, il s'amusait beaucoup. Dans les corporations d'arts et métiers, on retrouvait tout le génie dijonnais.

Joignez à tout ce qui versait dans Dijon, le mouvement, la variété et la vie, un théâtre où nul comédien médiocre n'eût été souffert, les cours publics, les splendeurs du culte, les monuments des arts, les musées populaires dans les rues et sur les places, et vous comprendrez quel doux séjour offrait cette ville au penseur, à l'homme de société et de plaisirs élevés.

Si l'esprit philosophique avait singulièrement influé sur les mœurs dijonnaises, elles n'en étaient pas moins, sur cette terre si profondément catholique, demeurées chrétiennes dans la famille et l'intimité. Les traditions patriarchales, la vieille piété populaire, sous le toit doré du riche comme sous l'abri vulgaire du pauvre, s'étaient maintenues énergiques. Si le patois du *barôzai bourguignon*, le pur dialecte de Lamonnoye, des rues du Tillot et Roulotte, était devenu d'un usage moins general, on ne l'entendait pas moins fréquemment, avec son gracieux accent, dans la bouche du peuple dijonnais. Toutes les fêtes de la religion étaient à Dijon des fêtes touchantes, pittoresques, populaires. Ainsi, le saint temps de l'avent y était célébré au foyer des familles par ces refrains naïfs, connus sous le nom de *Noëls*, chants naïfs et pieux qui s'imprimaient à Troyes sous le nom de grande bible de Noël; ceux de Lamonnoye en bourguignon, qui en furent la parodie, n'étaient guère goûtés que par les mœurs imprégnées d'idées philosophiques. Les crêches allégoriques dans les maisons comme dans les rues, rendaient sensibles les scènes de la nativité; la *foisse* (pain mêlé d'anis), la *chuche* du foyer, les chandelles bariolées de rouge et de vert, constataient cette fête des familles. Pour l'Epiphanie, c'étaient les gâteaux des rois, avec la fêve royale; pour Pâques, les œufs teints; à la St-Jean, les feux allumés, etc. Ainsi, même en plein xviiie siècle, la religion n'avait pas perdu à Dijon son empire sur l'esprit public, malgré les ironies qui, du haut de Paris, commençaient à pleuvoir sur elle.

Que fait-on à Dijon? — *On y sonne et on y médit*, est un proverbe bourguignon qui ne fut jamais plus vrai qu'au xviiie siècle. On y sonnait, on y sonne effectivement encore beaucoup et avec une rare majesté, et l'esprit satyrique, mordant, y dominait même dans les salons les plus graves, y courait les rues. — Mais on y faisait aussi d'autres choses et de grandes choses. Ce fut dans le cours du xviiie siècle que les édiles dijonnais, les élus-généraux, ces hommes d'élite aux vues si patriotiques et si larges, aux généreuses idées, ces ordonnateurs magnifiques de travaux publics, bâtissaient, achevaient des monuments considérables, sillonnaient la province de routes admirables et d'acqueducs, perçaient les canaux du centre et de Bourgogne, faisaient tracer cette carte particulière du duché, levée géométriquement par leur ordre, en conséquence du décret des Etats de 1751, dressée et exécutée *par le sieur Seguin, ingénieur géographe du roy*, en 1763, qui offre 3 mètres de hauteur, sur 2 mètres 40 centimètres de largeur, et dont on a publié en 1782 une réduction parfaite. Ce fut au xviiie siècle que l'art de l'imprimerie, apporté à Dijon en 1490 par Pierre Metlinger, brilla d'un si vif éclat; que Guyton-Morveau posait en 1776 sur l'hôtel de l'Académie, aux frais de l'intendant Dupleix de Bacquencourt de Courson-Bucy, le premier paratonnerre connu à Dijon, appliquait pour la première fois son procédé pour la désinfection de l'air (6 mars 1773), qu'en compagnie de l'abbé Bertrand, il montait, dans la cour de l'abbaye de St Bénigne, en aérostat libre à Dijon, les 25 avril et 24 juin 1784. Alors, Germain-Gilles Richard de Ruffey, philologue et poète, faisait transporter chez lui et incruster dans les murs de son jardin, cette collection de débris antiques trouvés à l'époque où fut démolie l'ancienne tour qui touchait au chevet de St-Etienne. Alors encore, Dijon multipliait par les peintures, les gravures surtout la figure de ses monuments et de ses hommes illustres, tels que le président Bouhier, Odebert, l'abbé Philibert Papillon, dont l'ouvrage parut justement en 1745, etc. — Dijon avait alors un barreau et des jurisconsultes éminents, de grands médecins, de grands chirurgiens, comme Hugues Maret, Jean-François Durande, Joseph Enaux, Antoine Leroux, Pierre, Jean-Jacques-Louis et François-Jacques Hoin, François Chaussier; des imprimeurs et des libraires instruits, tels que les Causse, les Marteret, les Frantin, les Defay, les Capel, les Mailly, les François Desventes. Si les œuvres dijonnaises qu'ils publiaient n'étaient plus de ces œuvres sérieuses et fortes du XVIIe siècle, c'étaient toujours des livres utiles, consciencieux, érudits, quelquefois brillants sur les sciences physiques et naturelles, l'histoire particulière, l'histoire générale, la biographie, la jurisprudence, la littérature.

Ce fut dans ce siècle que furent bâties une foule de belles rues, comme la rue Condé, que les faubourgs acquirent toute leur importance, que l'extrémité méridionale de celui d'Ouche vint comme la rue de La Ferté à Chagny vers le port du canal du centre, former un véritable quartier autour de la gare du canal de Bourgogne.

Dijon possédait quatre grandes bibliothèques publiques, dix bibliothèques particulières, comme celles de MM. de Bourbonne, de Lamarche, etc., un grand nombre de cabinets et de collections archéologiques.

C'était le temps où l'académie des sciences, arts et belles-lettres jetait sa plus vive lumière par ses concours, ses chaires publiques, ses travaux, où sa réputation et le retentissement de son nom planaient avec le plus de majesté, où elle déclarait le 23 août 1750, Jean-Jacques Rousseau son lauréat. Tous les savants, tous les littérateurs illustres de l'Europe et de l'Amérique en étaient associés et se glorifiaient de ce titre. Ses cours libres formaient en 1789 avec l'université de droit établie le 6 juillet 1722, aux dominicains, avec le collége des Godrans, dont l'église avait été consacrée le 15 août 1617, sous le vocable de la Ste-Vierge et de St-Bernard, formaient, dis-je, le corps complet de l'enseignement dijonnais. Jusqu'à la fin du xve siècle, l'instruction publique qui avait commencé à Dijon au xive, y était demeurée dans les mains du chapitre de la Ste-Chapelle. Les écoles d'abord placées dans le cloître de cette église, furent transférées en 1340 dans l'hospice de la rue St-Fiacre (aujourd'hui Vauban), qui était sous la juridiction de cette collégiale. Au commencement du xvie siècle, deux prêtres, les frères Martin, ouvrirent dans la rue des Béliots (aujourd'hui du Vieux-Collége), une école appelée collége des *Martins* qui subsista jusqu'à l'établissement des jésuites en 1603. — Le collége de médecine dont l'origine remontait à 1654, florissait particulièrement au xviiie siècle, il se composait de dix docteurs dont huit résidant à Dijon. Ajoutez au haut enseignement dijonnais, le cours gratuit d'accouchements établi en 1773 par les élus, et les cours de l'école de dessin. En 1782, dans une séance de l'académie à laquelle assistait le prince de Condé, Guyton-

Morveau fit les premières expériences comparatives des avantages du blanc de zinc sur le blanc de plomb ou ceruze.

Dijon avait autour de ses murs de délicieuses *villas*, comme Montmusard et le Castel, de belles promenades, plusieurs cours, qui ont disparu en tout ou en partie, l'esplanade où manœuvrait le régiment provincial, plusieurs jeux de paume, parmi lesquels celui de la poulaillerie, une compagnie de l'arc fondée en 1393 par Philippe-le-Hardi, approuvée par Philippe-le-Bon en 1427 et confirmée par Henri IV, en 1603, une compagnie de l'arbalète, datant à peu près du même temps, une compagnie de l'arquebuse formée en 1525 et établie à la Colombière. Cette compagnie donna ses grands prix en 1617, 1658 où parurent deux cents chevaliers et 1715 pendant la tenue des Etats ; la ville de Beaune y remporta la victoire. Tout cela, et plus particulièrement la compagnie de l'arquebuse, rappelait l'ancienne société dijonnaise d'amusement, connue sous le nom *d'infanterie dijonnaise*.

Nous avons effleuré du bout de la plume l'organisation politique, administrative, judiciaire, financière et militaire de Dijon ; voyons maintenant quelle était sa situation ecclésiastique, lorsque la première révolution française frappa aux portes de ses couvents.

Cette cité avait un siège épiscopal depuis 1731, siège successivement occupé depuis son érection jusqu'à nous, par Jean Bouhier (1731), Claude Bouhier (1774), Marc-Antoine d'Apchon (1775), Jacques-Joseph-François de Vogué (1779), René de Mérinville (1787), Jean-Baptiste Volfius, évêque constitutionnel (1791), à St-Etienne, ancienne cathédrale; H. Reymond (1800), Jean-Baptiste Dubois (1820), Jean-François Martin de Boisville (1822), Jacques Raillon (1830), Claude Rey (1832), François-Victor Rivet (1838), aujourd'hui vivant, à la nouvelle cathédrale de St-Bénigne. — Jusqu'en 1731, Dijon avait fait partie du diocèse de Langres. La mense épiscopale fut formée des abbayes de St-Bénigne, de Bèze et de Saint-Etienne. L'évêque fut le cinquième suffragant de Lyon. Le chapitre se composait de six dignitaires, le doyen, les deux archidiacres, le chantre, le prévôt et le trésorier, et de treize chanoines. Deux sous-chantres, six chapelains, un sacristain, un maître de musique, six enfants de chœur, plusieurs chantres à gages concouraient au culte cathédral. Tel était l'état de cette église épiscopale, que trouvaient surtout précaire, les évêques d'Autun, de Chalon-sur-Saône et de Langres, et qu'ils traitaient en secret d'innovation fâcheuse et de parvenue sans nom. L'évêque était premier conseiller d'honneur au parlement de Bourgogne, et avait la prérogative de présenter au roi, le chancelier de l'université de Dijon. Saint-Etienne formait le temple épiscopal de cette cité. A côté de cette église s'élevait encore dans le XVIIe siècle, l'église de St-Vincent, réputée le premier baptistère de Dijon ; mais au XVIIIe, elle n'existait plus. Venaient ensuite :

L'église abbatiale de St-Bénigne, privée de ses grandeurs anciennes et de ses immenses priviléges, et le monastère en dépendant, où la réforme de St-Maur fut établie en MDCLI ; la Ste-Chapelle, collégiale composée de vingt chanoines, quatre chanoines musicaux, d'un doyen électif, d'un trésorier, d'un chantre, d'un prévôt et d'un chancelier ; la Chapelle-au-Riche ou Chapelotte, collégiale avec un doyen et neuf chanoines, fondée par Dominique Leriche, chevalier, descendant de Guy Leriche, vicomte de Dijon sous le roi Robert, près d'un hôpital qu'il avait établi en MCLXXXXII. — Elle était située rue Berbisey, vis-à-vis celle des Carmélites. — Notre-Dame, première paroisse de Dijon, dès 1778, reconstruite au XIIIe siècle, sur l'emplacement de N.-D.-du-Marché, avec clergé composé du recteur de l'hôpital de N.-D., des quatre anciens prébendés, de seize mépartistes et du curé qui tenait le premier rang parmi les pasteurs de Dijon. St-Jean, église collégiale et paroissiale, desservie par un doyen-curé et douze chanoines-chapelains. St-Michel ayant un curé et quatorze mépartistes. St-Médard, paroisse qui n'existait plus comme monument distinct; mais s'était réunie à l'église de St-Etienne sans se confondre avec elle et sans se laisser absorber. Le service paroissial de Saint-Médard s'exerçait dans le croisillon septentrional de St-Etienne, sur un autel spécial. Ce temple situé sur l'emplacement de la maison Lagier, parallèlement à St-Etienne dont il n'était séparé que par un passage étroit, avait été bâti dans le IXe siècle. Ruineux au XVIIe, on aima mieux le détruire que de le réparer, et il fut démoli en 1751. Le trésorier dignitaire du chapitre de St-Etienne, était curé de St-Médard, et le sacristain était son vicaire. St-Nicolas, cinquième paroisse, desservie par un curé et huit prêtres mépartistes. St-Pierre, sixième paroisse avec un clergé absolument pareil à celui de St-Nicolas. C'était un vaste édifice du XIe siècle, d'une solemnité toute basilicale, modifié dans les xive et xve siècles. St-Philibert, septième paroisse, avait un curé et sept prêtres mépartistes.

Dijon possédait encore dans le cours du xviiie siècle, l'hôpital de Notre-Dame de la Charité, devenu l'hôpital-général, avec église, l'hospice du St-Esprit avec église, qui se trouvaient à droite de l'hôpital-général actuel, sur les bords de l'Ouche, dont la démolition commencée en 1780, ne fut terminée qu'en 1781, et dont les hospitaliers furent réunis en 1769 à l'ordre de St-Lazare, l'hôpital St-Fiacre, fondé en 1340, et qui n'était plus, avant 1789, desservi que par une seule sœur, l'hospice de Ste-Anne, où l'on avait établi une manufacture de dentelles, point d'Alençon et une importante filature. Les monastères d'hommes dijonnais se composaient de la commanderie de la Magdeleine, fondée en 1190 par Hugues III, au faubourg St Pierre, transférée dans la rue qui porte son nom. — La nouvelle église dont la façade est toujours visible, avait été bâtie en 1516. — Des dominicains ou jacobins (prêcheurs), établis en 1237 par Alix de Vergy, des cordeliers datant de 1243, avec église longue de 150 mètres, bâtie sur l'emplacement de l'ancienne chapelle de Notre-Dame (rue Turgot), qui leur avait été cédée, des carmes fondés en 1351 dont le temple consacré en 1478, renfermait le mausolée de l'intendant Claude Bouchu, par Dubois, et celui de Jean de Berbisey, des minimes reçus à Dijon par les échevins en 1599, des capucins fondés en 1602 par Joachim de Damas, des oratoriens placés rue St-Jean en 1621 sur l'emplacement jadis occupé par les religieux du Val-des-Choux, avec église riche en sépultures historiques, des Lazaristes appelés à Dijon en 1682, dont les immenses bâtiments à l'allée de la retraite, ont été démolis sans nécessité, des Chartreux, monument de la piété de Philippe-le-Hardi, commencé en 1383.

Les monastères dijonnais de femmes, comprenaient les Bernardines fondées à Tart, par Hugues II en 1131, transférées à Dijon en 1623, abbaye, des bénédictines de St-Julien, abbaye, érigée au XIe siècle à Rougemont, transportée à Dijon en 1673, des carmélites établies en 1605, des Ursulines dont l'origine remonte à 1611, de la Visitation créée en 1622 par Jeanne Françoise Fremiot de Chantal, approuvée par Louis XIII en 1630, du Refuge dû à la générosité de Jean Gonthier, chanoine de la Ste-Chapelle, en 1653, desservi par des religieuses de N.-D.-du-Refuge, et dont l'église avait été bénite en 1655, du Bon Pasteur établi en 1681, gouverné par six filles pieuses portant l'habit religieux, et ne faisant que des vœux simples, des sœurs de la charité ou de St-Vincent-de-Paul, répandues dans les diverses paroisses de la ville, de la maison de Ste-Marthe, communauté de femmes veuves et de filles pieuses, établies par Jacques de Neuchèze, évêque de Chalon-sur-Saône, en 1678.

Outre ces maisons cloîtrées et non-cloîtrées, Dijon renfermait plusieurs établissements pieux des deux sexes, les frères de la doctrine chrétienne, reçus dans cette ville en 1705, la société de la miséricorde établie en 1658, avec chapelle, le grand-séminaire de 1569, transféré à Langres, rétabli à Dijon en 1680 et régi par les Oratoriens dont j'ai parlé plus haut, le séminaire de Saint-Etienne, de 1693, qui dans le XVIIIe siècle devint sans exercice. Dans presque tous ces édifices, le culte catholique se célébrait d'une manière régulière ou accidentelle, ainsi que dans quelques autres chapelles, comme celle de la maladrerie du faubourg St-Nicolas, celle du collége des Godran, et celle de la Vicomté où un service annuel avait lieu. Tous ces temples régorgeaient de tombeaux, d'objets d'art précieux; les Attiret (de

Dole), les Dubois et les Quentin (de Dijon), les avaient ornés de leurs ouvrages : ils avaient tous la richesse et l'éclat des églises d'Espagne et d'Italie.

Qu'on me dise maintenant, d'après ce résumé de la physionomie provinciale de Dijon, au XVIIIe siècle, si cette cité n'était pas encore souveraine de l'ancienne Bourgogne par la pensée, par l'initiation de toutes les grandes choses, par la manière de vivre, de comprendre, d'agir, par son immense et légitime influence sur la contrée.

VI.

TABLEAU DU DIJON ACTUEL.

Statistique. La ville de Dijon posée dans les conditions géographiques que j'ai exposées au début de ce travail sur un plan très-faiblement incliné, au point de la plus forte dépression du bassin de l'Ouche et située au 47e degré, 19 m. 19 s. de latitude et au 2, 41, 55 est de longitude, au confluent de l'Ouche et du cours de Suzon, à

19 myriamètres, 4 kilomètres de Lyon, 34 myriamètres de Paris par Châtillon-sur-Seine, 30 myriamètres 3 kilomètres de la même ville par Tonnerre, 7 myriamètres de Besançon, 52 myr. 8 kil. de Marseille, 32 myr. de Strasbourg, offre une population agglomérée et fixe excédant 26,000 âmes. Elle est élevée de 217 mètres au-dessus du niveau de la mer. La forme de la cité *intrà-muros* est celle d'un ovale irrégulier, et elle couvre une superficie de plus de cent hectares, qui se décomposent ainsi :

	H.	A.	C.
Edifices publics et églises,	11	09	86
Maisons, cours et jardins particuliers,	71	11	75
Rues et places publiques,	27	28	06
	109	49	67

On y comptait en 1814, 15 places, 100 rues, 2,000 maisons; mais ce nombre a cessé d'être exact et s'est augmenté dans une proportion qui ne sera définitivement et rigoureusement appréciable que dans quelques années, depuis les quartiers nouveaux qui ont été élevés dans ces temps derniers.

Le climat de Dijon est généralement doux; toutefois, le voisinage des montagnes et du

Mont Affrique, les divers courants qui s'échappent des vallées s'ouvrant aux portes occidentales de la ville, les déboisements de ces hauteurs, expliquent à Dijon les hivers rigoureux, la température inconstante et variable que cette cité éprouve souvent. Sous le rapport du ciel et de la précocité des fruits, elle est sensiblement moins favorisée que Beaune. Les vents d'ouest et de nord-ouest y règnent d'une manière plus continue et plus violente que dans cette dernière ville; le froid y sévit avec plus d'intensité, les neiges et surtout les pluies y sont plus abondantes et plus fréquentes, car elle est plus près du point de partage des bassins de la Manche et de la Méditerranée, et placée plus directement sous l'influence des conflits atmosphériques qu'il amène. Nonobstant ces inégalités de température, le vent du sud n'en domine pas moins, année commune, à Dijon, comme dans tout le bassin du Rhône et la zône méditerranéenne, et le froid un peu vif n'y sévit communément qu'entre Noël et la Purification. — Le thermomètre, à Dijon, monte rarement au-dessus de 28 (35 du thermomètre centigrade), et ne descend guère au-dessous de 8 (10 du thermomètre centigrade) degrés Réaumur. Cette ville, en masse, est très-salubre;

cependant, la région inférieure de la cité, dans le quartier de la place Morimont et du Pont-Arnaud, laisse à désirer des conditions hygiéniques plus favorables vers lesquelles la récente canalisation de Suzon est un heureux acheminement.

L'hortolage, le laitage, les œufs, les fruits et le miel des collines dijonnaises sont justement estimés. La cerise si abondante dans les environs de Dijon (cerasus duracina, caproniana et Juliana), y est surtout riche en agréable saveur. La flore dijonnaise produit une foule de plantes arômatiques et de simples odorantes, elle est intéressante et variée. Quant à la minéralogie locale, sa stérilité relative s'explique par le règne presque exclusif des couches calcaires dans le bassin de Dijon. Au nord de cette ville et presque dans son périmètre, finit la zône bourguignonne propre à la culture du maïs et favorable à l'éducation des vers-à-soie.

La cité dijonnaise est traversée par le chemin de fer de Paris à la Méditerranée, et posée sur la ligne projetée de celui de Paris à Mülhausen ; elle est desservie directement ou indirectement par les routes nationales n°s 5, 70, 71, 74, les routes départementales n°s 4, 5. A propos de routes, disons que l'insignifiant annuaire de la Côte-d'Or publié par M. Douillier, ne remplit jamais le premier de ses devoirs, celui de donner le tableau exact des routes nationales, départementales et des chemins de grande communication, selon leur rang et numéros. — La ville de Dijon est placée à 200 kilomètres du centre géographique de la France, pris à Bourges. — Si l'on fait passer un méridien par Dijon, il traversera dans la direction du nord, les départements de la Haute-Marne, de la Meuse, des Ardennes, et atteindra la frontière belge au nord-est de Sédan, à 280 kilomètres de la ville : dans la direction du sud, il franchira les départements de Saône-et-Loire, de l'Isère, de la Drôme, de Vaucluse, des Bouches-du-Rhône où il touchera à la Méditerranée au sud-est d'Arles, à 440 kilomètres de Dijon. Un parallèle par Dijon traversera à l'orient les départements de la Haute-Saône et du Doubs où il effleurera la frontière helvétique à l'est de St-Hyppolite, à 140 kilomètres de la ville; au couchant, la Nièvre, une partie de l'Yonne, le Cher, Loire-et-Cher, Indre-et-Loire, Maine-et Loire, Loire-Inférieure où il razera la surface de l'Océan, à Paimbœuf, à 550 kilomètres de Dijon.

Cette ville est le siège d'une cour d'appel dont le ressort embrasse les départements de la Côte-d'Or, de Saône-et-Loire et de la Haute-Marne, mais qui, d'après le projet de loi sur l'organisation judiciaire, présenté à la séance de l'Assemblée nationale du 19 janvier 1849, serait réduite dans son personnel à un premier président, un président de chambre, seize conseillers, un procureur-général, deux avocats-généraux et un substitut. Il serait également question de modifier son ressort. Le département de Saône-et-Loire cesserait d'en faire partie et se rattacherait à celui de la cour d'appel de Lyon. Dijon est le siège de la préfecture de la Côte-d'Or, d'un évêché dont le titulaire est suffragant de Lyon, d'une académie universitaire dont le gouvernement républicain, doit, dit-on, augmenter le ressort, d'une faculté de droit, d'une faculté des sciences, d'une faculté des lettres (les facultés de théologie et de littérature comparée manquent à son académie), d'une école secondaire de médecine, d'un lycée, d'une école normale primaire. De quartier-général qu'elle était de la 18e division militaire, elle n'est plus, depuis la chute de la monarchie en février 1848, et conformément à un décret du gouvernement provisoire, que le simple chef-lieu d'une subdivision militaire, dépendant de la 5e division dont le quartier-général est à Besançon. — En ce moment même, elle proteste encore et réclame contre la mesure qui la prive de la résidence sédentaire d'un général divisionnaire. — La cité dijonnaise voit fleurir dans son sein une académie des sciences, arts et belles-lettres, récemment reconnue encore par ordonnance royale de 1833, une commission départementale des antiquités de la Côte-d'Or, établie en 1831, une société médicale fondée dans la même année, une commission des bâtiments civils, près la préfecture, dont le personnel a été renouvelé naguère; une société théâtrale, une société de lecture datant de 1827, une société philharmonique, de 1832, un comité central d'agriculture, une société de secours mutuels contre les cas de maladie, une société de patronage des jeunes détenus, une société particulière de bienfaisance, un dépôt de mendicité, une société de charité maternelle. — Il y a peu de temps encore, elle possédait une société libre des amis des arts, qui est tombée faute d'encouragements, mais tend à se relever. — Elle a une des quatre écoles spéciales françaises des beaux-arts (dessin, peinture, sculpture, architecture), une école spéciale de chant, plusieurs écoles primaires gratuites dirigées soit par des instituteurs laïcs, soit par les frères de la doctrine chrétienne, une école d'accouchements, une école d'horlogerie, une école gratuite de musique pour les ouvriers, une espèce d'école préparatoire des chartes, unie au dépôt des archives générales de l'ancienne Bourgogne, un cabinet des archives de la ville, des cours de géométrie appliquée aux arts, de botanique appliquée, d'agriculture pratique, une bibliothèque publique, indépendante des bibliothèques particulières de l'académie, de la faculté de droit, de l'académie universitaire, des archives départementales, du lycée et de celle de la société de St-Vincent-de-Paul, à St-Michel; un musée de peinture, sculpture, objets d'art antique et du moyen-âge, un cabinet des gravures, un musée lapidaire, deux muséum d'histoire naturelle. Dijon est le siège d'une cour d'assises, d'un tribunal de première instance de première classe, de trois justices-de-paix (nord, est, ouest), d'un tribunal de commerce, et sera probablement bientôt celui d'une chambre de commerce qui lui est promise, d'un conseil central de salubrité, d'une commission sanitaire pour la cité, d'un jury médical pour le département, présidé par un professeur de la faculté de médecine de Strasbourg, d'une chambre des pansements gratuits inhérente au dispensaire. Cette ville, résidence d'un colonel commandant la 20ᵉ légion de la gendarmerie départementale, du chef de l'ancienne 3ᵉ conservation des eaux et forêts, à laquelle le président de la république, par arrêté du 14 janvier 1849, a naguère rattaché le département du Jura, dont la conservation a été supprimée, et le département de Saône-et-Loire qui a perdu son conservateur à Mâcon, ce qui classe maintenant sous le n° 9 la conservation de Dijon qui portait le n° 3. Dijon est la demeure officielle d'un ingénieur-en-chef du département, d'un ingénieur-en-chef du canal, d'un ingénieur-en-chef du chemin de fer, d'un architecte du département de la Côte-d'Or. Cette ville a un observatoire riche en instruments d'optique avec directeur et conservateur du matériel, un théâtre compris dans le 8ᵉ arrondissement, ouvert à tous les genres, une direction télégraphique datant de 1835, avec embranchement sur Besançon créé en 1840, une caisse d'épargnes et de prévoyance, créée le 8 septembre 1834, deux salles d'asile instituées en 1833, un mont-de-piété organisé en 1801, un ouvroir pour les jeunes filles, un dispensaire, trois hospices (si l'on donne ce nom à la maternité, jadis la miséricorde où une maîtresse sage-femme professe un cours d'accouchements), un asile départemental des aliénés, un jardin botanique, un grand-séminaire diocésain, trois paroisses, une synagogue pour les israëlites, un temple protestant desservi par un pasteur, une chambre des notaires, cinq cercles ou sociétés closes de réunion pour la lecture des journaux, la conversation et le jeu, deux bazars de l'industrie, le bazar dijonnais et le bazar de la Côte-d'Or, quatorze notaires, cinq imprimeurs en caractères, plusieurs agences indépendantes ou de correspondance contre les chances du sort et les sinistres. Dijon possède quatre casernes militaires, l'une aux anciens capucins du faubourg Saint-Nicolas (qui avaient été temporairement érigés en hôpital militaire, le 21 novembre 1813), la seconde aux anciennes Ursulines, la troisième aux anciennes Carmélites, une caserne de passage tout nouvellement établie, rue de la Prévôté; plus une caserne de gendarmerie au château, deux prisons civiles, une prison militaire, une manutention des vivres militaires au Refuge. L'administration des postes y a pourvu aux besoins du commerce avec une sollicitude et une intelligence qui méritent d'être imitées ailleurs. Le bureau central des postes est situé au cœur géographique et moral de Dijon, et des boîtes sont établies aux six portes de la ville, c'est-à-dire à toutes ses extrémités. Dijon est un lieu d'étape, c'est-à-dire de marché hebdomadaire pour les vins. Ce marché qui se tenait le samedi n'a jamais été supprimé légalement, mais il est tombé de fait depuis que l'octroi dijonnais a frappé de droits onéreux l'introduction des vins dans la cité. Il y a à Dijon marché pour les grains, le foin, la paille, les laines, les cercles et paisseaux, le samedi; marché pour les bois les mercredi et samedi; marché pour le bétail les vendredi et lundi; les lundi, jeudi et vendredi pour les porcs, à chaque semaine. Il y existe plusieurs foires, celle du 10 mars qui dure trois jours sur les almanachs, pour les marchandises, celle de la Saint-Martin (10 novembre), qui en dure sept, pour le bétail et les marchandises de toute espèce, celles des 15 janvier, 1er mars, 25 avril, 25 août, 20 juin pour la verrerie, ayant huit jours de durée. — Du reste, toutes les directions départementales communes aux autres chefs-lieux, sont centralisées à Dijon. — On voit que malgré les envahissements toujours croissants de Paris sur tout ce qui peut apporter quelques germes de vie dans les provinces, la part de Dijon, au point de vue des institutions académiques, judiciaires, administratives, des établissements de bienfaisance, est encore assez belle au xixe siècle, en l'an de grâce 1849.

JOURNALISME. Le journalisme ne date à Dijon, comme nous l'avons vu, que du libraire Mailly et de la fin du xviiie siècle. Le *Journal de la Côte-d'Or*, longtemps rédigé par feu Carion, obtint un grand succès. Un abbé Dillon fonda le *Journal de Dijon* que rédigea pendant de longues années feu Amanton (d'Auxonne). En 1828, Jean-Baptiste-Charles Brugnot, poète de beaucoup de mérite, né le 17 octobre 1798, dans la patrie de Charles Clémencet, à Painblanc, mort le 11 septembre 1831, créa à Dijon le *Provincial* qui est devenu le *Spectateur*. A la suite de la révolution dynastique de juillet 1830, le *Patriote de la Côte-d'Or*, se produit dans cette ville et fournit une courte carrière. — Le mouvement des idées dijonnaises est aujourd'hui représenté dans la presse périodique, par le *Courrier républicain de la Côte-d'Or*, le *Journal de la Côte-d'Or*, le *Spectateur*, le *Citoyen* dont le premier n° a paru le jeudi 24 août 1848, sous la rédaction en chef de M. Jean-Baptiste-Claude Langeron, feuilles politiques, l'*Eclaireur républicain* publié par suite de la révolution de 1848, ayant cessé de paraître vers le milieu de décembre de la même année, par le Journal de médecine et le Journal d'agriculture. Après les évènements de février, deux autres journaux politiques furent publiés à Dijon, l'un sous le titre de l'*Union républicaine*, n'a paru que durant la crise électorale des représentants du peuple, l'autre, la *République* s'est fondue dans le *Courrier républicain*, et a cessé de vivre dans la fin de juillet 1848. — Au mois d'avril 1849, pendant le nouveau mouvement d'idées qui a précédé les élections générales du 13 mai pour l'assemblée législative, une feuille politique de circonstance a encore été lancée dans la publicité dijonnaise, sous ce titre : *le Suffrage universel*. — Dans les années vraiment littéraires et archéologiques du règne de Louis-Philippe, c'est-à-dire de 1835 à 1842, Dijon vit fleurir dans son sein deux recueils périodiques mensuels qui ont rendu à l'histoire particulière, des services qu'il serait injuste de méconnaître; je veux parler de la *Revue de la Côte-d'Or et de l'ancienne Bourgogne*, et *des deux Bourgognes* qui s'imprimèrent pendant près de 15 mois à l'imprimerie Saunié à Auxonne (les deux Bourgognes). Hors des journaux que j'ai cités tout-à-l'heure, l'esprit scientifique, historique, poétique, littéraire de Dijon, ne se manifeste avec une périodicité variable et souvent lente, que par les mémoires de l'académie et ceux de la commission départementale des antiquités.

Armoiries. La ville de Dijon porte aujourd'hui coupé au premier parti de Bourgogne ancien et moderne, au deuxième de gueules au pampre d'or, feuillé de sinople en pal. Ce blason a été modifié à plusieurs reprises. C'est depuis la révolution de juillet 1830, que la mairie de Dijon a cessé de faire usage officiel et public, repris sous la restauration, après une longue interruption, des armes de l'ancienne province ou de la cité. — Voici le blason de la ville tel qu'il figurait sur les sceaux de la mairie, sous la restauration :

Ne vaudrait il pas l'insignifiant cachet commun à toutes les mairies de villages ? — A Beaune, mon honorable ami, M. H. Welter, maire, a eu l'heureuse idée de reprendre le 16 février 1849, l'ancien timbre blazonné de la ville de Beaune.

BIBLIOGRAPHIE. Les monuments écrits relatifs à l'histoire de Dijon, forment une immense collection. Outre les historiens classiques de la Bourgogne et ceux qui accidentellement se sont occupés d'elle et de sa capitale, tels que Grégoire de Tours, Dom Plancher et Dom Merle, Courtépée, Duchesne, Garreaux, Pérard, l'abbé Fyot (histoire de l'abbaye de St-Etienne), Mille, l'abbé Papillon, les pages applicables à notre pays de la bibliothèque historique de Fevret de Fontette et du grand dictionnaire d'Expilly, Saint-Julien de Balleurre, Palliot, le texte relatif à Dijon, du Voyage pittoresque de la France, on peut consulter avec fruit « Actes et chronique de St-Bénigne, mémoire de Bourgogne (manuscrit de l'intendant *Ferrand*), manuscrits des archives de la ville et du département, Catalogue et armoiries des gentilshommes qui ont assisté à la tenue des Etats-généraux du duché de Bourgogne, Histoire généalogique de Bourgogne, De Antiquo statu Burgundiæ, Annales de Bourgogne par *G. Paradin*, Histoire des ducs de Bourgogne par *Fabert*, Table alphabétique des villes, bourgs, etc., de Bourgogne, par *Guillaume de Lisle*, Histoire des ducs de Bourgogne, par M. *de Barante*, Tablettes historiques, topographiques et physiques de Bourgogne, par l'abbé *Richard*, Etat alphabétique des villes, bourgs, villages du duché de Bourgogne, par Querret, Histoire des premiers rois de Bourgogne, par *Legouz de Jancigny* et *de Gerland*, Voyage en Bourgogne, Table des positions géographiques des villes de Bourgogne, par l'abbé *Bertrand*, Description topographique et statistique de la France (département de la Côte-d'Or), par *Peuchet* et *Chanlaire*, Chartes bourguignonnes inédites par Joseph *Garnier*, Guide du voyageur à Dijon, par *Noëllat*, Nouveau guide pittoresque du voyageur à Dijon, par *Goussard*, Description historique et critique et vues pittoresques de Dijon, dessinées d'après nature par T. de *Jolimont*, Ephémérides de Dijon et de la Côte-d'Or (1842), recueillies par MM. *Uccellini* et *Gouget*, Notice historique et statistique sur les établissements de bienfaisance de la ville de Dijon, par Victor *Dumay*, Histoire des guerres des deux Bourgognes (Dijon 1772), Dissertation sur l'antiquité, la fondation de la ville de Dijon, par Claude *Fyot*, Mémoire pour servir à l'histoire de Dijon, par *Moreau de Mautour*, Dissertation sur l'origine de Dijon, par *Legouz de Gerland*, Histoire du diocèse de Dijon et de Langres, par *Mangin*, Dijon ancien et moderne, par C. *Léon*, Essais historiques et biographiques sur Dijon, par Cl. X. *Girault*, Les monuments des Arts existants à Dijon, par C. X. G. 1818, Le Panthéon dijonnais, les écrits de Chennevet, Baudot, l'histoire de N.-D., par *Gaudrillet*, l'état des officiers de nos ducs, par D. *Desalles*, La dissertation *de claris fori burgund. orat.*, la chambre des comptes, par Hector *Joly*, la savante dissertation de Boullemier, Recueil de pièces pour servir à l'histoire de Dijon, par Phil. *Boulier*, Anciens annuaires de la Côte-d'Or, Nouvel annuaire de la Côte-d'Or, publié par *Douillier*, notamment celui contenant la liste chronologique des intendants de la Bourgogne et des préfets de la Côte-d'Or, par M. Victor *Dumay*, et celui de 1843, avec la liste chronologique des maires de Dijon, par le même, *Rapport* du même au conseil municipal de Dijon (séance du 4 mai 1846), Notice historique sur les inventions, découvertes et perfectionnements relatifs à l'industrie, faits dans la ville de Dijon, etc., par le même encore. — Texte relatif à Dijon de la Cosmographie universelle de Münster. Précis historique et topographique du département de la Côte-d'Or, par E. *Tournier*, Mémoires de la commission départementale des antiquités de la Côte-d'Or, Mémoires de l'académie de Dijon, Les deux Bourgognes, Le provincial, Revue de la Côte-d'Or et de l'ancienne Bourgogne (mensuelle, publiée à Dijon); Etudes de M. Roget de Belloguet, servant d'introduction à la 2e édition de Courtépée, Le président de Brosses, par M. T. *Foisset*, Journal de la Côte-d'Or, par C. N. *Amanton*; Histoire du parlement de Dijon, par *Petitot*, Trésor de la Bourgogne, Fondation des hôpitaux du St-Esprit et de N.-D. de la Charité, par *Boulier*, Histoire de la Mère-folle, par *du Tillot* (1741); Monument de St-Bernard érigé à Dijon en 1847 (Dijon, V. Lagier); Explication des tombeaux des ducs de Bourgogne, qui sont à la chartreuse de Dijon, présentée à S. A. S. M. le duc, le 1er mai 1736, par le sieur *Gilquin* (à Nuys, de l'imprimerie d'Antoine Migneret); Pages relatives à Dijon, du Voyage dans le midi, par

Millin, article critique sur Dijon, de M. Henri *Boussugue*, copie du manuscrit de Calmelet, appartenant à l'hôpital général de Dijon, intitulé : Maison magistrale, conventuelle et hospitalière du St-Esprit de Dijon ; Rapport à l'académie des sciences, arts et belles-lettres de Dijon, contenant une notice historique sur l'établissement des fonctions publiques, par V. *Dumay*, Notice sur le musée de Dijon, par M. *de Saint-Mesmin*, Rail-way pittoresque, publié par M. Blondeau-Dujussieu, Itinéraire de Dijon à Lyon, par Joseph *Bard*, Esquisse à main levée de Dijon, par le même, (Revue du Lyonnais, tome 22e, xie année, 130-131e liv., octobre et novembre 1845), et Derniers mélanges de littérature et d'archéologie sacrée) ; Géographie départementale et administrative de la France, par MM. *Badin* et *Quantin*, Les cathédrales de France, par M. *Bourassé*, Dijon ancien et moderne, par *Maillard de Chambure*, Résumé de l'histoire de Bourgogne, par *Dufey* (de l'Yonne), Voyage pittoresque en Bourgogne, publié par Jobard et Guasco-Jobard ; Les ducs de Bourgogne, par F. Valentin ; le texte relatif à Dijon dans l'Itinerarium Galliæ *Jodoci sinceri*, dans *les plans et profils de toutes les principales villes et lieux considérables de France*, par le sieur Tassin (Paris, 1636, 2ᵉ partie), et dans les *Délices de la France*, par Salvinien d'Alquié (Leyde, 1728, 3 volumes in-12 chez Théodore Haak); les notes si substantielles et si consciencieuses de M. V. Dumay, dans la nouvelle édition de Courtépée; enfin les divers dictionnaires, guides généraux, histoires modernes des villes, publiées ces années dernières, tels que la France nationale de MM. Ducourneau et Monteil, l'encyclopédie moderne, les villes de France, la France départementale, le dictionnaire des communes, le guide du voyageur dans la France monumentale, etc., tous ouvrages de pacotille, plutôt propres à constater l'histoire du charlatanisme et de la rouerie littéraires en France, que les progrès de la science nationale. » — Dijon a cela de commun avec Beaune, Lyon, Bourg-en-Bresse, avec toutes les villes de la France provinciale, c'est qu'il a été souvent maltraité, jugé à contre-sens, décrit faussement par la presse parisienne et par tous ces guides, modèles parfaits de déloyauté littéraire et d'ignorance, qu'elle fait pulluler et qu'elle vomit sur les peuples civilisés.

Vues de Dijon. Il existe une foule de vues et

de plans généraux et partiels de la ville de Dijon. Aucune cité n'a été aussi souvent dessinée et relevée que celle-ci et sur une plus vaste échelle. Tous ces plans et vues se rattachent à la bibliographie dijonnaise. Citons en première ligne la magnifique vue générale gravée par Durand, offrant un mètre 70 centimètres de longueur, sur 43 centimètres de hauteur, prise de la montagne au-dessus de la fontaine de Larrey, et dédiée au prince de Condé par Antoine. Aucune capitale du monde n'a peut-être inspiré une planche aussi solemnelle, aussi imposante, aussi complète. C'est qu'aucune peut-être ne produisait l'effet grandiose de Dijon alors peuplé de tous ses merveilleux clochers, aucune n'offrait dans une parfaite unité, autant de charme oculaire, un aspect aussi pittoresque de tous ses points saillants, et ne les présentait dans des conditions aussi favorables pour la perspective, groupés sur un horizon saisissable partout. Cette immense vue bien composée et bien exécutée, publiée en 1762, et que je m'estime heureux de posséder dans mon cabinet de Chorey près de Beaune, disparaît sans doute comme dimension, devant la grande gravure représentant la région occidentale des quais de Saône lyonnais (1680); mais la première est une vue extérieure générale, la seconde une vue intérieure et partielle. La vue de Dijon devenue extrêmement rare, a, du reste, été un peu arrangée par l'artiste, afin qu'aucune saillie monumentale de Dijon n'échappât aux regards de l'amateur. — Viennent ensuite, le plan géométral de Dijon, levé en 1759, par les ordres de MM. les élus-généraux de Bourgogne et de MM. les maire et échevins de la dite ville, par le sieur Mikel, ingénieur-géographe du roi, avec dessins de Lejolivet. Six médaillons représentant des monuments dijonnais dont quelques-uns sont aujourd'hui détruits, encadrent ce beau plan, surmonté d'une vue générale où malheureusement la flèche de St-Bénigne est coupée, en raison du peu de hauteur de l'espace. Ce plan qui fait encore partie de mes collections, est également devenu à peu près introuvable dans le commerce. Toutefois, sa reproduction est facile, car la planche existe au riche dépôt des archives générales de l'ancienne Bourgogne. — Vue gravée, dessinée par Antoine, de la façade de St-Michel, depuis l'entrée de la rue Rameau. — Vue de la façade de l'hôpital-général depuis sa dernière restauration, par Paul Petit. — Petite vue de Dijon dans la lithographie représentant le banquet commémoratif de la proclamation de la république en 1792, donné à Dijon le 22 octobre 1848, par le même. — Vue gravée de l'obélisque de la rue Ste-Anne, reproduite en lithographie. — Vues monumentales partielles dans les *Deux Bourgognes*, la *Revue de la Côte-d'Or*, les mémoires de la commission départementale des antiquités, l'ouvrage à la *dozzina* de MM. Ducourneau et Monteil, dans le parallèle des édifices remarquables par Durand, le cours d'architecture de Patte (façade de N.-D.), dans le *guide de Dijon*, par M. Goussard, dans la carte de la Côte-d'Or, publiée par Binet (atlas des départements de France), etc. — Petit plan et vues partielles ou générale de Dijon dans *Dijon ancien et moderne*. — Grande vue lithographiée publiée par Noëllat, dans son guide de Dijon et détachée, reproduction de celle de Lejolivet, sous le titre de *Vue de Dijon avant 1790*. — Vue du palais des Etats gravée (1784). — Petite vue de Dijon gravée, servant d'emblême à l'académie des sciences, arts et belles-lettres, en médaillon sur son sceau et en vignette sur son diplôme (dessin de Naigeon, sculpture de Pillart). — Vue de la porte Guillaume, en tête des essais de Girault. — Veüe du palais de Dijon, dessinée par Silvestre et gravée par Perelle, veüe de l'église de St-Michel (avant la construction des clochers), par les mêmes, autre petite vue de St-Michel à la même époque (Israel excudit). — Gravure représentant la ville de Dijon, avec le mot DIVIO pour légende, dessinée par Silvestre et gravée par N. Perelle, sans date. — Scénographie ou élévation des bâtiments des hôpitaux du St-Esprit, de N.-D. et de Ste-Anne, érigés en la ville de Dijon (Palliot excudit, Godran del.) — Vue de Dijon, gravée sur pierre, prise du rempart de Tivoli, lithog. Lasnier, sur le calendrier de 1849. — Vue de Dijon, vue de St-Etienne, en tête du premier bréviaire de Dijon. — Vue de la place d'Armes, dessinée par Antoine. — Autres vues particulières ou d'ensemble dans les magasins pittoresques, sur une gravure représentant un hommage au prince de Condé, avec cette légende :

BORBONIAE · PARS · VNA · ET · MAXIMA
CVRAE · DIVIO

l'*Univers pittoresque*, etc. — Autres vues partielles dans l'ouvrage de Dom Plancher. — Vingt vues dans la *Description hist. et critiq.*, par M. de Jolimont. — Groupe de Dijon sur la médaille du Rosoir. — Petites vues sur l'adresse de MM. Gérard et Lagoute, liquoristes. — Planches dans Calmelet. — Plan de Dijon dans l'histoire de l'abbaye de St-Etienne, avec les monuments en élévation, reproduit dans la nouvelle édition de Courtépée. — Plan de Dijon avec une vue générale en tête, monuments en saillie, par Inselin (1710). — Vue générale de Dijon dans la *France pittoresque*. — Vues générales ou partielles dans le *voyage pittoresque en Bourgogne*. — Plusieurs vues gravées ou lithographiées, partielles et générales, par feu M. de Mimeure. — Belle collection de dessins inédits de l'ingénieur Antoine, représentant des vues de Dijon, appartenant à la succession Guillemot. — Plan de Dijon en blanc, représentant les fortifications dans l'ouvrage du sieur Tassin. — Reproduction du plan de Dijon à vol d'oiseau, de Saint-Julien de Balleure, dans l'ouvrage de Münster, (Cosmographie universelle de tout le monde, Paris 1575), sous ce titre : Le vray pourtraict de la ville de Dijon (geometrice depinxit Edoardus Bredin), avec les monuments et maisons en relief, 1574, dans St-Julien de Balleurre. — Petite vue de Dijon sur la lithographie des patriotes bourguignons à A. Carrel. — Vue générale de Dijon sur la tapisserie historique du musée. — Vue générale de Dijon dans les *Délices de la France*, déjà cités. — Plan de la ville de Dijon et de ses environs, par Beausaim, 1770, par Noinville, plan de Lepautre, tombeaux du cimetière de Dijon (souvenirs de Dijon, 1846), par Monot. — Plan de Dijon par Mouzin-Gérardot, sur une immense échelle. — Plan de Dijon par M. Lacordaire, plus étendu que ce dernier, mais sur une échelle plus petite en ce qui concerne la ville proprement dite. — Petits plans de Dijon dans la grande carte du duché de Bourgogne, publiée par ordre de MM. les élus-généraux, conformément au décret des Etats de 1751, dressée en 1763 par Seguin, et dans l'atlas du département de la Côte-d'Or de feu M. Busset. —Vues de Dijon partielles ou générales, gravées, publiées dans *le voyage pittoresque de la France* (tome 2, estampes), 1784, au nombre de seize :

1° Première vue de l'ancien château de Montmusard.

2° Vue du même avec une partie de la ville de Dijon.

3° Première vue générale de Dijon.

4° Deuxième vue générale.

5e Vue de l'intérieur du chœur des Chartreux.

6° Vue du tombeau de Jean-sans Peur.

7° Vue de la place royale.

8° Vue de la façade extérieure du palais des Etats.

9° Vue du palais et de la chambre des comptes.

10° Vue du baillage, présidial et chancellerie, etc.

11° Vue du prieuré de Larrey avec la ville de Dijon dans l'éloignement.

12° Vue de la tour St-Nicolas et d'une partie de Dijon.

13° Vue de l'ancien château de Dijon.

14° Vue de la porte St-Nicolas.

15° Vue de la rotonde de St-Bénigne.

16° Deuxième vue du prieuré de Larrey avec la ville de Dijon dans l'éloignement.

Ainsi, avec la planche représentant les portraits de nos quatre derniers ducs, le voyage pittoresque de la France s'est inspiré dix-sept fois par Dijon. Nulle ville n'a fourni autant de sujets à ce bel ouvrage malheureusement inachevé, que la capitale de la Bourgogne.

Panthéon. Aucune cité française n'a été plus que Dijon, pépinière d'hommes illustres et de citoyens dignes de mémoire dans les lettres, la magistrature, l'armée, les sciences, le barreau, la politique, le gouvernement. Médecins, jurisconsultes, écrivains, magistrats, poètes, capitaines, orateurs, prélats, musiciens, compositeurs, peintres, sculpteurs, architectes, hommes d'Etat, Dijon les a produits avec une fécondité fabuleuse. Cette ville partage avec l'auguste métropole lyonnaise seule, l'honneur d'être considérée comme le grand répertoire des gloires nationales, comme le Plutarque et le Panthéon français. On dirait que les hommes de génie y sont nés comme d'inspiration, qu'ils y ont spontanément poussé sur ce sol si hautement protégé du ciel, comme les simples odorantes sur les harmonieux coteaux de la Grèce. Sans nous occuper de l'incroyable nombre des célébrités dont Dijon est la patrie morale, dont l'ancien duché de Bourgogne fut la patrie géographique, telles que les Vauban (St-Léger-de-Fourcheret), les Buffon (Montbard), les deux Daubenton (idem), les Lebœuf, les Lacurne-Ste-Palaye (Auxerre), les Hugues de Salins, les François Pasumot, les Moreau de Mautour, les Gaspard Monge, ce Bossuet des sciences mathématiques, les Jean-Baptiste-Joseph Bard (Beaune), les St-Julien de Balleurre, les Vivant Denon, les Emiland Marie Gauthey (Chalon-sur-Saône), les Jérôme Lalande (Bourg-en-Bresse), les Nicolas

Rolin (Autun), les Ponthus de Thiard (Bissy), les
Noël Bouton de Chamilly (Chamilly), les Courtépée (Saulieu), Mme de Sévigné (Bourbilly), les
Charles Clémencet, auteur de l'art de vivifier les
dates (Painblanc), les St-Bernard (Fontaine-lès-Dijon), les Junot, duc d'Abrantés (Bussi-le-Grand),
les Marmont, duc de Raguse (Châtillon-sur-Seine),
les Bussi-Rabutin (Epiry), les Nicolas-Thérèze-Benoît Frochot (Aignay-le-Duc), les Carnot
(Nolay), les Thurot (Nuits), les C. Sallier (Saulieu), les Prieur, les Jurain, les Girault, les Amanton (Auxonne), les don Martene (St-Jean-de-Losne), les Louis-Nicolas Davoust ou mieux Davout, prince d'Eckmühl (Annoux, Yonne, 1770);
les Nicolas Bornier (Bourberain, 26 juillet 1762),
les Joseph Fourier (Auxerre, mars 1768), les
Barthélemy Joubert (Pont-de-Vaux), les Xavier
Bichat (Thoirette, ancienne Bresse), les Hugues
Morel (Auxonne), les Edme Mariotte, les Navier,
et parmi les vivants, les Mathieu et les Lamartine
(Mâcon), et le père Lacordaire (Recey-sur-Ource),
sans compter, dis-je, toutes ces illustrations
bourguignonnes, effleurons rapidement les Dijonnais célèbres ou mémorables, nés effectivement dans notre capitale. Cette inouïe pléiade
nous offre tour-à-tour les noms de Philippe-le-

Bon, Jean-sans-Peur, Charles-le-Téméraire, Bénigne Bossuet, Edme Béguillet, collaborateur de Courtépée, J. de Berbisey, Hugues Aubriot, Etienne Bernard, J. Bouchu, Jean Bouhier, Antoine Bret, Charles de Brosses, Nicolas Brulard, Jacques Cazotte, J.-F. Frémiot de Chantal, fondatrice de la visitation, Alamaque Papillon, poète sous François Ier, Thomas et Philibert Papillon, Et. Pérard, Aimé Piron, Alexis Piron, auteur de la métromanie, H.-B. Pouffier, Rameau, Claude Ramey, Saumaise, des deux Sambin, d'E. Tabourot, de Gaspard de Saulx-Tavannes, du comte de Vergennes, du sculpteur Dubois, de Crébillon, Pierre Dumay, intelligent auteur des deux premiers livres du *Virgile virai en Borguignon*, Pierre Quantin, peintre [1] (incertainement Dijonnais, selon M. de Saint-Mesmin, mais sûrement Bourguignon), d'Odinet Godran, de Nicolas Tassin, de Jean Juret, Joly de Bévy, J. Richard, Edme Thomas, historien d'Autun, Pierre Fevret, Ch.-M. Fevret de Fontette, Bénigne Gagneraux, pein-

---

[1] On a toujours écrit son nom par l'*e* et on lui a donné le prénom de Nicolas. C'est une double erreur. Un tableau de 1636, signé de l'auteur, au musée de Dijon, porte ces noms :

PIERRE · QVANTIN

tre, J. Guénebaud, Fr.-Claude Jehannin, B. Joly, Jean-Baptiste Lallemand, peintre, Philibert de Lamarre, Guillaume Raviot, Bernard de La Monnoye, des deux Languet (Jean-Baptiste, curé de St-Sulpice à Paris, et François-Joseph), de P.-L. Larcher, du père Leblanc, de Pierre Legouz de La Berchère, de Legouz de Gerland, de P. Lemuet, architecte, qui bâtit le Val-de-grâce à Paris, de Jean de Cirey, René Fleutelot, maire dijonnais, du poète Pichou, de Baunelier, J.-B. Ménétrier, Jean-Baptiste Fromageot, Longepierre, M.-A. Millotet, célèbre maire de Dijon, de l'abbé Nicaise, de P. Odebert, fondateur de l'hospice de Ste-Anne, du marquis de Mimeure, de Pierre-Bernard [1] Ranfer, fils du célèbre avocat Simon Ranfer (né à Montceau, près de Bligny-sur-Ouche, en 1707, mort en 1788), Guyton-Morveau (mort en 1816), Ch. Boullemier, François Baudot, Claude Bazire, du duc de Bassano, de Théophile Berlier, des célèbres médecins et chirurgiens François Chaussier, Antoine Leroux, Jean-Jacques-Louis et François Jacques Hoin, fils et

---

[1] Pierre-Bernard était père de Simon Pierre-Bernard-Marie Ranfer de Montceau, et ensuite baron de Bretenières, ancien premier président de la cour royale de Dijon, mort il y a quelques années.

petit-fils de Pierre (né à St-Nicolas-lès-Citeaux), Claude-Jean-Baptiste Hoin, peintre, Joseph Enaux, Hugues Maret, J.-F. Durande, de J.-J. Jacotot, Volfius, de Jacquinot-Pampelune, du sénateur Léjéas, de Trutat, peintre d'un grand avenir, prématurément enlevé à son art, d'Eugène Briffaut, des sculpteurs vivants Rude et Jouffroy, des contemporains Fevret de St-Mesmin, archéologue, et Frantin, auteur des *annales du moyen-âge*. — Quant à St-Bernard, né à quelques portées de fusil de Dijon, qui oserait l'exclure de la galerie dijonnaise, à Mademoiselle Antoinette Quarré dont la poésie pleure encore la perte récente, qui consentirait à se rappeler qu'elle eut Recey pour berceau, elle qui fut portée à Dijon pendant à la mamelle, à Colomban réputé Dijonnais sans qu'aucune preuve authentique l'atteste, qui serait assez heureux pour justifier de sa naissance à Dijon? — Que de célébrités moralement dijonnaises, que de gloires adoptives la ville de Dijon pourrait en outre légitimement revendiquer!

La ville de Dijon a donné des noms distingués à presque toutes nos assemblées politiques et législatives, Mérinville évêque et Merceret curé à Dijon, pour l'ordre du clergé, Volfius et Hernoux pour le tiers-état, à l'assemblée nationale en 1789, Bazire et Guyton-Morveau à l'assemblée législative, Berlier et Bazire à la convention, Berlier et Guyton-Morveau au conseil des Cinq-Cents. Parmi les préfets qui ont administré la Côte-d'Or depuis M. Guiraudet (du 22 mars 1800 au 3 février 1804) jusqu'à M. Pagès, on remarque les noms du comte Molé, de MM. de Brissac, de Choiseul, de Tocqueville, Stanislas Girardin ; parmi les maires placés à la tête de la municipalité dijonnaise, depuis la première revolution jusqu'à nous, Sauvageot, le baron Durande, le marquis de Courtivron, Hernoux, Victor Dumay.

Dijon a voulu que les noms de ses illustres enfants fussent constamment entourés d'un culte populaire et il leur a dressé des temples en plein-vent, et il a mis ses rues, ses places, ses monuments, ses remparts, ses promenades publiques sous leur invocation. — C'est là faire un noble usage de sa gloire passée. — Non content de baptiser ses rues du nom de ses grands hommes, il a emprunté partout à la Bourgogne, à la France, à la terre étrangère même, d'autres noms aussi glorieux que les siens, pour rappeler aux Dijonnais que leur cité est une des plus brillantes Athènes modernes, pour leur livrer sans cesse des enseignements et des exemples, et entretenir parmi eux le feu sacré de l'émulation. Nulle ville n'offre, après Lyon, autant de noms biographiques que celle-ci, et la vue de son plan est presque un cours d'histoire dijonnaise et bourguignonne. Il y a à Dijon les rues Turgot (M. Victor Dumay voulait remplacer ce nom qui n'est point bourguignon, par celui de Thurot, célèbre marin, né à Nuits), Francklin, Richelieu, Docteur-Maret, Guillaume (abbé de St-Bénigne), Dubois, des Godran (Odinet Godran, président au parlement, bienfaiteur de la cité de Dijon), Quantin, Cazotte, Montigny, Devosges, Sambin, Mably, Févret, Chantal, d'Assas, d'Apchon (maintenant absorbée par le prolongement de la rue Buffon), Jehannin, Chabot-Charny, Legouz-Gerland, Guyton-Morveau, Buffon, Piron, Vauban, Bossuet, Crébillon, Rameau, Lamonnoye, Proudhon (célèbre professeur de droit, mort il y a peu d'années, doyen de cette faculté), Saumaise, Chancelier L'hospital, Bannelier (professeur en droit), Longepierre, Pouffier, Odebert, Bouhier, Brulard, St-Bernard, Condé (aujourd'hui de la Liberté, depuis 1830), la place des ducs de Bourgogne, celle de Saint-Bernard, le boulevard de Brosses, etc., le bastion de Saulx-Tavannes, la tour de la Trémouille. — L'impulsion historique dans ce genre, venue de Rouen, a été suivie à Dijon, Amiens, Chalon-sur-Saône, Nuits.

†. **Effet général.** L'aspect général extérieur et intérieur de Dijon est étourdissant. Avez-vous jamais foulé, en province, une terre plus noble, avez-vous embrassé de vos regards un appareil monumental plus solemnel et plus varié, sous un ciel plus harmonieux et plus calme, avez-vous jamais entendu des échos plus retentissants de gloires, de grands souvenirs et de grands noms? — Observée du dehors, la cité dijonnaise fait à l'horizon la plus magnifique figure : tout en elle développe dans celui qui la contemple, l'ivresse oculaire et l'extase. Quelle sérieuse et attachante étude de pittoresque, et malgré tous ceux que pleure Dijon, que demandent en vain les paysages dijonnais, dont ils marquent presque la place vide, quel sublime et fabuleux concert de clochers, de points saillants posés dans les conditions d'unité les plus favorables à la peinture et à la poésie! — Les lieux les mieux choisis pour jouir pleinement de l'ordonnance générale extérieure de cette ville, sont les hauteurs de Talant, Larrey, Fontaines-St.-Bernard (du jardin de M. l'abbé Renaud), Chenove, St-Apollinaire, la route nationale n° 5, à la descente après Neuilly,

au-delà de Crimolois, ou mieux encore à celle plus rapprochée de la ville, sur la même route, à la hauteur de Morveau et de Champ-Maillot. — C'est par un de ces ciels de cristal si fréquemment visibles dans la chaude Bourgogne, qu'il faut jouir du charme occulaire de Dijon, alors que l'ardoise de sa grande aiguille de St-Bénigne, le cuivre rouge de son ample coupole de Ste-Anne couronnée de la croix d'or, le voile métallique de sa coupole de la visitation, la noire calotte de son clocher du collége des Godrans, ses hautes toitures enveloppées de mosaïques formées par les tuiles vernissées polychrômes, étincèlent et flamboyent constellées de mille feux ! — La dernière vue que je viens d'indiquer a toutefois l'inconvénient de diminuer le relief et la couleur des édifices dijonnais, en les présentant avec les montagnes en arrière-plan, servant de fond au tableau.

Dijon quoique situé en plaine, se voyait et se voit encore de très-loin à cause de ses hauts clochers et de la montagne de Talant qui indique sa place à l'horizon, comme celle de Fourvières indique la place de Lyon. C'est ce qui a donné naissance aux vieux proverbes bourguignons : *Qui voit Dijon n'est pas au long; — qui voit Talant n'est pas dedans.*

Comme l'orient, Dijon a connu et pratiqué toutes les formes, les plus austères et les plus suaves, les plus hardies et les plus douces, associé avec un bonheur infini et une rare convenance, l'harmonie pour ainsi dire musicale des types méridionaux, au sens intime des types du nord, marié dans le même tableau, la majesté à la grâce et la sévérité à l'élégance. — Vous y voyez tour-à-tour la flèche suédoise, picarde et normande à réchaud et en charpente, la flèche de pierre du xve siècle, pleine, hérissée de crosses végétales sur ses vives arrêtes, la coupole à ciel ouvert dans le temple et la coupole opaque couronnant une succession d'étages et d'ordres architectoniques, comme à N.-D. de Bourg-en-Bresse, la coupole *gothique* s'ouvrant dans l'église ogivale, le clocher-arcade enfant d'Italie, le clocher-cage provençal et languedocien, à charpente de fer, la tour à plate-forme, le clocher palatin et la pyxide montant au ciel, le clocher Moscovite, le campanille de la Renaissance et le clocher grossièrement formulé à l'image du colombier, coiffé d'un toit trapu à quatre eaux et à huit pans, le petit clocher monacal à double coupole superposée, le cône et l'aiguille. Il ne manque à tous ces types représentés à Dijon, que celui de la coupole ovoïde, imitée à l'hospice de Chagny, la forme du clocher byzantin de la primitive époque importée de Ravennes, qui manque à Dijon de la destruction de la rotonde de St-Bénigne, et enfin celle du clocher romano-byzantin de la deuxième phase, dont les archétypes sont à Gênes, dont la Bourgogne a tant de belles imitations à Savigny-sous-Beaune, Bellenot, Thoisy-le désert, Arconcey, Meilly, Bligny-sur-Ouche, Bligny-sous-Beaune (Côte-d'Or), qu'on retrouve à Isome (Haute-Marne), à St-Marcellin, à Vizilles, à Lamure (Isère), etc.

Dijon offre par sa configuration et ses dispositions ichnographiques, une grande analogie avec Beaune et semble littéralement le renflement de cette cité. Comme cette dernière ville, il a conservé malheureusement trouée et chaque jour de plus en plus mutilée, cette pittoresque enceinte militaire du moyen-âge, qui lui donne l'aspect d'un vaste château féodal, et avec elle, l'hyppodrôme qui enveloppe ses fossés.

Au-dedans, on n'a pas le courage de décomposer Dijon, à première vue, tant il vous demande de préoccupations à la fois. Cette cité offre cette circonstance particulière, c'est que ses trois principales églises, aujourd'hui consacrées au culte, seuls restes de tant d'augustes temples renversés ou vides de pompes sacrées, ont une valeur spécifique égale, des proportions à-peu-près pareilles, comme le poids des cloches qui ne leur ont pas été ravies. — Dijon ne ressemble donc par aucun point à la grande ville provinciale où la cathédrale absorbe tout, est tout et où le reste n'est rien, comme Amiens, Strasbourg, Bourges. Même observation pour les monuments publics et privés; presque tous ont la même importance et font entendre dans la symphonie oculaire, un son qui ne couvre point les autres. L'effet grandiose produit par le groupe des édifices dijonnais, l'ensemble des rues dijonnaises le produit également. — Après tout, aucun de ces grands monuments n'est bien vaste, aucune de ces places et de ces rues n'est immense; mais tout cela fait la plus grande figure à peu de frais, tout cela est d'un arrangement véritablement théâtral et composé avec beaucoup d'art. — Les édifices sont à Dijon jetés les uns sur les autres, se coudoient et s'entremêlent comme dans les deux métropoles du monde catholique, à Rome et à Lyon. — Peu de substance et de fond, forme prodigieuse et apparence inouie. L'église consacrée à l'archange Saint-Michel, par exemple, est plutôt un joyau qu'une basilique, celle de N.-D. une église de poche, si on les compare aux NN.-DD. de Rheims, de Rouen, de Strasbourg, de Chartres et d'Amiens. La place d'Armes dijonnaise ne semblerait sur la place Bellecour de Lyon qu'un simple renfoncement à peine visible à l'œil nu; le palais des Etats de Bourgogne qu'une assez vaste caserne où deux frontons soutenus par de maigres colonnades, ne rachètent pas la pauvreté générale de l'architecture; mais à Dijon, tout cela est de la majesté, de la splendeur, au milieu de ces maisons basses que l'œil bourguignon n'aimerait pas à voir monter plus haut. — Tant il est vrai que les choses, comme les hommes, ont une importance et une apparence relatives au lieu qu'ils occupent, à tout ce qui les entoure, au point de vue particulier sous lequel on les envisage. — C'est avec les idées dijonnaises qu'il faut juger et comprendre Dijon. Cette ville a cela de commun avec la petite maîtresse parisienne, qui avec un fichu, un colifichet, paraît en grande toilette, c'est qu'il a l'art de mettre chaque chose à la place qui lui convient : et cet art, ce soin, ce goût exquis et fin, nulle capitale du monde ne les possède à un degré plus éminent que Dijon.

REVENUS DE DIJON. Les recettes ordinaires de

la ville de Dijon flottent entre 360 et 380 mille francs.

Géologie dijonnaise. La constitution géologique du sol des trois cantons de Dijon, présente au couchant, sur la côte et l'arrière-côte, l'étage inférieur du calcaire oolitique comprenant les couches avec gryphées cymbium, au nord et au nord-est, l'étage moyen du calcaire oolitique, avec quelques mélanges d'alluvions modernes, au levant et au midi les alluvions anciennes et modernes par zônes distinctes. Le sol de la cité résume ces dernières conditions géologiques. Tout cela a été indiqué avec soin dans l'atlas de feu M. Busset et le sera d'une manière plus complète encore sur la carte géologique du département, qui se prépare.

Contenances. Tout le territoire des trois cantons de Dijon a été divisé en deux sections cadastrales, celle du nord et celle du midi. Les contenances que nous allons donner sont celles constatées à l'époque où commencèrent les opérations du cadastre, dans le pays : depuis lors, les terrains ont changé de culture ; mais les superficies n'ont pas varié.

Nord.

	H.	A.	C.
Terres labourables,	1330	15	96
Prés,	48	41	54
Vignes,	380	11	25
Canal de navigation,	13	99	10
Jardins potagers,	50	15	96
Vergers,	12	52	48
Saussaies,	1	31	18
Oseraies, bois et jardins d'agrément,	12	37	24
Pièces d'eau et viviers,	1	29	66
Bois, broussailles,		32	30
Chemins d'exploitation, fossés, mares, friches, marécages, terres vagues,	48	30	10
Propriétés bâties,	47	23	08
Rochers, montagnes incultes,	2	65	50
Rivières, lavoirs, fontaines, ruisseaux,	24	11	66

Nombre des maisons

1419

Ce chiffre s'est singulièrement élevé.

Sud.

	H.	A.	C.
Terres labourables,	1034	84	00
Prés,	14	46	05
Pépinières,		56	40

	H.	A.	C.
Vignes,	444	14	82
Canal de navigation,	13	09	90
Jardins potagers,	30	07	56
Vergers,	6	30	65
Saussaies,	1	49	20
Bois et jardins d'agrément,	1	63	40
Pièces d'eau et viviers,		59	70
Bois et broussailles,	2	10	50
Mares,		27	00
Friches, marécages et terres vagues,	155	06	14
Propriétés bâties,	39	58	15
Rochers, montagnes incultes,	49	99	50
Chemins, places publiques et promenades,	112	27	60
Rivières, ruisseaux et fontaines,	15	13	80

Nombre des maisons

1090

Même observation que pour la division nord.

Malgré mon désir de donner la situation actuelle à ce point de vue statistique, les documents m'ayant manqué, je n'ai pu mettre ce travail à jour. Les évaluations que nous présentons, relevées à la mairie de Dijon, offrent toutefois beaucoup d'intérêt et n'ont jamais été publiées. Combien il est à regretter que nous n'ayons pas une bonne statistique fixe du département et une statistique périodique, dans un annuaire sérieux !

Culte. Le culte catholique, apostolique et romain, s'exerce à Dijon, suivant la liturgie de Paris, régulièrement ou accidentellement, à la cathédrale qui sert en même temps au service paroissial, à St-Michel, paroisse, à Notre-Dame, paroisse, à l'hôpital-général, à l'hospice de Sainte-Anne, au lycée, à la Visitation, à l'asile départemental des aliénés, chez les sœurs de St-Vincent-de-Paul, dans la maison du Bon Pasteur, dans l'école chrétienne. Ainsi, les manifestations liturgiques de la religion, jadis si retentissantes et si nombreuses à Dijon, le culte qui avait autrefois dans cette capitale une expression sublime, une inspiration, une verve vraiment triomphales, y sont actuellement bien restreints. La synagogue des Israélites et l'oratoire évangélique des protestants dijonnais ne forment point des édifices isolés, l'un et l'autre de ces temples sont compris dans les dépendances de l'ancien palais des Etats, autrement nommé Logis-du-Roi.

St-Bénigne. La basilique cathédrale de Saint-Bénigne, bien que construite sur une échelle médiocre, n'en est pas moins un édifice religieux de l'ère ogivale, imposant et complet. Le temple primitif qu'elle continue et représente, fut consacré dès les premiers siècles de l'histoire bourguignonne, à la majestueuse solemnité du serment des princes, que les magistrats municipaux acceptaient au nom de la ville et de toute la duché, dans les formes prescrites plus tard par le duc Eudes IV, en MCCCXXIV. C'est à St-Bénigne que les **souverains** de la Bourgogne recevaient l'anneau ducal et juraient de maintenir les triples priviléges de la ville, de la duché et de l'abbaye. — « Quand le prince avait juré de conserver les droits antérieurs aux siens, dit Maillard de Chambure, alors la Bourgogne s'engageait au prince volontairement et non pas par dette féodale. De là les réclamations des Etats, comme celles qu'ils opposèrent à Charles-le-Téméraire, quand il voulut lever de nouveaux subsides pour la guerre contre les Suisses, et les résistances de la commune, comme celle qui lui fit déférer au parlement de France, en 1446, les empiétements de Philippe-le-Bon, toutes les fois que le duc oubliant ses engagements, semblait ne se souvenir que de la moitié du contrat. »

A la première basilique latine achevée et consacrée en DXXXV, sur l'emplacement de Saint-

Bénigne, et dont la fondation est imputée au roi de Burgundie Gontran, fondateur de l'abbaye de St-Marcel-lès-Chalon, succéda le temple commencé en MI et terminé en MXVI. Ce merveilleux édifice, construit en rotonde, comme Saint-Vital de Ravenne, dans les idées des byzantins d'orient, était précédé de la basilique des moines, qui s'écroula en MCCLXXI, par suite de la chute de sa grosse tour ecclésiastique et militaire. L'abbé Hugues d'Arc, ayant le duc pour puissant auxiliaire, entreprit en MCCLXXX, la construction du vaisseau actuel, dans l'âge d'or de l'architecture chrétienne, vaisseau qui depuis cette époque jusqu'à nous, a subi plusieurs reconstructions partielles et restaurations. La rotonde fut respectée et continua de servir de dépendance au temple. C'était, je le répète, une basilique grecque dans toute la signification orientale du mot; colonnes de porphyre et des marbres antiques les plus précieux, arrachés comme à Rome aux monuments de la période latine, mosaïques au dedans et au dehors, confession, crypte, ambons, mobilier basilical liturgique, rien n'y manquait. C'était bien là le temple dogmatique élevé sur le tombeau du martyr. Il était flanqué de deux campanilles circulaires littéralement semblables à celui des anciennes basiliques de Ravenne, comme Saint-Apollinaire-in-Classe, Saint-Apollinaire-nuovo, la Résurrection (métropole). — Je ne crains pas de soutenir que ce monument plus curieux que Saint-Front de Périgueux, était unique en France. Quelle perte pour l'histoire de la liturgie et de l'art! La rotonde de St-Bénigne a été détruite de fond en comble dans la fin du dernier siècle, en exécution des lois révolutionnaires. En 1789, elle adhérait au chevet du temple actuel. La plus belle vue gravée qui existe de la rotonde de St-Bénigne, est celle qui se trouve dans le *Voyage pittoresque de la France*.

Jadis la *Laus perennis*, à l'instar des Acemètes d'orient retentissait dans l'auguste basilique, comme à Agaune, à Luxeuil, à St-Marcel-lès-Chalon, à St-Symphorien d'Autun.

Quoique la longueur de St-Bénigne n'excède pas 71 mètres, sa largeur 29 mètres, sa hauteur 28 mètres, cette église offre presque la figure, l'effet ascensionnel, le trompe-l'œil et les lointains des grandes églises ogivales du nord, dont elle semble une admirable réduction, par la justesse de ses proportions, l'unité de son plan, l'harmonie de son ordonnance générale. Un triforium continu, sévère, règne dans la nef entre le *Clé-*

restory et les entre-colonnements, et représente les idées du XIIIe siècle, qui ne furent la plupart du temps formulées en Bourgogne qu'au XIVe. A l'apside qui est l'œuvre de la plus riche phase de l'école ogivale, au XIVe siècle, ce triforium se met à l'unisson des grandes baies apsidales, et est orné comme elles, dans le genre le plus pittoresque et le plus somptueux. On remarque dans ce temple plusieurs pierres tombales, celles d'Uladislas, duc de Pologne, d'Othe Guillaume, les bustes des apôtres par Dubois, le bas-relief du maître-autel en bronze doré, représentant les douze apôtres au tombeau de Marie, par Attiret, quatre statues colossales par les mêmes artistes, des colonnes de marbre et de porphyre provenant de l'ancienne rotonde, les tombeaux et cénotaphes d'Etienne Tabourot, des frères Rigoley (épitaphe), d'Elizabeth de Lamarre, de Marguerite de Vallon, la statue de Claude Frémyot, les mausolées de Jean de Berbisey et Bénigne Frémyot, de Jean-Baptiste Legouz de la Berchère et Marguerite Brulard son épouse, placés en regard. Dans le transsept septentrional s'élève la haute croix de mission qu'on voyait sur l'emplacement du château-d'eau, vis-à-vis la porte de la Liberté (Guillaume), et recueillie à la cathédrale, après les évènements de juillet 1830, qui la firent disparaître. Deux petits bénitiers neufs, posés vers la grande porte, sont une heureuse imitation du style propre au xive siècle. Sous le clocher méridional est la statue en bronze de St-Bernard, œuvre de Jouffroy, qu'une nouvelle révolution, celle de 1848, est venue chasser du récent piédestal qui lui avait été érigé sur la nouvelle place de son nom. Cette statue préparée pour être vue en plein air et au milieu d'un vaste horizon, est évidemment à l'étroit dans ce lieu où elle fait une déplorable figure. Sous le même clocher, on lit l'inscription suivante qui en apprend assez sur le fait historique qu'elle constate.

DANS · LE · CAVEAV · DE · CETTE · CHAPELLE
SONT · DEPOSES · LES · RESTES MORTELS · DE
PHILIPPE · LE · HARDI · DVC · DE · BOVRGOGNE
TRANSFERES · DE · LA · CHARTREVSE · DE
DIION · A · L'EGLISE · DE · S · BENIGNE
EN · M · DCCLXXXXIV · ET · RECONNVS · PAR
LA · COMMISSION · DEPARTEMENTALE
DES · ANTIQVITES · EN · M · DCCCXLI

Sous le clocher septentrionnal, même légende gravée en creux et lettres d'or sur tablette de marbre noir, mais s'appliquant à Jean-sans-Peur.

Rien n'égale la propreté, la netteté des églises dijonnaises en général, de celle-ci en particulier. Ce temple si énergiquement et toutefois si délicatement vertébré, manquait pourtant de solidité. Tout le flanc septentrionnal de la basilique n'était pas fondé, soit que des alluvions et atterrissements eussent dénudé les anciennes fondations, ce qu'il est naturel d'admettre, soit que ces fondations aient réellement manqué. Un travail immense de reprise en sous-œuvre, commencé sous la Restauration, a été heureusement amené à bonne fin sous le règne de Louis-Philippe Ier. Cette église, ornée d'un riche mobilier, a vu récemment s'élever dans la chapelle apsidaire de la contre-nef septentrionnale, un autel en marbre blanc avec retable richement imités de l'art *gothique*, par l'habile architecte Paul Petit. On remarque dans ce temple deux lustres immenses, dans le genre de celui de la cathédrale de Nancy.

C'est peut-être à St-Bénigne de Dijon que s'est manifesté, il y a trente ans, le premier retour aux idées ogivales, dans un banc-d'œuvre osé pour le temps, déplorable pour celui-ci, d'un goût hybride en somme, où il n'y a de *gothique* que l'arc en tiers-point, associé à une ornementation grecque. — Mais c'était un premier essai, une première velléité d'étude, l'expression d'un premier besoin de mettre le meuble en rapport avec l'édifice. On a naguère muni de verrières de couleur en mosaïque, les grandes baies de la nef de St-Bénigne. Malheureusement, ces verrières faites sans goût, sont d'un terne, d'une pâleur, d'un faux insupportables. Il faudrait songer à décorer de verrières peintes à personnages, les grandes fenêtres de l'apside majeure, à travers lesquelles un jour impétueux fait irruption dans l'église. Qu'attend-t-on aussi dans ce temple, pour remplacer par deux ventaux convenables, tapissés de velours, l'ignoble porte de sapin qui donne accès à la sacristie?

L'orgue de St-Bénigne est un magnifique seize-pieds. — Parmi les récentes restaurations que ce monument a subies, constatons en une dont l'exemple ne saurait être trop chaleureusement recommandé. Le chevet a été couvert de tuiles vernissées de couleur, disposées en mosaïque, comme il l'était dans l'origine, et rappelle ainsi solennellement l'ancien luxe essentiellement bourguignon des toitures coloriées. — Même observation ici que pour les verrières mosaïques, ton froid, nuances molles et fades. Les deux clochers octogones et diadêmés de St-Bénigne, jaillissant de la grande façade d'orientation, sont d'un type admirable et attestent toute l'inspiration élégante et grave tout à la fois du xiv° siècle. Ils s'élèvent avec une fierté toute triomphale. On a placé au tympan de la grande-porte qu'ils flanquent, un bas-relief, œuvre de la jeunesse de Bouchardon, représentant le martyre de Saint-Etienne, et provenant de cette ancienne église. Quant à la flèche posée au point d'intersection de la nef, du chœur et des croisillons, c'est la plus hardie pyxide extérieure qu'on puisse imaginer; c'est le tabernacle de l'autel majeur, s'élevant en repositorium, à travers les combles du vaisseau, jusqu'au firmament. Autrefois, la flèche de Saint-Bénigne était obtuse et cantonnée de quatre cosnes mineurs, comme on le voit sur les anciennes gravures. Le 25 juin 1606, ce monument fut gravement endommagé par la foudre; le 23 février 1625, il fut totalement incendié avec une partie des charpentes du temple. Une seconde flèche surgit. Atteinte par le feu du ciel, le 24 juin 1659, elle fut réparée par l'abbé Jeannin de Castille. Un violent orage la renversa le 7 août 1738. C'est après cet évènement que fut construite la nouvelle flèche que nous voyons aujourd'hui et qui, elle aussi, fut frappée le 11 juin 1836, par la foudre, mais ne périt pas. Le conseil d'y placer un paratonnerre fut donné dès l'année 1777. Il a été écouté dans ces dernières années. Cette nouvelle aiguille date donc de 1742. Elle fut construite par Sauvaistre et Linassier, maîtres-charpentiers à Dijon, et coûta 80,000 livres. Elle offre 91 mètres 45 centimètres d'élévation du sol au coq. La boule de fer qu'on remarque à son sommet, a 338 mètres 1 centimètre de hauteur au-dessus du niveau de la mer. C'est, je le répète, l'archétype des flèches en charpente, à réchaud transparent, telles qu'on en voit à l'église des Saints Pierre et Paul de St-Pétersbourg, plusieurs en Suède, une à Nivelle (Belgique), une à l'église St-Jean de Luxembourg, à Gentilly, près de Paris, à N.-D. d'Amiens, au Grand-Hôtel-Dieu de Beaune, à Evron (Mayenne), à St-Pierre de Saumur, à Chousy près de Blois (Loir-et-Cher), à St-Cyr et à St-Symphorien près de Tours, à Barberey (Aube), à la Magdeleine de Troyes, à Arleuf (Nièvre), à Chissey-en-Morvan (Saône-et-Loire), etc. La haute et harmonieuse flèche de N.-D. d'Auxonne, édifiée par l'habile architecte auxonnais Phal-Blando, rentrerait dans ce type, si sa base était en charpente; mais cette base offrant ici la figure du rectangle, est bâtie en pierres. La flèche de St-Bénigne a été légèrement contournée en spirale par ses constructeurs, dans un but direct, pour atténuer l'effet de torsion exercé par les vents sur un mât à arrêtes verticales. Elle a perdu son à-plomb et penche assez sensiblement du couchant au levant. Il en est de la flèche de St-Bénigne comme des monuments de Dijon, elle n'apparait que relativement au monument qu'elle couronne et à tout ce qui l'entoure, une immense broche, un point saillant inoui, car sa hauteur effective n'est pas comparable à celle des flèches importantes de la France septentrionale. Superbe, élancée, arbitraire, excentrique comme elle est, elle m'explique les mœurs dijonnaises un peu portées vers la fierté, elle en est l'expression et le symbole. Les hommes qui la voient chaque jour, deviennent, sans le savoir, orgueilleux comme elle, et aspirent à dominer la province, comme elle domine la ville et les horizons dijonnais. Nulle flèche ne semble plus directement inspirée que celle-ci par les sapins de la Norwège, et c'est le plus solennel contraste monumental possible avec les paysages épanouis, la nature harmonieuse et calme au milieu desquels elle surgit téméraire et presque sauvage. — On croirait voir le glaive du Dieu des armées tombé du ciel en sens inverse. — C'est surtout en descendant à Dijon par la route nationale n° 74, à la hauteur de Ruffey, et de la rampe de Pouilly, que la flèche de St-Bénigne se présente dans les plus étonnantes conditions de perspective, sous la forme d'une broche ou d'une gigantesque épée. — Même effet à peu près de l'extrémité de la rue Saint-Pierre, près de la porte de ce nom. — Cet édifice aërien assez misérable au fond, comme œuvre d'art, étonne plutôt par sa hardiesse que par son mérite architectoral. Même à son ombre, il ne faut pas oublier que la hauteur n'est pas toujours la beauté. Le réchaud de ce clocher est resté muet depuis la révolution de 1793. On éprouve quelque peine à voir d'en bas le vide de cette région; ne devrait-on pas, pour la forme et pour satisfaire l'œil seulement, y poser une cloche! Michel Montaigne passant jadis à Dijon avait remarqué la flèche de St-Bénigne. « Il paraît, dit-il, que les Bourguignons aiment moult ces hautes pointes. »

Une opération de regrattage bien réussie a eu lieu ces années dernières dans la nef du temple qui nous occupe.

La basilique de St-Bénigne, d'abbatiale qu'elle était dans l'ancienne Bourgogne, est devenue cathédrale de Dijon, au rétablissement du culte. Elle possède une horloge qui rappelle les merveilleux carillons mécaniques des Flandres belge et française, et dont les quarts chantent un cantique dans le ton mineur le plus religieux, le plus mystique et le plus touchant. — Rien de mélancolique et de saint comme cette mélopée chrétienne se promenant dans le firmament, la nuit, dans le calme religieux de l'ancien bourg de St-Bénigne, formant encore aujourd'hui le quartier le plus solitaire et le plus silencieux de Dijon, et rappelant le vieux cimetière de la cité, qui occupait son emplacement. Le dessin de M. Sagot, représentant la façade de ce temple, dans *Dijon ancien et moderne*, est sans proportions visuelles. Les clochers si élancés, y sont ravalés affreusement.

N'oublions pas de dire que la grosse cloche de St-Bénigne pèse environ 4,000 kilogrammes et la petite 211.

Le point le plus favorable pour contempler la cathédrale de Dijon, est celui qui la présente de profil, c'est-à-dire la rue des Novices vers l'angle de la façade de St-Philibert. — Mais passons à la belle église placée sous le vocable de Saint-Michel, archange.

St-Michel. Ce temple orienté comme Saint-Bénigne, dans les conditions réputées liturgiques, joue dans l'histoire dijonnaise et bourguignonne, le rôle de la basilique de Ste-Croix à Florence, c'est un panthéon. Basilique latine rebâtie au XIe siècle, elle a subi à la fin du XVe, la transformation sous laquelle nous la connaissons aujourd'hui. Nul monument ecclésiastique ne produit un effet plus noble et plus tranquille. Sa façade composée de deux tours carrées à étages et à ordres d'architecture superposés, couronnés de deux délicieuses coupoles octogones surmontées d'une boule de bronze doré, est une œuvre unique du genre, où la majesté se combine dans les plus justes conditions, à l'harmonie et à la grâce. Elle offre tout le charme, tous le sens moral, tout le grandiose, toutes les dispositions, tout l'arrangement des façades *gothiques* associés à la précision de l'école romaine. Nulle ordonnance de façade du moyen-âge, dans les églises du nord, n'est certainement plus imposante que celle-ci, et les hommes les plus infatués de *gothique*, les admirations les plus exclusives enchaînés à l'ombre de St-Michel par le plaisir qu'ils éprouvent à le contempler, sont forcés de convenir qu'ici la Renaissance a vaincu l'art *gothique* et trouvé là une forme où la beauté oculaire se marie à la beauté idéale de la plus heureuse manière, forme d'une incroyable suavité. La composition de cette adorable façade est toute *gothique* par la ligne, toute *renaissance* par le profil. Ce sont ces deux clochers coupolaires que j'opposais surtout à une idée absurde produite dans ma chère cité de Bourg-en-Bresse, à savoir qu'une tour à ordres superposés doit se terminer par une plate-forme, et qu'une coupole sans ciel ouvert dans le temple, est un non-sens, tout cela à propos de Notre-Dame de Bourg et du legs fait pour la restauration de son clocher par feu M. Alfred Bon, avocat. — C'est le précédent de St-Michel que j'invoquais de préférence à tant d'autres.

La position isolée et centrale de St-Michel, dans le plus beau quartier de Dijon, au fond de la plus large et de la plus solemnelle rue de la ville, la remarquable couleur qui l'enveloppe, son magnifique aspect, tout concourt à tromper le visiteur de passage dans la capitale de la Bourgogne. Il prend ce temple pour la cathédrale. En voyant cette harmonieuse façade, il ne peut se refuser à proclamer comme moi, que ce grand motif est *unique*, qu'on ne connait pas de proportions de clochers plus justes en hauteur, en ampleur, que celles de ces deux tours jumelles. La région inférieure de la façade de St Michel, œuvre de l'architecte dijonnais Hugues Sambin, réputé élève de Michel-Ange, date de MDXXIX; les clochers n'ont été élevés, sur les projets primitifs, que dans le XVIIe siècle. Pour juger de la précision des coupes, de l'assemblage, de la beauté de l'appareil, il faut visiter l'intérieur des clochers, comme je l'ai fait le 23 mars 1849. L'artiste qui édifia ce monument, s'élança dans l'avenir par la pensée : tout le luxe et le bon goût qu'il déploya dans la façade de St-Michel étaient, lors de la construction, en partie perdus pour les yeux, puisque l'édifice correspondait à une ruelle ; mais Sambin avait deviné la rue Rameau et la future perspective dijonnaise. — On admire le riche cul-de-lampe du trumeau qui partage la porte majeure, en deux baies. La sculpture grecque n'a rien produit de plus fin, de plus spirituel, de plus suave. Quant au clocher, posé au point d'intersection du chœur et de la nef, il allait être achevé, quand éclata la révolution de 1789, et eût complété avec une pompe toute romaine, ce noble appareil monumental. On peut juger du bon goût et de l'art splendide qui avaient inspiré le projet architectonique de surélèvement de ce clocher, par la petite gravure de l'habile artiste Monot, faite d'après le plan original que possède M. Caumont, architecte dijonnais. C'était une masse doublement coupolaire, ornée de galeries, de pilastres et de petits obélisques. La coupole mineure était couronnée par la statue de l'archange St-Michel; la coupole majeure se divisait en deux étages, l'un de la renaissance se greffait sur le premier (qui existe) sans choquer les convenances et avec un effet inouï d'ajustement et d'harmonie.

Sur la façade de St-Michel, on lit en grandes et belles lettres onciales, les légendes :

VNVS · DOMINVS · VNA · FIDES · VNVM
BAPTISMA

SANCTA · TRINITAS · VNVS · DEVS
MISERERE · NOBIS

Je recommande à tous les visiteurs intelligents de Dijon, de vouloir bien se transporter soit sur la seconde galerie de la façade de St-Michel, soit sur celles qui inscrivent les coupoles. La vue de Dijon, de là-haut, est étourdissante de beauté; vous êtes au milieu de tous les monuments de la cité, et vous les contemplez encadrés dans la plus admirable campagne. C'est de là surtout qu'ils paraissent disposés d'une manière étudiée comme pour une décoration théâtrale. St-Michel étant au levant de la ville, vous avez toutes ses magnificences devant vous ou à vos pieds. C'est encore un des points les plus favorables pour contempler la cathédrale, du côté de son harmonieuse apside. Le panorama de Dijon du haut de la tour ducale est moins attachant que celui-ci où tout est visible à la fois, de face, en d'ineffables conditions de perspective, de variété et d'unité, où tous les monuments dijonnais semblent se dresser à l'envi pour la jouissance des yeux.

L'intérieur de cette église offre des lignes denses mariées à d'élégants profils répartis avec une sage économie sur de vastes régions lisses. Ce vaisseau le plus petit des églises dijonnaises a 61 mètres de longueur, 19 mètres 50 centimètres de largeur, 20 de hauteur. Toutefois, il représente un temple qui eut jadis le titre de basilique. La nef majeure a le défaut d'être aveugle. On s'arrête avec bonheur devant la délicieuse chapelle des Trois-Rois, placée sous le croisillon méridional, œuvre de la renaissance la plus inspirée et la plus libre.

Cette église tenue avec une recherche et un soin extraordinaires, richement meublée, est le

St-Thomas d'Aquin de Dijon, c'est la paroisse du grand monde, de la société dorée, de l'aristocratie de race. — Car Dijon a, comme Paris, son faubourg St-Germain. — Quelques verrières peintes modernes ont récemment orné quelques-unes des baies secondaires du vaisseau; mais le chœur que décorent deux statues, en demeure jusqu'ici privé, et les fenêtres apsidales attendent encore qu'on fasse ruisseler sur elles l'éclat, les flots de cinabre, d'azur et d'or des peintures diaphanes. — L'observateur trouvera à l'extérieur comme à l'intérieur de St-Michel, plusieurs détails intéressants du xve siècle et de la Renaissance.

La grosse cloche de Saint-Michel date de MDLXXII; on lit sur ce corps sonore son poids : *je poise* 7,000 livres. La petite pèse environ 200 kilogrammes, elle est de 1806.

Mais ce qui recommande surtout à l'historien ce temple qui a conservé son titre honorifique de basilique, ce sont ses cénotaphes. Parmi ces tombeaux vides, citons ceux de Philippe Deschamps, curé, 1831, de Fyot de Lamarche, Claude-Denis-Marguerite Rigoley, Guillaume-Olympe Rigoley de Puligny, les épitaphes ou légendes de messire François Thomas, qui fit une fondation, Jean

Bouhier, de l'académie française, mort en 1746, de Claude-François Jehannin, de Claude Fleutelot de Beneuvre, doyen du parlement de Bourgogne, mort en 1789, de Philibert-André Fleutelot de Marlien, doyen, mort en 1787, la plupart transférés de l'église de St-Etienne, abandonnée du culte. Saint-Michel était le lieu ordinaire de la sépulture d'une foule de familles distinguées de Dijon, des Lecompasseur, des Gagne, des Vintimille. Bénigne Milletot, doyen, et René Fleutelot, maire de Dijon, y furent inhumés. Il existe un grand nombre de dessins de la façade de St-Michel, qui a été reproduite dans le *Magasin pittoresque* (année 1844) et dans l'*Univers pittoresque*.

NOTRE-DAME. L'église de N.-D., orientée comme ses deux sœurs, jouissait dès l'année MCLXXVIII, du titre de première paroisse de la ville, titre qu'elle a conservé. Reconstruite au début du XIIIe siècle, sur l'emplacement de la chapelle de N.-D.-du-Marché, elle ne fut achevée que dans le XVe. La région apsidaire terminée la première, fut consacrée le 8 mai MCCCXXXIV. Malgré le décousu des travaux, l'architecture générale de ce temple est d'une admirable unité, et représente noblement l'art du XIIIe siècle. C'est dans cette église vraiment communale, comme celle de St-Nizier à Lyon, que les maires de Dijon venaient, après leur élection, jurer sur l'autel le maintien des priviléges municipaux, et que s'exécutaient les vœux faits par la ville à Sainte-Anne, en MDLI, pour la délivrance de la peste, en MDLXXXXV, pour la réduction de la cité à l'obéissance d'Henri IV, enfin celui de Louis XIII en MDCXXXVIII. Le comte de Charny et les douze chevaliers qui avaient concouru avec lui au pas-d'armes de Marsannay-la-Côte, déposèrent leurs écus dans une des chapelles de N.-D. En MCCCCLXII, Philippe-le-Bon fonda un salut dans la même église. — Le couvre-feu se sonnait jadis à Notre-Dame, et c'est dans ce temple qu'on avait repris, sous la restauration, l'usage aboli en 1830, de le sonner, comme à St-Pierre de Besançon. Avant la première révolution française, on voyait à N.-D. de Dijon, cinq boulets, monuments du siége de la ville par les Suisses.

La façade de N.-D. de Dijon est un hors-d'œuvre où le sentiment énergique du monument égyptien s'unit à l'élégance de l'édifice grec et au caractère mystique du type ogival. Cet appareil est littéralement unique dans son genre; il se compose de deux rangs superposés de colonnades disposées sur une grande masse carrée, et se termine horizontalement. Son effet est plutôt celui de la Bourse flamande ou de la maison-de-ville, que du temple chrétien. C'est au flanc méridional de cette façade que s'élève ce clocher-cage en charpente de fer, à l'horloge enlevée à Courtrai par Philippe-le-Hardi, dont la populaire famille Jacquemard est, depuis plus de cinq cents ans, chargée de frapper les heures. Les régions inférieures de la façade ont subi dans la période révolutionnaire de déplorables mutilations auxquelles il serait temps de remédier. La trace des imageries est encore visible dans les voussures des trois portes trinitaires. La tour carrée qui surgit au point d'intersection du chœur et de la nef majeure, n'a point été bâtie pour clocher, dans un but direct, comme l'atteste son architectonisation. Ce n'est que secondairement qu'on l'a destinée à l'usage qu'elle remplit. C'était, dans les idées de l'architecte-constructeur, une coupole *gothique*, à ciel ouvert dans le temple, comme la coupole de N.-D. de Rouen. Ornée au dedans et offrant la continuation du triforium, elle n'avait reçu aucune préparation pour le campanille. Les archives de la ville y étaient déposées avant la première révolution française.

L'église de N.-D. de Dijon, longue de 65 mètres, large de 23 et haute de 18 mètres 50 cent., est en tous points un bijou d'art, jadis admiré par Soufflot qui l'avait fait exécuter en bois, et auquel Vauban souhaitait une boîte pour l'enfermer. — Toutefois, ce monument, orgueil des Dijonnais, est peut-être un peu trop vanté par les uns et trop mal compris par les autres. Le porte-à-faux y joue un rôle trop absolu, l'œil n'est pas toujours pleinement satisfait de ces tours de force, de ces jeux de colonnettes qui paraissent avoir sacrifié trop légèrement la solidité à la légèreté de cette ossature monumentale volatilisée. L'apside majeure bâtie en parpins, comme celle de Saint-Vincent de Chalon-sur-Saône, a des fenêtres grêles au *Clerestory*, et qui ne sont pas assez énergiquement profilées, pas assez hardiment et profondément coupées dans le vif de la pierre. Une belle assomption, chef-d'œuvre de l'intelligent ciseau de Dubois, des tableaux de Revel et des verrières peintes théologiques, se font remarquer dans ce temple construit sur une échelle de médiocre étendue, bien que par son plan, ses trois nefs, son triforium continu, il résume les grandes basiliques ogivales du XIIIe siècle et en semble la réduction mathématique. D'admirables verrières peintes provenant de la Ste-Chapelle, ont été récemment ajustées aux baies apsidales de cette église où l'on conserve avec soin, une image miraculeuse de la Vierge, célèbre dans l'ancienne Bourgogne, d'abord sous le nom de N.-D.-du-Marché, puis sous celui de N.-D.-de-l'Apport, enfin connue aujourd'hui sous le nom de N.-D.-de-Bon-Espoir. C'est une statue en bois noir, grossièrement sculptée.

Dans le croisillon septentrionnal de ce temple est le monument funèbre de

I · VETV · CVRE
MORT · LE · XXIV · SEPTEMBRE · M · DCCCXX

l'un des plus excellents pasteurs dont les paroissiens de N.-D. puissent bénir la mémoire.

Quelques traces d'architecture romano-byzantine, traditionnelles, se font remarquer dans cette église renommée où règne avec éclat la propreté dijonnaise.

Notre-Dame de Dijon possède trois cloches, l'une de 3,215 kilogrammes, l'autre de 2,240, la troisième de 150 environ. Les deux grosses cloches datent de 1814. La vieille cloche de l'horloge frappée par Jacquemard, est d'un volume à peu près égal au gros timbre de la sonnerie ecclésiastique.

Par Notre-Dame, Dijon peut se flatter d'avoir un temple dont la construction commença parallèlement avec celle de l'arche catholique la plus auguste qui ait été bâtie par nos pères, dans l'âge d'or du type ogival, je veux parler de N.-D. d'Amiens, élevée en MCCXX sur les dessins de Robert de Luzarches.

Le temps n'est plus où un ineffable concert de cloches sans nombre, de tous les volumes et de tous les tons, planait sans cesse sur la ville de Dijon, où la cathédrale, les trois basiliques abbatiales, les églises collégiales, les sept paroisses, les onze monastères d'hommes et de femmes, lançaient et entre-mêlaient continuellement dans les airs, leurs mille voix religieuses, triomphales et vibrantes, sortant à la fois de toutes les flèches, de toutes les tours, de toutes les coupoles. — Les trois paroisses actuelles n'ont conservé leur sonnerie que réduite à la plus simple expression. — Toutefois, les cloches paroissiales et cathédrale de Dijon, ont un accent solennel, liturgique et saint, et elles retentissent de la manière la plus majestueuse dans les horizons dijonnais. — J'aime les voix puissantes encore de la sonnerie dijonnaise : elles se promènent lentement et gravement par la cité et se partagent ses échos. Le carillon, cette langue céleste imitée de celle des anges, est inconnu et presque impossible dans la sonnerie actuelle de Dijon.

Quant à la liturgie dijonnaise, elle est déplorable, c'est celle de Paris, légèrement modifiée, introduite avec ses formes jansénistes et mondaines, dans l'église cathédrale de Dijon, à l'époque de l'érection du siège, en 1731. Le culte catholique, cependant, ne manque à Dijon ni de dignité, ni de pompe : son expression, par le chant est grave surtout ; mais c'est le cérémonial dijonnais qu'on désirerait trouver plus dogmatique et plus sérieux, c'est l'abus de la musique prétendue religieuse qu'on voudrait voir cesser. Le clergé de Dijon, malgré l'atmosphère peu liturgique qui l'enveloppe, se distingue parmi tous ceux du diocèse, par sa tenue, ses mœurs, ses études sérieuses, et on aime à le contempler dans les belles églises dijonnaises, plus austère, plus hiératique, plus vivement frappé du sceau de la quiétude, de la modestie et de l'onction ecclésiastiques lyonnaises, moins sulpicien et moins novateur qu'en tout autre lieu de la Côte-d'Or. Pourquoi donc ces tristes rits parisiens?... A ce point de vue, dans le Dijon contemporain, comme dans celui du xviiie siècle, ce sont toujours les modes régence et Louis XV qui dominent dans l'église, les monuments et la société. Du clergé de Dijon sont issus une foule de prêtres éminents, par le cœur, la science ou l'esprit : bornons-nous à citer des hommes que nous avons vus mourir, tels que les Collin, les Lacoste, les Duval d'Essertennes, Mgr Morlot, occupant à l'heure qu'il est d'une manière si digne le siège métropolitain de Tours.

Les pompes funèbres sont remarquables à Dijon par la dignité du cortège ecclésiastique, la lenteur recueillie de la marche, la gravité des chants.

Nulle trace dans les temples dijonnais actuels, du *Repositorium* ostensible à l'extérieur ou visible à l'intérieur seulement, orné ou simple, tels que ceux de Pouilly-sur-Saône, Pierre-en-Bresse, Mirebeau, Serrigny, St-Martin-des-Champs près de Chalon-s.-S., Merceuil, Ste-Marie la-Blanche, Meursault, Gergy, Villars (Ain), N.-D. de Bourg-en-Bresse, St-Vincent de Chalon-s.-S., N.-D. de Grenoble, N.-D. de Semur-en-Auxois. Si les traditions basilicales et les sévères idées des premiers dogmes liturgiques ont été, dans les églises de Dijon, absorbées par l'invasion des rits parisiens, elles ne s'en distinguent pas moins toutes par ce luxe inouï de propreté matérielle, par cette rare convenance de mobilier que j'ai signalés avec tant de joie.

Couvents. Il n'existe à Dijon qu'une seule communauté cloîtrée, celle de la Visitation, rétablie en 1822, sous l'épiscopat de Mgr Martin de Boisville, dans l'ancien monastère des Carmes, rue Crébillon, jadis des Carmes, avec élégante chapelle digne d'être visitée. Ce petit temple a été élevé sur les dessins de l'habile architecte Sirodot, on remarque sa jolie façade, ses verrières de couleur en mosaïque produisant un effet satisfaisant dans les baies latérales et surtout à la coupole dont elles forment la calotte. Dans ce monument, est conservé le cœur de Mgr Martin de Boisville, évêque de Dijon. Le cénotaphe porte le millésime M·DCCCXXX. Les autres communautés religieuses se composent des sœurs de N.-D. de la Charité, sous l'invocation de Ste-Marthe, des filles de Ste-Anne qui forment plutôt un institut particulier avec réglement, qu'une congrégation, des sœurs de St-Vincent-de-Paul, enfin des sœurs du Bon-Pasteur, de la maison dite de St-Michel, dont l'établissement est aujourd'hui situé vis-à-vis l'allée de la retraite et l'ancienne maison des Lazaristes, détruite, dans une habitation qui a appartenu à la veuve du président Bouhier. Ajoutez à cela les frères de la doctrine chrétienne. Ces pieux instituteurs furent appelés à Dijon en 1705 par les libéralités du chanoine Gonthier et de MM. de Rigoley et de Blaisy. Enveloppés dans la suppression générale des ordres religieux, ils disparurent à l'époque de la révolution. Rappelés à Dijon en 1815 et entretenus aux frais de la ville qui leur fit un fonds annuel de 4,000 fr., ils y étaient, quand éclata la révolution de juillet, au nombre de 7, répartis en 3 maisons sur chacune des paroisses, et avaient 500 élèves. Depuis lors, ils n'ont plus été subventionnés par la commune et ont acquis dans la rue Berbisey, sur le produit des souscriptions particulières qui les soutiennent, une maison située près de la première résidence dijonnaise des frères, qui est une des plus belles et des plus importantes que possède la congrégation, sur le territoire de la république française. Indépendamment de cette maison centrale, les frères en ont fait, il y a trois ans, construire une autre près de l'ancien jardin botanique. Leur chapelle est un véritable monument; on y remarque les verrières peintes à mosaïque des fenêtres, d'une bonne composition, nuancées avec goût.

Hôpital général. L'hôpital général de Dijon est un immense édifice, attestant assez par l'ensemble de ses constructions, le concours de tous les éléments divers qui l'ont formé. En effet, c'est dans le primitif hospice fondé en MCCIV par le duc Eudes III, en faveur des pélerins, placé sous la direction des hospitaliers du St-Esprit, mis en MCCCCXLVI sous la règle de St-Augustin, confié plus tard à des religieuses du même institut, remplacées en 1684 par une communauté de filles instituées par Bénigne Joly, chanoine de St-Etienne, c'est dans cette maison magistrale et mère que sont venus se centraliser et s'absorber les anciens hôpitaux de Dijon, ceux de la Chapelotte, de la Magdeleine, de St-Bénigne, de la maladrerie du faubourg St Nicolas, de la maladrerie du faubourg d'Ouche, de St-Fiacre, de Saint-Jacques. A la suite de cette réunion, l'établissement qui, après les vastes augmentations faites par le bureau, avait reçu le nom de N.-D.-de-la-Charité, prit définitivement celui d'hôpital-général.

Une croix archiépiscopale à double traverse, celle des hospitaliers du St-Esprit et de Lorraine, placée au faîte d'un des trois clochers de l'hôpital-général, rappelle les relations de cette maison avec l'orient et avec Rome. L'hôpital du St-Esprit s'était développé au souffle des idées romaines. Sa fondation fut modelée sur celle du célèbre hospice du St-Esprit *in Saxia*, érigé six années auparavant dans la ville éternelle, par Innocent III, en MCLXXXXVIII. Il existe dans les archives de l'hôpital-général de Dijon, un manuscrit précieux relatif à la fondation des deux hôpitaux du St-Esprit, romain et dijonnais, mis en lumière par l'érudit Gabriel Peignot, dans le tome Ier des mémoires de la commission départementale des antiquités de la Côte-d'Or. On y admire 22 miniatures du XVe siècle, copiées sur d'anciennes fresques de Rome. Il résulte de ce monument historique que la fondation des deux hospices est d'inspiration divine.

Les restes de l'hospice ducal du St-Esprit n'existent plus mêlés aux constructions nécessitées par la réunion sur un seul point de tous les hôpitaux et de toutes les maisons de charité paroissiales de Dijon. Sa façade regardait le levant : les constructions étaient situées à droite de la grille actuelle, entre la rivière d'Ouche et la cour de l'hospice présent, derrière les bornes qu'on voit aujourd'hui sur cet espace. Leur démolition commencée en 1780, fut terminée en 1781. On en voit l'ensemble dans un ouvrage intitulé maison magistrale, conventuelle et hospitalière du Saint-Esprit de Dijon, par Calmelet, dont la copie est à l'hôpital.

Le clocher surmonté d'une croix de Lorraine, dont j'ai parlé plus haut, a une forme étrangère qui semble rappeler la Hollande et le clocher moscovite.

On remarquera à l'hôpital général, la chapelle de Jérusalem, représentant une phase importante de l'architecture historique. L'ordonnance générale des bâtiments composant l'hôpital-général, est imposante et noble. Ce vaste assemblage est séparé de la voie publique par une grille de fer d'un majestueux aspect. D'immenses zônes de tuiles vernisées disposées en mosaïques, récemment restaurées, s'étendent sur les combles de ces édifices, comme des tapis de l'orient.

De grands travaux d'architecture et d'art ont été exécutés, ces années dernières, à l'hôpital-général de Dijon, et achevés en 1842 sous la direction de M. Paul Petit. Il en existe un dessin que j'ai signalé ailleurs. C'est à cet architecte qu'on doit la réparation de la façade correspondant à la grille, façade qu'illustre un groupe de la charité par Dubois, les dispositions de la nouvelle chapelle, réduction de l'ancienne qui était confondue avec la grande salle des malades, dont elle est aujourd'hui séparée, l'érection du campanille italique à arcades qui couronne la façade exposée au nord. — Dans le jardin de cette maison, l'une des plus vastes sans aucun doute, que la piété ait élevées à l'humanité souffrante, dans le monde civilisé, s'élève une croix rogatoire dont le piédestal est une reproduction du style historique du célèbre puits de Moïse. Cette croix fut faite en MDVIII, sous le magistère de frère Guillaume Sacquenier.

Dans les dépendances de l'hôpital-général de Dijon, a été placée une partie de l'école secondaire ou préparatoire de médecine. Cet hospice civil et militaire où l'on compte 600 malades, est desservi par 34 sœurs de Ste-Marthe. Quatre médecins, trois chirurgiens en chef, deux chirurgiens-adjoints, deux élèves internes, donnent aux malades leurs soins dévoués, et deux aumôniers leur prodiguent les secours spirituels. — Le *petit Ste-Anne* est compris dans l'enceinte de l'hôpital-général ; c'est une espèce de congrégation des filles de service de l'hospice, auxiliaires dévouées des hospitalières; elles travaillent à l'ouvroir pour le raccomodage et le blanchissage du linge.

Cet hospice, ainsi que celui de Ste-Anne, dont nous allons parler, est régi par une commission administrative formée de cinq des plus notables citoyens dijonnais. — On lira avec fruit l'ouvrage cité à la bibliographie, de Boulier, sur N.-D.-de-la-Charité de Dijon.

Une des belles inscriptions de l'hôpital-général riche de 150,000 fr. de rente fixe, environ, contenant 212 lits en fer, sans compter les autres, est celle-ci :

NVLLOS · FVNDATORES · OSTENDO
QVIA · PLVRES · QVIA · HVMILES
QVORVM · NOMINA · TABELLA · NON
CAPERET · COELVM · RECEPIT
POTES · ET · ILLIS · INSERI · SI · MENSAM
PRAEBES

SAINTE-ANNE. Les Bernardines ou dames de Tart furent transférées à Dijon en 1623, du monastère qu'elles occupaient à Tart. Le président de Berbisey et l'abbesse Amée de la Michaudière posèrent la première pierre de leur nouvelle église à Dijon, dans l'année 1699. Ce délicieux monument construit sur les dessins de frère

Louis de l'Oratoire, ne fut achevé qu'en 1708. Ce ne fut qu'en 1804 qu'on destina le monastère à recevoir l'hospice de Ste-Anne ou des orphelines. Cet hospice, fondé le 2 janvier 1633 par Pierre Odebert et Odette Maillard, son épouse, fut d'abord établi au faubourg d'Ouche, près de l'hôpital de N.-D.-de-la-Charité, sur cet emplacement que marque encore une porte d'un style assez caractérisé portant cette inscription :
HOSTEL · SAINCTE · ANNE · M · DCXXXIII
et dont les bâtiments ne furent achevés qu'en 1665.

Il existe un ouvrage imprimé à Dijon en 1647, intitulé *Fondation et règles de l'hostel de Sainte-Anne,* de la ville de Dijon, par P. Odebert; et l'on pourra consulter avec avantage, sur le même sujet, l'écrit de M. Victor Dumay, intitulé : *Notice historique et statistique sur les établissements de bienfaisance de la ville de Dijon.*

Les libéralités d'Odebert ne se bornèrent pas à sa première fondation : elles furent considérables. Maillard donna ou légua beaucoup aussi : le concours de ces bienfaiteurs et d'autres personnes charitables augmentèrent à tel point les ressources de la maison qu'on songea à augmenter les bâtiments. Un nouveau Ste-Anne fut construit en 1682 dans l'intérieur de la ville, sur la paroisse de St-Philibert. L'hospice du faubourg d'Ouche fut dès-lors abandonné et la translation dans le nouvel asile s'opéra en 1693. L'établissement fut concentré dans les bâtiments devenus plus tard ceux de l'école centrale, puis du lycée. Cet hospice fut de nouveau transféré dans le local qu'il occupe actuellement, depuis la fin de 1804.

L'église de Ste-Anne au fronton de laquelle on lit l'inscription :
DEO·SVB·INVOCATIONE·SANCTAE·ANNAE
est une rotonde dont on ne saurait trop admirer les heureuses proportions. On y a transporté du deuxième siège de Ste-Anne, les mausolées du président Odebert et d'Odette Maillard son épouse, fondateurs de ce pieux asile consacré à l'éducation des orphelines. Sous l'administration municipale de M. Pierre-Bernard Ranfer, et par délibération de la commission administrative des hospices, prise le 29 pluviôse an XVI (18 février 1805), conformément à la proposition de M. Claude-Auguste Durande, deux statues sans noms propres, provenant l'une des Carmes, l'autre des Cordeliers, ensevelies dans l'ancienne école de dessin, sous un double linceuil de poussière et d'oubli, furent envoyées à l'église de Ste-Anne, comme statues

de fondateurs. L'idée est curieuse et la délibération digne de mémoire : on peut en conclure de l'énergie, du degré de développement des études archéologiques alors, de l'étrange sans gêne avec lequel on prenait au hasard des *fondateurs*, et du compte qu'on tenait de la vérité historique. Ces statues sont celles de Georges Joly, baron de Blaisy et de Claude Bouchu, baron de Loisy : elles sont en marbre blanc et d'une belle exécution. On les voit en entrant dans la rotonde, à droite du spectateur, celle de Bouchu, et à gauche ou au nord, celle de Georges Joly. C'est sous l'administration municipale de M. V. Dumay, qu'elles ont été restaurées et que les inscriptions qui les expliquent ont été posées sur leurs bases.

Quant au monument des véritables fondateurs, Odebert et Odette Maillard, il est de Nicolas Bornier, et orne le chœur des religieuses. C'est à tort que Girault (page 303) a attribué ce monument au ciseau de Dubois. — On voit dans l'église et sa dépendance des œuvres du sculpteur dijonnais Dubois et du peintre dijonnais Quentin, qui concourent à embellir ce beau sanctuaire de la charité. Le groupe de la visitation de l'autel majeur, la statue agenouillée de Bouchu et celle de Joly de Blaisy, sont les œuvres de Dubois.

L'autel majeur, avec son riche retable à colonnades et ses statues primitivement destinées à la visitation, par son ordonnance monumentale et sa somptuosité, rappelle les merveilles de l'Italie, de la Belgique et de l'Espagne. On remarque trois autels mineurs à parements liturgiques dans ce temple, dont deux fenêtres et trois claire-voies sont munies de verrières de couleur, système mosaïque. — Espérons qu'il n'en restera pas là, dans ce genre.

La coupole qui couronne le vaisseau n'offre point cette forme de thiare pontificale, particulièrement propre à la coupole romaine, c'est le type oriental et grec, inspiré par la voûte azurée d'un ciel limpide; c'est, au dehors, la demi-sphère franchement coupée; c'est l'imitation libre et comme la réduction de la fameuse coupole du Panthéon de Rome, devenu la basilique de Sainte-Marie-ad-Martyres. Une boule et une croix de bronze doré la surmontent et contribuent singulièrement à l'effet visuel magnifique de l'horizon dijonnais. Naguère encore, elle était couverte d'ardoises: on vient en 1848, sous la direction de l'architecte Paul Petit, de vêtir sa toiture de lames de cuivre rouge.

Monolithe. Vis-à-vis de Ste-Anne, est un obélisque enveloppé d'une histoire. Ce monolithe fut élevé en 1767, sur les dessins de Lenoir, dit le Romain, au fond du jardin du petit hôtel de Berbisey (rue de ce nom, n° 27), par Claude-Philibert Fyot de Lamarche, premier président honoraire du parlement de Bourgogne, en l'honneur de Jean de Berbisey, son prédécesseur, qui avait légué cet hôtel et la terre de Vantoux aux premiers présidents qui lui succéderaient à perpétuité. Deux bas-reliefs (portrait du président de Berbisey, ses armes qui étaient une brebis), formant deux médaillons, ont été placés sur une seule face, du côté du jardin, par suite de l'inexécution de la fontaine monumentale projetée.

Cet obélisque est aujourd'hui engagé sur ses flancs méridional et septentrional dans le mur de clôture de l'hôtel, devenu la maison de commerce de Jacques et Théodore Thiébaut. On a eu l'heureuse idée de poser une borne-fontaine à sa base. Il existe une belle gravure du monument avec la fontaine à la romaine, projetée par l'ingénieur Thomas Dumorey. Cette gravure a été reproduite à Dijon, le 20 septembre 1844, à la lithographie Guasco-Jobard, par les soins de M. Victor Dumay.

ASILE DÉPARTEMENTAL. La chartreuse de Dijon,

ce St-Denis des ducs héréditaires de la seconde race, comme Citeaux fut celui des ducs de la première, la chartreuse, fondée par Philippe-le-Hardi, a presque revécu sur son tombeau. C'est sous le gouvernement de Louis-Philippe Ier et sous l'administration municipale de M. Victor Dumay, que l'asile départemental des aliénés a été construit dans le vaste enclos de la chartreuse, sur les dessins de M. Paul Petit. On a eu l'excellent esprit de relever et d'utiliser tout ce qui restait de ruines chancelantes ou intactes sur ce sol sacré. — Si la vaste et imposante église ogivale, monument de l'âge d'or de l'architecture chrétienne en Bourgogne, si la haute flèche rivale de celles de St Bénigne, de St-Jean, de la Ste-Chapelle, si les tombeaux des souverains qui ont régné avec gloire sur nos contrées, si le trésor de l'ancienne chartreuse de Champ-Mol, si les merveilleux tryptiques et retables d'autels, si les pieux concerts de prières et de cloches, qui peuplaient ces pieux échos, n'ont pu renaître sous la fécondante inspiration d'humanité qui a bâti l'asile central des aliénés, du moins les vestiges du vandalisme ont disparu, une autre église, une autre flèche se sont élevées, d'autres verrières peintes sont venues faire redescendre dans le nouveau temple le jour mystique, recueilli et serein du vieux sanctuaire. L'architecture même de la nouvelle église s'est religieusement élancée vers le passé de l'ancienne chartreuse, et nous a donné au xixe siècle, un monument du xive si bien compris comme art et comme histoire, que l'œil le plus exercé — n'étaient la couleur et le vif de la pierre — ne saurait point distinguer dans la construction neuve les portions rajustées de l'édifice primitif, telles que le porche si heureusement raccordé, où l'on voit les deux statues, œuvre de l'ymaigier Claux Sluter, de Marguerite de Flandres et de Philippe-le-Hardi, dont la commission départementale des antiquités a fait opérer le moulage par Pouchetty. — Tout le monument est devenu une masse d'une parfaite homogénéité. Une crête de plomb copiée sur celle du Grand-Hôtel-Dieu de Beaune, décore la toiture. Le même monument, orgueil de la ville de Beaune, a fourni les modèles de plusieurs girouettes du temple élevé sur les ruines de l'église des chartreux.

C'est dans un des préaux inscrits dans le vaste enclos de l'asile, que s'est conservé le puits de Moïse, don précieux du duc Philippe-le-Hardi. Cette œuvre de sculpture exécutée en

MCCCLXXXXIX, n'était autre chose que la base d'une immense croix rogatoire. Ce vaste piédestal hexagone, orné des statues de Moïse, David, Jérémie, Zacharie, Daniel et Isaïe, fait l'immortelle gloire du ciseau de Sluter, ce Phidias de la monarchie bourguignonne.

L'asile a été ouvert le 1er janvier 1843.

Si l'expression publique de la religion dominante, jadis si triomphale, si retentissante à Dijon, s'est prodigieusement restreinte dans cette ville qui avait un aspect bien plus liturgique, qui comptait plus de monastères et de paroisses qu'Autun même, la Rome de Bourgogne par ses souvenirs et son importance ecclésiastiques, la plupart des monuments où le culte s'exerçait, n'en existent pas moins veufs de leurs autels et des pompes dogmatiques qui leur donnaient la parole et la vie. — Jetons sur eux un rapide coup-d'œil.

SAINT-PHILIBERT. — La place de St-Philibert est l'ancien cimetière de Dijon, inscrit dans le clos abbatial de St-Bénigne, ce cœur du quartier de la chrétienté. Dès le IXe siècle, l'abbaye y fit ériger une chapelle pour les novices. Rebâtie sous l'ère romano-byzantine, elle devint paroisse, et n'a cessé de l'être qu'à la suite de notre première révolution. C'est un édifice de la belle époque romano-byzantine, dont l'apside toutefois a été coupée pour le percement d'une petite rue. Son clocher de pierre à base romane, dut offrir primitivement les quatre cornes tumulaires et le cosne octogonal du clocher génois tel qu'il est représenté à Saint-Augustin, à Saint-Cyr, à N.-D.-des-Vignes, etc., dans la noble métropole de la ligurie. Mais, au xve siècle, son couronnement changea, et on coiffa la base de cette admirable flèche à crosses végétales dont l'archétype est à St-Lazare d'Autun. Ce genre de flèches est essentiellement national en Bourgogne. L'inspiration qui la produite est éduenne; le premier et plus solemnel exemple qui en ait été donné, l'élan qui a propagé en d'autres contrées son imitation plus ou moins libre, plus ou moins servile, viennent d'Autun, reine de nos druidiques montagnes. C'est la flèche éduenne ou autunoise, imitée avec plus ou moins d'art à Meursault et à Nolay (Côte-d'Or), à St-Léger-sur Dheune (Saône-et-Loire), à Surgy (Nièvre), dans le midi de la France, à St-Philibert de Dijon, et copiée jadis sur place, à Autun même, dans le clocher détruit de l'abbaye de St-Andoche. On retrouve des exemples de cette flèche à Creil, à Boran (Oise), dans plusieurs villages de Picardie, entre

Abbeville et Amiens, notamment à Longpré (Somme). Le clocher de Maisons-Alfort près de Paris est également de la race éduenne. Mais le monument du genre le plus hautain, le plus majestueux, après l'archétype, est la flèche de la célèbre église de St-Savin (Vienne). Plus aiguë, plus haute et plus fière — proportions gardées — que celle d'Autun, elle est dans son genre, aussi excentrique que celles de St-Bénigne de Dijon et de St-Jean de Luxembourg. En arrivant par la route de Poitiers, l'église et la base de cette flèche se trouvant en contre-bas, le visiteur ne voit qu'une gigantesque épée dont la garde serait fixée dans le sol.

Bien que la flèche ne soit indiquée à Dijon ni par le ciel ni par les paysages, on voit qu'elle s'y est produite sous toutes les formes. C'est ce qui donnait et donne encore à l'archéologie oculaire de cette cité une si puissante signification. Des vues anciennes de Troyes et de Rennes représentent ces villes, comme hérissées de saillies monumentales aiguës ; mais la flèche n'y offrait pas la noblesse et la variété dijonnaises.

On remarque avec une religieuse attention la belle porte romano-byzantine encore ornée de restes frustes de fresques murales, ouverte sur le flanc méridional de St-Philibert. — De ce côté de la basilique, se dégage tout un gaz d'archéologie chrétienne antique. — C'est sous le pronaos de ce temple abandonné du culte que se faisait publiquement la réception des maires de Dijon. Le peuple ainsi scellait une solemnelle alliance avec ses magistrats. — Les formes et les traditions démocratiques sont anciennes en France, et notamment en Bourgogne.

Il serait vivement à désirer que ce temple, le plus antique du Dijon actuel, le seul qui ait conservé un aspect hiératique, fût rendu à la religion. St-Bénigne serait, comme St-Etienne de Metz, exclusivement affecté au service cathédral, et St-Philibert redeviendrait la paroisse. — Il serait beau de voir St-Jean dont nous allons parler, redevenir baptistère et compléter cette sainte trinité de monuments religieux, tous trois voisins et debout dans la région la plus liturgique et la plus chrétienne de Dijon. — Le sculpteur dijonnais Dubois était inhumé à St-Philibert.

Saint-Jean. L'église de St-Jean-Baptiste que Grégoire de Tours désigne avec la majesté romaine, du nom de Basilique-hors les-murs, n'a pas une origine bien constatée. J'ai lu quelque part, à une source réputée pure, qu'elle avait été fondée vers CLXXII, par St-Bénigne. Le germe de ce temple est toutefois généralement attribué à St-Urbain, évêque de Langres, qui l'aurait élevé, au IVe siècle, pour se faire à lui-même une chapelle sépulcrale et servir de baptistère aux peuples des campagnes, ce qui fit appeler les alentours de St-Jean, le *quartier de la chrétienté*. Après les obsèques de St-Urbain, la petite basilique fut donc exclusivement destinée à l'administration du baptême. C'était, je le répète, le baptistère du quartier de la chrétienté, à Dijon, ce qui explique le titre de doyen de la chrétienté, donné jusqu'à la fin du dernier siècle, au chef du chapitre de St-Jean. St-Urbain, quatrième évêque de Langres, y fut inhumé comme on vient de le dire. — Ce prélat était né au commencement du IVe siècle au village de Colmiers, près de Grancey-le-Château : il est probable que c'est ce saint Urbain et non point St-Urbain Ier, pape, né à Rome, qui reçut un culte particulier à Marsannay-la-Côte. Sa fête tombe le 23 janvier. Ce fut dans le temple vénérable de St-Jean de Dijon que le fils de Lothaire vint, en DLV, consulter les sorts des saints, comme nous l'avons dit au deuxième chapitre de cet écrit. St-Grégoire, seizième évêque de Langres, reçut aussi la sépulture à

St-Jean de Dijon. Cette église devenue d'abord conventuelle, puis paroissiale, après avoir, à diverses époques, subi des restaurations et des agrandissements, rebâtie radicalement au xve siècle, sur une échelle de 54 mètres de longueur, 31 de largeur, 23 de hauteur, fut érigée en collégiale. Deux de ses chanoines sont dignes de mémoire, Jean Juret et Leauté.

St-Jean de Dijon, orienté dans les conditions réputées liturgiques, est un des chefs-d'œuvre de l'architecture religieuse sous l'ère ogivale fleurie. Nulle part, si non à l'église naguère si brutalement détruite, des cordeliers observantins de Lyon, je n'ai vu d'aussi fines évolutions de meneaux, des fenestrages ramifiés avant autant de verve, d'aussi suaves profils distribués avec goût, avec une intelligente économie sur de grandes masses lisses. Son plan était celui de la croix latine dans toute son expression, bien qu'un auteur (feu Maillard de Chambure) ait eu le tort de dire qu'il accusait la croix grecque. Le vaisseau n'avait ni nefs mineures ni voûte, il était invertébré et se distinguait surtout par la hardiesse de sa charpente lambrissée de bardeaux. Indépendamment de sa flèche à réchaud et en charpente, plus svelte, plus osée encore que celle de Saint-

Bénigne, enveloppée de petits contreforts à sa base, comme cette dernière, placée au point d'intersection, il en existait deux autres secondaires, au sommet des deux tours posées aux flancs de l'apside. Ces trois saillies monumentales ont été détruites malgré les généreux efforts faits pour les conserver. On voit encore la base de la grande flèche, couronnée d'une girouette. Cette flèche avait été elevée en 1664, après la chûte de l'ancien clocher en 1645. C'est sous l'administration municipale de Claude-Auguste Durande, et, dit-on, à l'instigation de ce magistrat qui voulait dégager sa demeure et lui donner de l'air (ancien hôtel Perreney de Baleure, place St-Jean, n° 23), qu'on a coupé, en 1810, l'apside de St-Jean, pour élargir la rue devenue place de ce nom. — La même chose exactement est arrivée pour un croisillon à St-Martin de Metz. — Toutefois à Dijon, comme à Metz, cet acte de vandalisme s'est consommé sous l'influence d'une pensée historique qu'on est surpris de trouver dans ce temps (sous l'empire) : l'édifice ouvert par la démolition, a été refermé en majeure partie avec les mêmes matériaux, et l'art peut à la rigueur se consoler, car il retrouve les deux fenêtres ogivales, la rosace et l'*oculus*. L'apside de St-Jean se terminait carrément. Les deux tours ont été respectées et concourent par leurs belles proportions et leur admirable couleur à l'effet majestueux que produit la place St-Jean. — Convertie d'abord en halle aux foires, en magasin de fourrages, puis en bureau de pesage, cette église dont les verrières ont été en majeure partie rétablies à l'état incolore, est aujourd'hui l'un des marchés couverts de la ville de Dijon, celui du sud. Tout déchu, tout approprié à de vulgaires usages qu'il est, ce temple aux merveilleuses baies, peut encore servir aux études de l'artiste et mérite toute son attention. — La vue de St-Jean dessinée par M. Sagot dans *Dijon ancien et moderne*, est déplorable, les tours sont écourtées et basses : elles ne sont pas même conformes à cette échelle instinctive que dressent les yeux.

SAINT-ETIENNE. Sur la crypte où les premiers chrétiens dijonnais célébrèrent leurs pieuses et fraternelles agapes, s'éleva en CCCXLIII, une basilique sous l'invocation de St-Etienne, premier martyr. Desservie par des clercs qui menaient la vie commune, elle devint abbatiale. L'abbaye de St-Etienne, placée sous la règle de St-Augustin, après avoir été régie par 26 abbés réguliers, mise en commande en MDX, sécularisée et devenue collégiale en MDCXIII, fut érigée en cathédrale en 1731. Une monnaie particulière porta longtemps le nom de cette insigne église, elle s'appelait livre Estevenant (nummus Stephaniensis). Charles-le-Chauve avait permis en 874, à la prière d'Isaac, évêque de Langres, l'usage de cette monnaie locale. Robert Ier donna à l'abbaye de Saint-Etienne son droit sur la monnaie de Dijon et Eudes III la rétablit dans celui de faire tenir foires et marchés sur son territoire. Le monétaire de St-Etienne de Dijon est célèbre dans nos annales bourguignonnes. L'abbé avait juridiction presque épiscopale sur cinq paroisses de la ville et plusieurs de la campagne, dont les cures étaient à sa collation.

Les dates connues des diverses reconstructions partielles ou générales de l'église de St-Etienne, sont MXLV, le commencement du xiiie siècle, les commencements du xviie et du xviiie siècles. Les trois dernières seules se manifestent encore dans le vaisseau. Son clocher détruit, dont la substruction existe, était une espèce de coupole en charpente, enveloppée de petits contreforts elliptiques en forme de consoles, d'un aspect étrange en Bourgogne. — C'était le clocher flamand achevant d'attester la présence à Dijon de tous les genres de clochers. Ce campanille avait remplacé un clocher plus ancien, tombé en 1487.

La façade posée par application en 1721, au front de cette église, est une des plus belles épreuves de cette architecture religieuse-palatine inventée à Rome et imitée avec plus ou moins de bonheur et de verve, sur le territoire français. Cette façade à fronton triangulaire, d'architecture ionique et corinthienne, érigée sur les dessins de Noinville, est avec celle de N.-D. d'Autun, avec laquelle elle offre une analogie frappante, un des prototypes du genre que le monumentaliste doit noter. On admire sa magnifique couleur arlésienne, cette teinte dorée et chaude qui rappelle les splendeurs de la couleur romaine.

Ce fut dans ce temple que Guyton-Morveau mort en 1816, fit le premier essai de son procédé de désinfection de l'air. Il sert aujourd'hui de grenette ou halle au blé. Une foule de personnages dignes de mémoire avaient leur sépulture dans ce monument ecclésiastique, parmi lesquels je citerai Jean Bégat, l'antiquaire Jean-Baptiste Ménétrier, le célèbre Santeuil, temporairement inhumé à St-Etienne de Dijon, Bénigne Joly, Claude Fyot, historiographe de l'abbaye. Les bâtiments de l'ancien monastère de St-Etienne furent appropriés à la demeure épiscopale. En 1811, ils devinrent l'hôtel de la sous-préfecture de Dijon, depuis longtemps supprimée. Enfin, ils sont tombés dans le domaine des propriétés particulières. On voit encore le beau porche à arc ogival d'un type austère, qui servait d'entrée à l'abbaye, et l'inscription *gothique* :

AVE · SANCTE · STEPHANE

très-bien conservée, et qu'il faut bien se garder de mutiler.

Sainte-Chapelle. La Sainte-Chapelle fut fondée conformément au vœu fait par Hugues III, au milieu d'une tempête, d'élever, s'il échappait au péril, une basilique en l'honneur de la vierge Marie. L'édifice, le seul des anciens temples dijonnais où les règles de l'orientation aient fléchi devant des exigences géographiques de position, fut commencé en MCLXXII. C'était la paroisse des ducs, duchesses et enfants de Bourgogne. Les trois derniers princes de cette auguste maison y furent baptisés. Elle était le siège d'une confrérie du *corpus domini*, érigée en 1484. Quand les souverains de Bourgogne avaient reçu l'investiture à St-Bénigne, ils se rendaient à la Sainte-Chapelle où ils juraient derechef de maintenir les priviléges de la ville et de la duché.

Cette basilique, chef-lieu de l'ordre de la Toison-d'or, relevant immédiatement du Saint-Siège, rappelait les plus nobles souvenirs. On y voyait les écussons des chevaliers de cet ordre le plus illustre de tous les ordres de chevalerie, et les étendards pris par le Grand-Condé à la bataille de Rocroy, le mausolée de Nicolas de Montholon, des statues de Dubois, une assomption d'Attiret, la magnifique chapelle où se conservait dans un coffret d'or, présent du duc d'Epernon, la Sainte-Hostie, donnée en MCCCCXXXIV, par le souverain pontife Eugène IV, et qu'on exposait à la vénération des fidèles dans un ostensoir d'or fin, enrichi de pierreries, surmonté de la couronne d'or de Louis XII, offert en MCCCCLII, par la duchesse Isabelle. Louis XII vint en MDX adorer la Sainte-Hostie, Henri IV assista à la procession générale de la Sainte-Hostie, le 2 juillet MDLXXXXV, Louis XIV communia à la Sainte-Chapelle, le 16 mars 1650 et y offrit le pain béni, Marie-Thérèze accepta le bâton de la Sainte-Hostie, le 22 mai MDCLXXIV. Cette relique non moins célèbre que l'hostie miraculeuse de Faverney, de la petite Sainte-Chapelle de Dole (Jura), la robe du Christ de Trèves, et le Saint-Suaire de Besançon, était l'objet d'une procession générale qui attirait un grand concours sur son passage. Cette procession commencée pour la première fois en MCCCCLXXXVI, se faisait le jeudi de l'octave de la fête du *Corpus Domini*. Il existe une gravure faisant partie de mes collections, et représentant la Sainte-Hostie. On y voit J.-C. assis ; à sa gauche sont trois clous et un roseau, à sa droite est un coq sur un cippe.

Les nôces de Jean, duc de Bedfort avec Anne de Bourgogne, sœur de Philippe-le-Bon, en 1423, et celles de Marguerite de Bourgogne avec Artus III, duc de Bretagne, auxquelles assistait le duc de Bedfort, furent célébrées à la Sainte-Chapelle de Dijon. Le troisième chapitre général de l'ordre de la Toison d'or devenu espagnol, de Bourguignon qu'il était, se tint dans ce temple, à l'occasion de la naissance du comte de Charolois, en MCCCCXXXIII. — Le chapitre ecclésiastique de la Sainte-Chapelle ducale de Dijon se composait de vingt chanoines, non compris les dignitaires : ils avaient le privilége de *baiser en la joue* les duchesses de Bourgogne, quand elles faisaient leur première entrée dans l'auguste basilique.

La façade de la Sainte Chapelle, tournée au midi, se terminait par un gable ou pignon, elle était percée à sa région inférieure d'une grande porte ogivale au-dessus de laquelle régnaient deux étages superposés, composés le premier d'une arcature à trois subdivisions, le deuxième de deux fenêtres *gothiques* subdivisées. Dans l'aiguille du pignon s'ouvraient deux autres petites baies ogivales. Un contrefort ou plutôt un piédroit saillant partant de l'extrados de l'arc ogival du portail, et venant s'amortir à la cîme du pignon, partageait toute cette surface en deux zones égales. Deux tours d'un type sévère flanquaient la façade. L'une, celle du couchant était inachevée, l'autre très élevée se terminait par un toit à quatre eaux d'où jaillissait une petite flèche, comme au clocher de N.-D. De Dijon; cet appareil offrait quelque analogie avec le clocher-beffroi de Dole (Jura). Deux petites portes surmontées d'un oculus très-petit, étaient pratiquées sous ces clochers.

La flèche en charpente, ornée, comme le beffroi de Beaune, de la couronne ducale et renfermant — dit-on — une cloche d'argent, posée au point d'intersection, offrait une transparence, une légèreté, une grâce inouies, et concourait avec celles de St-Jean, de St-Bénigne, de la Chartreuse, à former ce qu'on nommait populairement dans la province, les *grands clochers*. C'était un vieux dictum bourguignon : aller voir les *grands clochers*, c'était se rendre à Dijon. — Cette flèche était plus svelte et avait des proportions infiniment plus justes que celle de Saint-Bénigne. De légers contreforts entouraient son réchaud comme aux flèches de St-Bénigne et de St-Jean.

Le magnifique cloître de la Ste-Chapelle avait été brûlé. Quant à la basilique proprement dite, elle se développait sur une échelle de 61 mètres en longueur, 19 mètres 50 centimètres en largeur, 20 mètres 50 centimètres en hauteur. A la suite de la première révolution française, sa démolition fut adjugée le 5 fructidor an X. Il ne reste aujourd'hui du monument qu'un seul arc aveugle, adhérent aux dépendances orientales de l'ancien palais des Etats de Bourgogne. Aucune élévation intérieure ou extérieure complètes, n'ont survécu à la destruction de ce regrettable édifice. Cependant, avec la petite vue de sa façade gravée par feu M. de Mimeure, et que je m'estime heureux de posséder, avec l'arc restant qui accuse le système général de la profilation, avec les régions visibles de la Ste-Chapelle, relevées dans les diverses vues gravées de Dijon, notamment dans celle du *Voyage pittoresque de la France*, qui la montre partiellement en flanc, sur toute sa longueur, on croit qu'il serait possible de reconstruire par la pensée et le dessin, cet antique et grave monument. Un Dijonnais dévoué à l'histoire de son pays, M. Vionnois, juge au tribunal civil de Montpellier, aidé dans ses recherches et ses soins par M. Fevret de Saint-Mesmin, s'est prescrit cette tâche, ce devoir de piété filiale, et s'apprête à imiter M. Leglay qui a rebâti par les documents écrits et traditionnels, et par quelques traces dessinées, la belle basilique métropolitaine détruite de Cambray.

Eglise des Carmélites. Les carmélites avaient été fondées à Dijon en MDCV, par Anne de Jésus de la Lobère, compagne de Ste-Thérèze; c'est le premier monastère de filles établi à Dijon. D'abord placées dans la rue Charbonerie, elles furent transférées sur l'emplacement de l'hôtel de l'abbé d'Ogny. La façade de leur église qui existe encore, est un des monuments les plus riches que je connaisse, de la renaissance avancée. Les dessins furent donnés par Nicolas Tassin, Dijonnais. La presse lithographique moderne a donné des vues de cette façade. M. Sagot, artiste plein d'imagination et de verve dans ses dessins, mais infidèle, ne relevant presque jamais sérieusement un édifice, le représentant sans proportions et sans justesse, a donné dans *Dijon ancien et moderne,* une vue de cette façade où il a mis ce qui n'est pas. La plus vraie, la plus pure est celle à l'échelle, gravée par Monnot, dans le deuxième volume des mémoires de la commission d'antiquités. Le monastère des RR. carmélites est aujourd'hui converti en caserne de cavalerie, et l'église sert de maison d'arrêt militaire.

Eglise de Saint-Nicolas. Cette ancienne paroisse d'abord bâtie au faubourg de son nom, puis démolie, puis reconstruite, puis renversée de nouveau, et enfin transférée dans la cité en MDVI, a été définitivement razée en 1792. — C'était un édifice de la renaissance avancée, dont son clocher, seul reste du monument, indique l'âge et le type. Il renfermait la tombe du peintre Quantin. Le clocher n'a été conservé qu'à cause de son horloge qui est fort utile à tout ce quartier populeux et compact. Il contribue noblement, du reste, à l'effet général des saillies monumentales de la ville de Dijon.

Eglise des Jacobins. Les frères prêcheurs dijonnais furent fondés en MCCXXXVII, par Alix de Vergy. Leur église demeurée debout, est un vaste vaisseau du xiiie siècle, d'une teinte bistrée, d'un caractère grave, avec traces de réminiscences romano-byzantines. Il a 59 mètres de longueur, 16 mètres 50 centimètres de hauteur, 24 de largeur, et a été converti en marché couvert. C'est aujourd'hui le marché du nord. Des membres des familles dijonnaises Godran et Lecompasseur, Charlotte d'Orléans y eurent leur sépulture. — Dans le xive siècle, les maires et échevins de Dijon se réunissaient dans les salles claustrales des dominicains. L'université de droit y fit ses leçons publiques, de 1723 à sa suppression en 1790, et l'académie des sciences, arts et belles-lettres, tint ses séances dans ce monastère, jusqu'à l'époque où elle acheta son hôtel.

Hôtel de la Préfecture. Sur l'emplacement de l'hôtel de Chabot et de l'hôtel de Bénigne Frémyot, père de madame de Chantal et de l'archevêque de Bourges, Bouhier de Lantenay fit construire en 1750, sur les projets de Lenoir, le magnifique monument que nous voyons aujourd'hui, type accompli de l'hôtel français du dernier siècle. Il devint celui de l'intendance de Bourgogne, et enfin celui de la préfecture de la Côte-d'Or. Le premier préfet qui l'habita fut Charles-Philippe Toussaint Guiraudet, mort à Dijon, le 5 février 1804, généralement pleuré. Aucune ville de premier ordre n'a une demeure préfectorale plus majestueuse et plus noble que celle-ci par ses salons, son jardin, la richesse de sa façade, etc.

PALAIS DES ARCHIVES. Lorsque la maison de ville dijonnaise fut transférée à l'ancien palais des Etats, sous le règne de Louis-Philippe Ier, un vaste monument se trouva prêt pour recevoir l'immense et précieux dépôt des archives générales de l'ancienne Bourgogne. Commençons donc ici, pour la finir au logis-du-roi, l'histoire abrégée de la maison-commune de Dijon. Jusqu'au commencement du xvie siècle, la commune dijonnaise n'avait connu d'autres lieux de réunion des magistrats, que le cloître des jacobins en hiver, et les jardins de l'abbaye de St-Bénigne, en été, tradition et continuation du vieil usage des comtes, de tenir en plein air, le *mallum publicum*, sur l'herbe silencieuse des polyandres ou sous le pronaos des basiliques. En MCCCCLXXXXIX, la ville acheta de Marguerite Rolin, seule héritière du chancelier, l'hôtel qu'il possédait, et qui fut presque radicalement reconstruit au commencement du xviiie siècle, sur les projets de Gabriel. Pendant cette reconstruction, la commune aurait — dit-on — temporairement siégé dans une maison aujourd'hui détruite de l'ancienne rue des Singes actuellement comprise dans la rue Chabot-Charny. — Si ce fait est vrai, on aurait fait à Dijon ce qui a été fait à Beaune et plus tard à Nuits, dans le cours de ce siècle, le centre eût été porté à la circonférence. — Lorsque les assemblées communales avaient pour théâtre ou un jardin ou un porche d'église, alors la bureaucratie était loin d'avoir réalisé les prodiges qu'elle étale maintenant avec tant de complaisance à nos yeux. — Ce fut le 3 avril 1500, que les maire et corps-de-ville tinrent leur première séance à l'hôtel Rolin, après n'avoir jamais été logés que d'une façon précaire, depuis l'érection de la commune dijonnaise, en 1187.

Une foule de belles natures et de caractères vraiment antiques ont honoré la vicomté et l'échevinage de Dijon. La précieuse série des jetons des vicomtes-maïeurs, fut commencée en MDIX, sous Bénigne de Cirey.

Il ne reste de primitif dans le palais des archives, qu'une belle fenêtre *gothique* faisant sans doute partie de la chapelle domestique du chancelier. Etabli dans le monument occupé aujourd'hui par les archives, l'hôtel-de-ville dijonnais avait autour de lui de l'espace et des souvenirs communaux qu'il n'a point retrouvés au logis-du-roi. Les vestibules, le grand-escalier, le salon d'honneur, sont majestueux et vastes. On y remarque une riche cheminée et un admirable plafond de bois rappelant dans toute sa pompe, le style ornemental français de Louis XIV, les portraits authentiques peints, des quatre ducs de la seconde race royale, pareils a ceux qui se voient dans la salle du bureau, du Grand-Hôtel-Dieu de Beaune, et les inscriptions suivantes, peintes sur bois :

PIERRE · IEHANNIN · EMPECHA · PAR · SA
SAGESSE · QVE · LA · VILLE · DE · DIION
N'EPROVVAT · LES · HORREVRS · DE · LA
SAINT · BARTHELEMY · EN · AOVT · M · DLXXII

NOS · PERES · MECONNVRENT · VN · MOMENT
LEVR · DEVOIR · EN · M · DCXXXI · LE · ROI
LEVR · PARDONNA · CEDANT · AV
PATRIOTISME · ELOQVENT · DE · CHARLES
FEVRET

MARC · ANTOINE · MILLOTET · MAIRE · PAR
SA · COVRAGEVSE · FERMETE · MAINTINT
EN · $\overline{\text{M}}$ · DCXLVIII · A · DIION · L'AVTORITE
DV · ROI · PENDANT · LES · GVERRES · DE
LA · FRONDE

LONGTEMPS · LA · LIGUE · MECONNVT
HENRI · $\overline{\text{IV}}$ · ENFIN · PAR · LES · SOINS · DV
MAIRE · FLEVTELOT · CE · BON · PRINCE
ENTRA · DANS · DIION · EN · IVIN · $\overline{\text{M·DLXXXXV}}$

SEMVR · A · VV · LE · PRESIDENT · FREMYOT
FIDELE · ET . COVRAGEVX · PENDANT . LA
LIGVE · NOS · PERES · RENDVS · A · LEVR
DEVOIR · L'ONT · ELV · MAIRE · EN
$\overline{\text{M · DLXXXXVI}}$

A l'extérieur de l'édifice, sur une tablette de marbre noir, est encore la légende suivante, donnant la date certaine de la reconstruction du monument :

REGNANTE · LVDOVICO · MAGNO
AVSPICIJS · SERENISSIMI · HENRICI · IVLĪ
BORBONĪ · PRINCIPIS · CONDEI
AEDEM . HANC · MVNICIPALEM
VETVSTATE · CADVCAM
VICE · COMES · MAIOR · ET · SEX · VIRI
DIVIONENSES
CVM · PROCVRATORE · REI · COMMVNIS
VTILITATIS · PVBLICAE · CAVSA
RESTITVENDAM · CVRARVNT
ANNO · SALVTIS · M · DCCVII

C'est en 1831 que l'hôtel-de-ville dijonnais fut transféré au palais des Etats. Dans la demeure qu'il a quittée, siègent aujourd'hui la commission départementale des antiquités de la Côte-d'Or, avec ses collections archéologiques, son musée lapidaire, sa bibliothèque, la petite école dijonnaise des chartes, plus nominale qu'effective, la conservation des archives générales de l'ancienne Bourgogne, magnifique dépôt contenant les diplômes, lettres-patentes, titres, recensements de l'ancien parlement, de la chambre des comptes, de la plupart des communautés, maisons-fortes et châteaux situés sur le territoire des départements actuels de la Côte-d'Or, de Saône-et-Loire, de l'Ain, de l'Yonne, et une petite portion de l'Aube qui comprend l'ancien enclave bourguignon de Bar-sur-Seine. Cette collection naguère entassée au logis-du-roi, est la plus nombreuse de France après celle des archives nationales; on ne peut écrire sur l'histoire de Bourg-en-Bresse, de Mâcon, de Montluel, de Lyon même, sans y recourir. C'est sous le pérystile du palais des archives que fut amenée et déposée par les soins de la commission des antiquités, la belle colonne milliaire trouvée à Sacquenay, sur la voie de Langres à Genève, portant cette inscription :

TI · CLAVD · DRVSI · $\overline{\text{F}}$ · CAESAR · AVG
GERMANIC · PONT · $\overline{\text{M}}$. $\overline{\text{X}}$ · TRIB
POTEST · $\overline{\text{III}}$ · IMP · $\overline{\text{III}}$ · $\overline{\text{P}}$ · $\overline{\text{P}}$ · COS · $\overline{\text{III}}$
DESIGNAT · $\overline{\text{IIII}}$ · AND · $\overline{\text{M}}$ · $\overline{\text{P}}$ · $\overline{\text{XXII}}$

Un fonctionnaire départemental logé dans cette demeure à qui M. Chaper a donné le nom un peu ambitieux de palais, est, sous le titre de conservateur, préposé à la garde de ces archives, successivement dirigées, depuis qu'elles forment un établissement indépendant, par feu M. Boudot, feu M. Maillard de Chambure, M. Rossignol et M. Joseph Garnier, maintenant en exercice. Les archives de Bourgogne possèdent aussi une bibliothèque historique, des plans et cartes précieux. Les collections archéologiques, la bibliothèque de la commission des antiquités, occupent la région du palais consacrée à ses séances et le grand vestibule réservé au musée lapidaire. Cette commission à laquelle on regrette de ne pas voir une sœur à Mâcon, pour le département de Saône-et-Loire, doit son origine à un arrêté de M. le préfet de la Côte-d'Or (M. Chaper), du 1er octobre 1831, provoqué par dépêche ministérielle du 29 octobre 1830. Elle tint sa première séance à l'hôtel de la préfecture, le 15 novembre 1831. M. Baudot père fut son premier président. Ce fut sous le préfectorat du même magistrat qu'elle prit les développements et l'organisation régulière, causes de son influence et de sa vie actuelles.

Hôtel-de-ville. Posé hors de l'horizon dijonnais, l'ancien logis-du-roi ou palais des Etats, ne paraîtrait qu'un monument vulgaire. — Voici son passé. Le deuxième palais des ducs construit sur des ruines romaines, près du primitif château (emplacement du palais de justice), datait du xe siècle. Augmenté par Hugues III, il fut radicalement réédifié par Philippe-le-Hardi en MCCCLXVI. Ce fut sous le règne de Philippe-le-

Bon que fut achevée la haute tour appelée la *terrasse*. Après la mort de Charles-le-Téméraire, cette demeure abandonnée aux gouverneurs de la province, se dégrada sensiblement. « Seuls, les Etats de Bourgogne, lors de leurs réunions — dit M. Maillard de Chambure, rendaient une apparence de vie à ce grand palais désert, qu'on réparait un peu à chaque session, pour garantir de la pluie et du vent, le gouverneur de S. M. et les élus-généraux. » Pendant les guerres de la ligue, ce vieil édifice souffrit beaucoup du canon du château bâti par Louis XI, plusieurs pans de murailles se détachèrent, et sa démolition fut résolue. On ne laissa subsister que la tour dite de Brancion ou de Bar, à cause de la captivité de René, duc d'Anjou, et de Bar, élargi en 1432, la *terrasse* et la façade encore visible sur la place récemment baptisée du nom des Ducs de Bourgogne, et qui formait naguère encore une terrasse aujourd'hui nivelée, complantée d'arbres qu'on a détruits sans pitié.

Un des plus précieux priviléges de la Bourgogne était d'être administrée démocratiquement par ses Etats dont l'élément remonte aux premiers ducs, puisque le roi Robert en prenant possession de la duché, en MXV, confirma solemnellement leurs droits constatés par l'accord qu'ils avaient fait avec lui. — Et on s'étonne maintenant que sur la vieille terre catholique et libérale de Bourgogne, les idées démocratiques soient si avancées ! Mais elles sont devenues traditionnelles dans ce pays d'indépendance et de loyauté.

Les Etats de Bourgogne qui continuaient sinon la puissance, au moins l'esprit de nationalité des ducs, entreprirent, sur les projets de Noirville, élève de Mansard, d'exécuter comme dernier emblême de l'existence indépendante du pays, le palais actuel et la place qui se développe devant lui. L'aîle occidentale du monument déjà presque complète en 1733, fut terminée en 1775, par le célèbre Gauthey, de Chalon-sur-Saône, architecte du château de Chagny. Le centre et l'aîle orientale, les deux guérites couronnées de trophées, naguère rebâties, la grille, n'arrivèrent au terme de leur construction qu'en 1784. L'avant-corps du levant n'existait pas encore quand Lallemand dessina la vue de l'édifice, pour le tôme 2 (estampes) du *Voyage pittoresque de la France*, publié en 1784, car il n'y est point représenté. Au lieu de la grille continue servant de clôture à la cour d'honneur, on voit une porte de fer sans guérites, s'ouvrant entre deux grandes murailles monumentales, fermant l'espace. L'avant-corps occidental aurait été modifié, si l'on s'en rapporte aux dessins contemporains. Ainsi, la porte de cette aîle est représentée dans l'un des médaillons entourant le plan de la ville publié en 1759, inscrite dans un grand arc qui monte jusqu'à la toiture, mais ne se retrouve plus dans la vue générale du palais gravée en 1784.

Il ne subsiste donc plus aujourd'hui de l'ancien manoir de nos ducs, comme je l'ai indiqué plus haut, que la tour de la *terrasse*, celle de *Bar*, la salle des gardes, les cuisines ducales et le puits dont l'eau était servie sur la table des souverains. — Le tremblement de terre de MCCCLVI, les incendies de 1417, 1473 et 1502, les guerres de la ligue et les bâtiments des xviie et xviiie siècles, ont fait disparaître tout le reste.

L'aîle occidentale formait à proprement parler le palais des Etats. On admire son escalier d'honneur, élevé par le célèbre Gabriel en 1733. Le centre du palais était occupé par le prince-gouverneur, quand il résidait à Dijon; on remarque la beauté des salons dont l'ensemble formait ses appartements et servent aujourd'hui à la mairie. — L'empire français vit s'utiliser les trois palais distincts dont la réunion forme le vaste édifice que nous contemplons. L'aîle occidentale devint le palais sénatorial où résidait le titulaire de la sénatorerie de Dijon, le centre fut réservé à la cour impériale, à la cour d'assises, à la 6ᵉ cohorte de la légion-d'honneur qui comprenait les départements du Doubs, du Jura, de la Haute-Saône, de la Côte-d'Or, de Saône-et-Loire, de la Nièvre et du Léman ; les archives départementales et le musée de Dijon furent logés dans l'aîle orientale et ses dépendances. Sous la restauration, le palais de la sénatorerie fut affecté aux gouverneurs de Dijon. Ce corps de bâtiment forme un tout parfaitement régulier, sous la figure d'un carré dans lequel est inscrite une cour, ce qui donne à l'édifice quelque analogie avec le palais italien. Malheureusement la grande porte du monument, s'ouvrant sur la rue de la Liberté (Condé), n'est pas exactement dans l'axe de la porte correspondante communiquant à la rue des Forges. — C'est le Louvre dijonnais, comme le Louvre de Paris, traversé continuellement par la foule.

Les principales régions du palais des Etats furent achetées par la ville en vertu du décret impérial du 28 février 1809, de la légion-d'honneur, moyennant une rente perpétuelle de 5,000 francs par an. Ce n'est qu'en 1831 que la cité, par acte du 19 avril 1831, reçu Mᵉ Gaulot, notaire à Dijon, acquit de l'Etat représentant l'ancienne sénatorerie, les bâtiments formant l'aîle occidentale, pour une somme de 120,381 fr. — Depuis la translation de la commune dans ce palais, tous les établissements municipaux s'y sont concentrés. — Voici, en somme, l'énumération de toutes les destinations remplies par le corps de logis principal et les dépendances du monument. La synagogue des juifs, l'oratoire évangélique, le bureau des poids et mesures, la mairie, le bureau de police, la caisse d'épargnes, le magasin des pompes, l'école spéciale des beaux-arts, le tribunal de commerce, l'auditoire des justices de paix, les archives de la ville (placées avant 1789 dans une salle du clocher de Notre-Dame), ont leur siège dans l'ancien palais ou ses dépendances. La direction de la poste-aux-lettres qui s'était momentanément établie dans l'ancienne sénatorerie, a été transférée au nord du principal corps de logis, derrière la façade de l'horloge. Le parc d'artillerie et l'Etat-major de la garde nationale, avant leur dissolution en février et mai 1849, se trouvaient dans les mêmes locaux. La société de lecture de Dijon a sa bibliothèque à l'ancien palais des Etats. La société philharmonique y donne ses concerts : l'exposition des produits de l'industrie de la Côte-d'Or y a eu lieu en 1837; la société des amis des arts y exposait ses tableaux; la nouvelle exposition d'objets d'arts ouverte le 27 avril et fermée le 1er juin 1849, y a également eu lieu. Là siègera probablement encore le congrès archéologique indiqué pour la fin de mai 1848, mais que les évènements survenus en février, rendirent impossible, et dont l'ouverture est maintenant fixée au 8 août 1849. La galerie de Flore, la salle qui précède celle de la société philharmonique, et le grand escalier qui y conduit, ont servi aux diverses expositions de fruits et de fleurs dijonnaises. Celle dans la galerie de Flore (de 33 mètres de longueur), remonte au mois d'août 1837, et a été la plus belle. — A ce propos disons qu'une société d'horticulture et d'arboriculture manque à la ville de Dijon. On a suppléé à cette absence par l'établissement d'un marché aux fleurs dijonnais, qui, à partir du 1er mai se tient tous les quinze jours sur la place située entre le logis-du-roi et la salle de spectacles, dont le trottoir occidental est affecté à l'étalage des plantes en petits pots. L'art des pépiniéristes, du reste, prospère à Dijon, particulièrement entre les mains de MM. Chambellant et Jacotot. — Le concierge du musée, un magasin de fer, le bureau des logements militaires sont encore placés dans ce palais. Là se sont données, se donnent, se donneront toutes les grandes fêtes politiques, là se faisait avec une solemnité sans pareille l'ouverture de l'Assemblée des Etats triennaux de Bourgogne. Les assises de la Côte-d'Or et la cour royale ont continué à y siéger au commencement de la restauration, jusqu'à la translation des hautes cours de justice dans l'ancien prétoire. Dès 1816, le procès du général Vaux et de MM. Hernoux, Léjéas et Royer eut lieu dans le local actuel. Le congrès des vignerons s'y est assemblé en 1846, et après la révolution de 1848, il est devenu le point de réunion de deux clubs dijonnais. Là encore dans les majestueuses salles correspondant au magnifique escalier d'honneur, se sont données, se donnent et se donneront les fêtes publiques et concerts d'apparat. L'école gratuite de musique est située dans les dépendances du palais où l'on professe aussi les cours de géométrie appliquée aux arts et de mathématiques populaires (tour de Bar). L'académie des sciences, arts et belles-lettres de Dijon et sa bibliothèque occupent encore dans le logis-du-roi devenu palais communal, depuis que la municipalité s'y est fixée, deux salles qui leur ont été cédées par délibération du conseil municipal, du 20 novembre 1841. Le corps-de-garde militaire de la place et l'ancien corps-de-garde de la garde nationale, sont compris dans les mêmes constructions, abritant aussi quelques industries particulières, parmi lesquelles je citerai le bazar de la Côte-d'Or, la librairie de M. Décailly, les riches expositions de MM. Tagini et Barbizet. — En 1831 ou 1832, M. Belot, alors adjoint, avait fait enlever les archives municipales du lieu où elles sont aujourjourd'hui sous le grand escalier des Etats, pour convertir cette salle voûtée en prison de la garde nationale. C'est M. Victor Dumay qui, en 1833, les a fait déposer de nouveau dans ce local, ainsi que les belles boiseries vernissées qui les supportent et qu'on avait transportées avec les papiers, dans les combles.

C'est dans l'aîle orientale du monument que se trouvent les deux collections lapidaires de la ville, l'une sous le guichet vers l'entrée du grand-musée et vis-à-vis la porte de l'académie, l'autre dans le vestibule de l'escalier conduisant aux galeries de peinture, sculpture, etc., toutes les salles servant à l'exposition des tableaux, au véritable trésor du cabinet des gravures, à la réunion des objets d'art et de curiosité historique et archéologique, des chapelles portatives des ducs ou retables d'autels de l'ancienne chartreuse, dont M. de St-Mesmin a dirigé avec tant de persévérance la restauration, des statues, etc., de la ville de Dijon. — On sait que les musées de cette cité sont au nombre des plus riches de France, par le nombre et la variété des œuvres d'art exposées aux yeux. Presque toutes les écoles y sont représentées par des originaux ou des copies, et l'école dijonnaise, entr' autres y tient un rang distingué. On peut se faire une juste idée de l'opulence dijonnaise en ce genre, en parcourant la notice publiée en 1842 par M. Fevret de Saint-Mesmin. — Le cabinet des gravures est une immense collection, précieuse à tous les points de vue, et ayant un conservateur particulier, sous le titre de conservateur-adjoint du musée.

Le musée de Dijon était fort ancien. Il y avait dans cette ville une collection de tableaux dont l'exhibition se faisait dans les fêtes publiques. — C'est là sa première origine. — Sa seconde origine, il la doit à François Devosges, né à Gray (Haute-Saône), mais devenu Dijonnais par une réciproque adoption, comme il arriva d'Artaud, à Lyon. Réorganisé en 1794, après l'anarchie, par

Calès, il fut pour la première fois ouvert au public en 1799. Son local fut agrandi en 1820, sous l'administration municipale de M. Morelet. Il reçut de 1821 à 1830, des embellissements notables, sous celle de M. de Courtivron père, et de 1830 à 1837 sous la mairie de M. Hernoux, et ne cessa de s'enrichir sous celle de M. Victor Dumay.

A l'établissement du musée dijonnais se rattache la fondation de l'école spéciale des beauxarts de Dijon, née comme le musée, sous l'inspiration de François Devosges, comme l'atteste cette inscription :

A · LA · MEMOIRE
DE · FRANCOIS · DEVOSGES
FONDATEVR · ET · PROFESSEVR
DE · L'ECOLE · DE · DESSIN
PEINTVRE · ET · SCVLPTVRE
DE · DIION
LA · CREATION · DE · CET · ETABLISSEMENT
LA · FORMATION · DV · MVSEE
DVES · A · SON · ZELE
CONSERVERONT · A · IAMAIS · SON · SOVVENIR
DANS · LE · COEVR
DE · TOVS · LES · AMIS · DES · ARTS

La fondation de cette école longtemps connue sous le nom modeste d'école spéciale de dessin, singulièrement encouragée par B. Legouz de Gerland, date de 1755. Douze ans après, elle fut prise sous la protection des Etats de Bourgogne par délibération des élus, du 30 décembre 1767. Elle eut, par suite de la fondation de ses prix extraordinaires, des pensionnaires à Rome. Avant 1789, elle y envoya trois peintres, Gagneraux, Prudhon, Naigeon, quatre sculpteurs, Renaud, Bertrand, P. Petitot et N. Bornier. — Ce fut le temps de sa gloire. — Aujourd'hui, bien que la classe d'architecture lui ait été ajoutée, elle est déchue de sa haute renommée et a perdu une partie de son influence artistique. Elle est toutefois représentée à Paris, maintenant par Jouffroy, Garraud, Lécurieux, Frillié. Logée tour-à-tour dans une maison de la rue Jehannin, dans des salles contigües au musée, à l'ancienne église du collége des Godrans, l'école de Bourgogne a été tout récemment menacée, depuis le régime républicain, d'une suppression complète qui, espérons-le, ne la frappera jamais. Elle occupe aujourd'hui la région supérieure de l'hôtel-de-ville. — Mais, après cette indispensable digression, revenons au musée.

L'empire fut prodigue de sa munificence envers la galerie dijonnaise de tableaux. La salle des gardes de l'ancien palais ducal, dont l'admirable cheminée *gothique* merveilleusement restaurée et conservée, forme un des plus beaux ornements, a reçu les tombeaux de Philippe-le-Hardi et de Jean-sans-Peur et Marguerite de Bavière son épouse, ces chefs-d'œuvre princiers de l'art du moyen-âge, ces monuments que toute l'Europe intelligente et artiste vient contempler à Dijon. Violemment arrachés aux caveaux de la chartreuse, mis en pièces par suite de la délibération du conseil-général de la commune de Dijon, du 8 août 1793, on n'en peut croire à ses yeux, quand on les retrouve intacts dans la seule et dernière salle du palais ducal de Bourgogne. — C'est que tous leurs débris furent recueillis par des mains patriotiques et pieuses, c'est que la synthèse en a été opérée sous l'empire d'un chaleureux amour de la contrée, de l'histoire et de l'art; c'est qu'on a su habilement remplacer ce qui manquait, ici un doigt, là un denticule, plus loin une statuette, etc. Ce travail de recomposition est l'œuvre éternellement méritoire de M. Fevret de Saint-Mesmin. MM. Saint-Père, Moreau et Marion, de Semur, n'ont été que les zélés auxiliaires et les instruments manuels de cette pensée si dijonnaise et si ferme. Ce fut en décembre 1827, que ces deux tombeaux ont été exposés aux regards avides du public. Claux Sluter fut l'artiste principal du mausolée de Philippe-le-Hardi, et Jehan de la Verta, dit d'Aroca, tailleur d'ymaiges, demeurant à Dijon, l'artiste principal de celui de Jean-sans-Peur.

La restauration vraiment fabuleuse de ces tombeaux, a réveillé comme une ombre d'esprit bourguignon et d'orgueil national dans les cœurs dijonnais.

Voilà les divers et nombreux usages auxquels sert aujourd'hui l'assemblage des constructions monumentales qui formaient le palais des Etats. Il y a soixante ans environ qu'il n'a plus reçu dans ses vastes et magnifiques salles, ces élus-généraux qui administrèrent avec tant de générosité et d'éclat, la noble Bourgogne, qui ont éternisé leur passage par tant de monuments bâtis, gravés, frappés, sculptés, par tant de routes, d'acqueducs, de plantations, etc. Les Etats de Bourgogne faisaient frapper des médailles dans différentes circonstances : une des plus belles est le moyen bronze présentant au revers, les armes de Bourgogne moderne, avec la légende :

MARIAGE · DE · XII · FILLES · DOTEES · PAR LES · ETATS · DE · BOVRGOGNE · A · LA NAISSANCE · DE · M · LE · DAVPHIN
M·DCCLXXXXI

Sur la face, les portraits de Louis XVI et de Marie-Antoinette, avec l'inscription :

LOVIS · XVI · ROY · DE · FRANCE · ET · DE NAVARRE · ET · MARIE · ANTOINETTE · I · I D'AVTRICHE · REINE   (Duvivier.)

Les élus soutinrent toujours avec une patriotique énergie et une haute indépendance, les priviléges et franchises de la province, et surent résister à l'autorité royale elle-même, notamment au roi Henri IV, lorsque par un édit, il augmentait les droits sur le sel.

Qu'est-ce, je vous le demande, qu'une session de quelques jours d'un conseil-général de la Côte-d'Or, de Saône-et-Loire, en comparaison de la chambre permanente des Elus et de la tenue des Etats de Bourgogne?...

L'ordonnance générale du palais des Etats qu'il faut maintenant appeler l'hôtel-de-ville de Dijon, assez pauvre au fond, malgré le peu de luxe sérieux qui présida à son architectonisation, est, par ses deux avant-corps surtout, d'un effet Louis XV complet. Il frapperait bien plus vivement les regards, si la place d'Armes avait étendu son hémycicle, et si, de son aire, le spectateur pouvait embrasser à la fois et le corps-de-logis principal, et les aîles, et les dépendances. La tour de la *terrasse* ou tour ducale où un observatoire a été établi depuis 1778, s'élevant au centre du palais, domine avec fierté la ville de Dijon, comme la dernière sentinelle du moyen-âge ducal et dijonnais. Cette tour donne au logis-du-roi comme à l'horizon dijonnais, un accent, un type, un caractère admirables. C'est le symbole de la cité. Elle remplace à Dijon un genre de monument éminemment communal et civil, qui lui manque, je veux parler du beffroi. Chalon-sur-Saône, Beaune, Nuits, Auxerre, Avallon ont encore ou ont eu leur beffroi. Rien n'annonce que cet édifice ait jamais existé à Dijon. — On a gâté la *terrasse* par l'application de deux télégraphes heureusement posés en flanc, et sa plate-forme inscrite dans une délicieuse galerie *gothique* par une immense girouette de la forme la plus vulgaire. Les deux jolies guérites Louis XV, comme je l'ai dit plus haut, situées aux limites de la grille, ont été remplacées par deux petits monuments d'un goût irréprochable, mais inopportun. Une horloge dont le cadran transparent est éclairé la nuit, a été placée dans l'avant-corps, au centre de la façade principale. Un arbre de liberté planté dans la cour d'honneur, en 1830, et la grande zône blanche que la direction télégraphique a établie sur la tour ducale, blessent les regards du spectateur un peu initié aux convenances relatives et aux jouissances visuelles. Il serait urgent de débarasser le rez-de-chaussée des avant-corps latéraux du palais, des boutiques et des industries privées qui les occupent, ou tout au moins d'assujétir ces magasins à un système de décoration uniforme, en harmonie avec l'édifice, comme on l'a fait à Lyon, dans les mêmes conditions, pour les boutiques du rez-de-chaussée du palais des Arts. — Ce monument a été entièrement regratté et mis à neuf en 1847.

Bâti de matériaux assez vulgaires (moyen appareil), parmi lesquels la simple pierre mureuse joue un rôle important dans les avant-corps, le palais des Etats ne peut être mis en parallèle comme échelle et comme composition, ni avec l'hôtel-de-ville de Lyon construit avec une si rare énergie en pierres de taille coupées dans le vif, ni avec la façade orientale du Grand-Hôtel-Dieu de cette métropole, et pourtant il produit beaucoup plus d'effet que le premier de ces monuments, et presque autant que le second. Il a un caractère palatin et solemnel qui leur manque ; il est posé dans des conditions visuelles heureuses. Ce qui marque le plus dans ce vaste édifice, au point de vue théâtral, ce sont les deux façades si monumentales des deux avant-corps latéraux, ornées de balcons, à colonnades, couronnées de frontons ornés de bas-reliefs, chargés de trophées; et c'est de trois-quart qu'il faut les contempler.

M. Belin, architecte dijonnais, est auteur d'un projet d'achèvement du palais au levant, par une façade parallèle au théâtre. Cette façade serait celle de l'école des beaux-arts. La tour de Bar serait conservée et démasquée. L'architectonisation aurait un caractère grave et pittoresque. Sur le pavillon central on lirait les mots :

ECOLE · DES · BEAVX · ARTS

Les noms de Cellerier, P. Petitot, Charles Renaud, Nicolas Bornier, Lejolivet, Prudhon, N. Lebault, B. Gagneraux, Pierre Quantin, Lallemand, seraient inscrits dans les frises.

Il y a dans la vue de ce palais, de tout le quartier qui l'entoure, un charme oculaire difficile à exprimer, une immense musique des yeux, avec peu de grosses notes, mais une inouïe variété répandue dans l'unité. La rue Condé (de la Liberté) qui fut percée dès l'année 1720 et se développe sur une ligne droite entre deux rangs parallèles de maisons symétriques, la rue Rameau dont la colonnade vue de profil, du nouveau théâtre, celle de St-Etienne à la robe d'or, et l'harmonieuse façade de St-Michel embellissent l'horizon, la place d'Armes enfin, ornée d'arcades d'architecture florentine rustique, formant une anse demi-circulaire devant le logis du-roi, tout cela est d'un magique aspect, d'une perspective toute romaine, et qui semblerait avoir été étudiée dans un but direct, comme une décoration scénique, et arrangée comme un musée. Pour la saisir en majeure partie, il faut se poser presque à la corde de l'arc formé par la place. — Cette vue *grise* le spectateur, elle lui procure une sorte d'ivresse. Il y a dans toute cette harmonie, dans tout ce fracas de colonnades et de profils, tout un effet d'Athènes qui justifierait ces paroles de l'*itinerarium Galliæ*, imprimé avant qu'il n'existât dans les conditions présentes : « Hac urbe nihil in Burgundiâ pulchrius. » — La rue de la Liberté (Condé), du reste, quoique régulièrement bâtie, est pauvre de profils et d'architecture.

Sur cette place trop étroite pour le monument qui l'ombrage et trop semblable à une cour, s'élevait la statue équestre de Louis XIV, populairement nommée le *cheval de bronze*, fondue par Le Hongre, en 1690, posée en 1747, et brisée le 12 août 1792. — S'il eût existé en 1792 des releveurs de légendes historiques, comprenant le prix de la langue inscriptionnaire, les inscriptions placées sur la base de cette statue, eussent été écrites par eux, et nous n'en serions pas réduits à ne savoir pas au juste ce qu'elles disaient. Les documents authentiques manquent à cet égard. On croit seulement qu'elles furent composées par Boze, et il paraît qu'il résultait de l'une d'elles que tout l'ouvrage (piédestal et posage) avait été fini en 1747, sous les élus Andoche Pernot, abbé de Citeaux (clergé), Thiard de Bissy (noblesse), Voisenet, maire de Semur (tiers-état). — S'il ne me fût pas venu à l'idée de recueillir en 1847, les inscriptions de la statue équestre de Louis XIV à Lyon, peut-être les aurait-on déjà oubliées, car elles ont été détruites à la suite des évènements de février 1848.

MUSEUM D'HISTOIRE NATURELLE. Le premier jardin botanique de Dijon remonte à Ph. C. Marie Varenne de Beost, agronome, qui l'établit en 1760, au climat des Argentières. Bénigne Legouz de Gerland, ancien magistrat, offrit en 1772 à l'académie et au collége de médecine de Dijon, un emplacement propre à établir un jardin botanique, au levant de la ville, près de l'allée de la retraite. La cité engagea tour-à-tour J.-J. Rousseau, de Genève et Gouan, de Montpellier, à venir y professer un cours public. Le docteur Durande père, à leur refus, se chargea de ce cours continué ensuite par Durande fils, MM. Vallot et Morland, avec le concours de conservateurs-démonstrateurs dont Tartelin fut le premier. La ville voyait avec douleur son jardin botanique s'étioler sur un sol ingrat, lorsqu'une partie du clos des chartreux joignant l'arquebuse, put être acheté par elle en 1832, des héritiers de Madame veuve Crétet. La translation du jardin des plantes fut immédiatement décidée, sur le nouvel emplacement d'une contenance excédant deux hectares. Cette translation s'opéra effectivement en 1833. Le nouveau jardin botanique, en communication directe avec le jardin de l'arquebuse, dont il est limitrophe, est admirable de bonne tenue, de prospérité et d'exposition, situé dans les conditions les plus favorables à la culture des arbres et des plantes rares. Ses serres sont belles et riches : on se croirait presque, en les visitant, au jardin des plantes de Montpellier, le plus beau de la France provinciale.

Le jardin botanique de Dijon est, pour ainsi dire, placé sous la consécration de Legouz de Gerland dont le buste le décore. Au bas de ce buste, cette simple et noble inscription, recommande aux cœurs dijonnais la mémoire du citoyen bienfaisant :

PRISTINO · DIVIONENSIS · HORTI CONDITORI

La ville a utilisé le vaste bâtiment de l'arquebuse, dont l'origine remonte à 1608, dont Montigny fit élever la vaste galerie, que Henri IV honora de sa présence, et où fut rendu le grand prix de 1715, remporté par un chevalier beaunois. On y a placé le riche museum dijonnais d'histoire naturelle, ouvert le 1er mai 1836. C'est là où se professe le cours public de botanique.

Vignes dijonnaises. Puisque nous venons de parler du jardin botanique, réparons un oubli involontaire. Le territoire de la commune de Dijon produit quelques vins connus : les *Marcs-d'or*, vins de rôti, les *Violettes*, en rouge, les *Montre-culs* et les *crais de Pouilly*, en blanc. Quant aux *Poussots* (ancienne forêt des Druides), aux Argentières, ils ne produisent qu'un vulgaire gamay. MM. Lorey et Duret, ont publié une excellente *Flore de la Côte-d'Or*, à laquelle nous renvoyons.

URINOIRS PUBLICS. C'est à M. Victor Dumay qu'on doit l'établissement de plusieurs urinoirs publics dans la ville de Dijon. Ces petits monuments si favorables à la décence et à la salubrité publiques, offrent une forme élégante.

CHATEAU-D'EAU. La ville de Dijon manquait d'eaux potables. Depuis 300 ans, des projets tendant à pourvoir, en ce genre, aux besoins des habitants, germaient dans la tête de leurs magistrats. Enfin, les eaux de la source du rosoir, jadis proposée par Sambin, ont été amenées à Dijon, l'an 1840, sous l'administration municipale de M. Victor Dumay, et distribuées dans la ville par l'établissement des bornes-fontaines. Le château-d'eau élevé sur l'emplacement de la croix rappelant la mission de 1823-24, est un joli petit monument dont M. Emile Sagot a donné le dessin, mais toutefois ne pèse pas en valeur spécifique d'art, le poids de l'argent qu'il a coûté. Il porte le millésime $\overline{\text{M}\cdot\text{DCCCXXXIX}}$

Le problème de l'amenage à Dijon, d'eaux salubres, pour les usages domestiques, a été résolu par M. Darcy, ingénieur en chef de la Côte-d'Or. Le conseil municipal a consacré à cet heureux évènement, deux médailles, l'une d'or, du plus grand module, du poids de 242 grammes, et deux d'argent, sur lesquelles on lit l'inscription ci-dessous, au revers. La face représente le petit monument qui couronne le réservoir de la porte de la Liberté (Guillaume), et en arrière-plan les principaux édifices de Dijon, groupés. Autour est l'exergue :

LA · SOVRCE · DV · ROSOIR · AMENEE · A
DIION · L'AN · M · DCCCXL

Voici la grande inscription, rédigée par l'académie des inscriptions et belles-lettres de l'Institit de France :

A · H · P · G · DARCY
INGENIEVR · EN · CHEF
DV · DEPARTEMENT · DE · LA · COTE · D'OR
IL · CONCVT · LE · PROIET
FIT · TOVTES · LES · ETVDES
POVRSVIVIT · IVSQV'A · LA · FIN · L'EXECVTION
DES · TRAVAVX · AVX · QVELS · DIION
DOIT · LA · CREATION · ET · L'ABONDANCE
DE · SES · FONTAINES
IL · NE · VOVLVT · ACCEPTER · NI
REMVNERATION · PECVNIAIRE · NI · MEME

L INDEMNITE · DE · SES · PROPRES · DEPENSES
LE · CONSEIL · MVNICIPAL · OFFRE · VN
TEMOIGNAGE · DE · LA · RECONNAISSANCE
PVBLIQVE
A · H · P · G · DARCY
DOVBLEMENT · BIENFAITEVR
DE · SA · VILLE · NATALE
PAR · SON · TALENT
PAR · SON · DESINTERESSEMENT

Deux autres médailles en argent et 600 en bronze, ont été en outre consacrées au même souvenir. Voici leur légende :

LE · CONSEIL · MVNICIPAL · DE · DIION
PAR·DELIBERATION·DV·V̄·MARS·M̄·DCCCXXXIV
REALISANT · LES · PROIETS
TENTES · VAINEMENT · DEPVIS · TROIS·SIECLES
POVR · PROCVRER · A · LA · VILLE
DES · EAVX · SALVBRES
VN · LEGS · DE · L ABBE · AVDRA
CONTRIBVANT · A · LA · DEPENSE
LES · CONSTRVCTIONS · DV · RESERVOIR
CIRCVLAIRE
QVI · CONTIENT · X̄X̄Ī · MILLE · HECTOLITRES
ET · DE · L'ACQVEDVC · SOVTERRAIN
LONG · DE · X̄ĪĪ · MILLE · D̄C̄ · LXXXXV · METRES
DEBITANT · VIII · MILLE · LITRES·PAR·MINVTE

FVRENT · COMMENCES
LE · XXI · MARS · M · DCCC · XXXIX
ACHEVES · LE · VI · SEPTEMBRE · M · DCCC · XL
D'APRES · LES · PLANS
ET · SOVS · LA · DIRECTION · HABILE
AVTANT · QVE · DESINTERESSEE
DE · H · P · G · DARCY
INGENIEVR · EN · CHEF
DV · DEPARTEMENT · DE · LA · COTE · D'OR

La belle médaille du Rosoir a été reproduite sur plâtre par le mouleur Puchetty. On peut voir tout ce qui concerne la délibération du conseil municipal de Dijon, sur cet objet, dans l'extrait imprimé des registres de ce conseil (séance du 4 mai 1846, M. V. Dumay, maire, président et rapporteur de la commission chargée, sur la proposition de ce magistrat, d'indiquer les moyens de témoigner la gratitude de la ville à M. Darcy). Il est fâcheux que les légendes de la médaille du rosoir n'aient pas été rédigées dans la seule langue véritablement inscriptionnaire et immuable, le latin.

Une jolie tour udromètre a été, sur les dessins de M. Paul Petit, construite à Montmusard, sur le deuxième réservoir des fontaines. Elle représente, dans sa neuve architectonisation, l'art pittoresque du xve siècle.

La gloire de M. Darcy comme hydrauliste est complète. Pourquoi donc ce savant ingénieur n'a-t-il pas appliqué aux voies nationales et départementales de la Côte-d'Or, qui doivent leur ruine à ses déplorables partis-pris et à son obstination systématique, les connaissances routières vraies qu'il ne peut manquer d'avoir?

Lycée. Ce vaste monument que fit élever en 1625 le président Odebert, pour y transférer l'hospice de Ste-Anne primitivement et temporairement établi par lui au faubourg d'Ouche, fut approprié par suite de notre première révolution, à de nouveaux usages. Il devint d'abord le collége. A la formation des écoles centrales, il fut affecté à celle du département de la Côte-d'Or, reçut plus tard le lycée impérial, qui sous les règnes de Louis XVIII, Charles X et Louis-Philippe Ier, se convertit en collége royal, et que la république française de 1848 a rebaptisé du nom antique de lycée. Nul asile n'est plus favorable que celui-ci à sa destination. Cet établissement est un des plus florissants du genre.

Théatre. L'origine du théâtre dijonnais remonte à 1743. Il fut établi dans le jeu de paume, appelé le *tripot des Barres*, acheté par la ville en 1717, et dépendant, sous nos ducs, de l'hôtel de Beaufremont, rue Buffon. En 1825 et 1826, on jouait encore dans cette vieille salle de spectacle, sorte de boyau très-peu favorable à l'acoustique, d'où sortit toutefois, pour Dijon, la révolution musicale, par l'introduction du goût italique et des opéras de Rossini. C'est là où firent fureur le *Barbier de Séville*, la *Cendrillon*, la *Pie voleuse*, etc., du grand-maître de l'école italienne moderne, partitions pleines de verve pour lesquelles Castil-Blaze sut écrire un livret français.

Il faut avoir été étudiant à Djon, de 1818 à 1828, *légiste*, pour employer l'expression dijonnaise, y avoir eu sa pension chez la Moneuse, la Gatelier ou chez Château, sa chambre garnie rue Piron, pour comprendre le théâtre dijonnais de ce temps-là, le curieux sans-façon qui y régnait, le vil prix moyennant lequel on s'abonnait pour les entrées, la licence des conversations dans ce lieu, la facilité avec laquelle on s'introduisait sur les coulisses et au foyer des actrices.

Une partie de l'emplacement de la Ste-Chapelle, par une violation ouverte des convenances, n'offrant de compensation que l'avantage d'une position centrale, fut choisie pour l'emplacement d'un nouveau théâtre. L'adjudication de ce monument fut tranchée le 10 août 1810; les travaux marchèrent si lentement que l'inauguration du théâtre consacrée par les vers de Briffaut, enfant de Dijon, n'eut lieu que le 4 novembre 1828, sous l'administration municipale de M. de Courtivron père. Cet édifice grec qui rachète par la somptuosité de son foyer et l'élégance de son portique, les vices de sa construction intérieure qu'une dernière restauration n'a pas fait disparaître, produit un très-noble effet au milieu des monuments de tous les âges qui lui font cortége, et complète le plus imposant quartier de Dijon. Cette blanche colonnade fait un agréable contraste avec la façade sémi-gothique de St-Michel, tout comme le prétoire lyonnais, à l'ombre de la basilique de St-Jean. Le charme oculaire du théâtre dijonnais serait plus attachant encore, si sa toiture au lieu de s'amortir aux deux croupes par un simple poinçon d'une effrayante nudité, qui la rend acéphale, était couronnée par deux paratonnères à girouettes ornées. Ce monument a été construit sur les dessins de l'architecte Cellerier. En creusant les fondations des murs, on découvrit une statue équestre et plusieurs objets d'art antique.

Le temps est bien passé où les grands maîtres de la scène française ambitionnaient les applaudissements du parterre dijonnais. Les beaux temps de la scène dijonnaise se sont évanouis avec le bel-esprit, la spirituelle causerie, les anciennes mœurs de Dijon : ils correspondent au dernier siècle. Le théâtre de Dijon alors si redouté des comédiens médiocres, tenait dans l'opinion le premier rang après la comédie française et la scène de Rouen. Son âge d'or fut celui où il était logé au *tripôt des Barres*. C'est là que les pièces de Beaumarchais trouvèrent un de leurs plus intelligents publics, dans ce peuple de bourgeois spirituellement malins et ricaneurs de Dijon au xviiie siècle, et de robins hommes de goût. — Depuis que le théâtre dijonnais trône dans un palais grec, sa gloire a pâli, son astre s'est voilé. Aujourd'hui, ce théâtre est ouvert à tous les genres, à la comédie, à la tragédie, au drame, au vaudeville même, à la tragédie et à la comédie lyriques, au ballet, par hasard. Le conseil municipal de Dijon a montré, à l'endroit du théâtre, une parcimonie funeste à sa prospérité. La plupart des grands et petits opéras italiens et français, comme le siége de Corinthe, Guillaume Tell, le Cheval de bronze, Robert-le-diable, le Pré-aux-clercs, Zampa, la Juive, ont été toutefois montés avec éclat sur cette scène, dans ces dernières années.

Cimetière. Le docteur Hugues Maret, père du duc de Bassano, est le premier écrivain médical, qui ait appelé l'attention des gouvernants, sur les dangers de la présence des cimetières au milieu des grands centres agglomérés de population. Les cimetières des paroisses de Dijon furent réunis en un seul, par suite des mesures inspirées par les mémoires de Maret, et le champ de mort général ou des sept paroisses, fut placé vers 1783, sur l'emplacement qu'il occupe aujourd'hui. La décoration de ce cimetière, déjà singulièrement agrandi, et naguère encore augmenté, tant la mort l'emplit vîte, est convenable et digne. Il ne faut le comparer ni au cimetière de Loyasse, à Lyon, ni à celui du Père Lachaise, à Paris, pour le luxe des sépultures. C'est un cimetière comme celui de Chalon-sur-Saône, où la mode actuelle des somptueux mausolées commence à fleurir. Au milieu d'un peuple de monuments funèbres vulgaires, on distingue quelques tombeaux où les convenances du style lapidaire ont été religieusement observées. Je citerai la tombe Borthon et le monument offrant l'épitaphe suivante :

CAR · IR · ERN · DE · BROSSES
SIBI · ET · SVIS
HOC · MONVMENTVM · POSVIT
AN · REP · SAL · M̄ · D̄C̄C̄C̄X̄X̄

Un tombeau dijonnais a de la solemnité, c'est celui où on lit l'épitaphe en lettres vulgaires, de :

MADAME · CHARLOTTE · NICOLAS · IOSEPH
MARIE · IOLY · DE · BEVY · EPOVSE · DE
M · I · B · L · GVSTAVE · DE · BEVVERAND
M̄ · D̄C̄C̄C̄X̄L̄ĪĪĪ

Plusieurs citoyens dignes de mémoire reposent dans cette enceinte, comme le professeur Devosges, le professeur de droit Carrier, Théophile Berlier, Prieur (de la Côte-d'Or), Proudhon, Vivant Carion, Mademoiselle Quarré, etc.

Un des plus beaux monuments funéraires du cimetière de Dijon, est celui de la famille de Loisy : c'est d'une style ferme, simple, digne de l'autorité et du silence des tombeaux. M. Monot, habile graveur dijonnais a publié un charmant album des plus intéressants tombeaux du cimetière dijonnais.

HALLES. La trace des anciennes halles aux marchands forains et autres, bâties par la ville en

MCCCCXXVI, sur un emplacement provenant de la famille Champeaux, ce qui les fit appeler longtemps *halles Champeaux*, subsiste toujours, dans le populeux quartier de St-Nicolas. — C'était autrefois le marché fixe de la chair salée et des assaisonnements. En MCCCCLIX, elles furent augmentées, et en 1666, on y plaça les foires établies par Louis XIV, qui continuèrent celles accordées par nos ducs, aux abbayes de St-Etienne et de St-Bénigne, et qui se tenaient sur les places dépendant de ces monastères.

CLAIRVAUX. On voit derrière la place Suzon, aux limites du rempart et à l'angle de la rue Chantal, une suite d'arcades régulières, d'une belle construction et d'une belle couleur; c'est le reste du manoir que l'abbaye de Clairvaux possédait à Dijon, et qui depuis longtemps avait perdu sa première destination, puisqu'avant 1789, il formait, comme j'ai eu occasion de le dire, une caserne de vétérans.

EVÊCHÉ. Le palais épiscopal formait le nouvel abbatial de St-Bénigne, qui se trouvait anciennement dans la rue actuelle Dr Maret, dans ce bâtiment qui servit d'intendance avant la translation de cette administration à l'hôtel de la préfecture. C'est un délicieux petit monument, d'un goût tout italique, qu'orne un joli système de décoration vermiculée. Une charmante petite porte neuve, d'un style renaissance parfaitement historique et parfaitement juste, et portant le millésime :

$$\overline{\text{M} \cdot \text{DCCCXXXIX}}$$

a naguère remplacé l'ancienne, à côté de la grande porte par laquelle on accède dans la cour du palais.

Grand-Séminaire diocésain. Le petit séminaire du diocèse de Dijon étant établi à Plombières-lès-Dijon, le grand-séminaire seul réside dans la ville épiscopale. Il occupe les bâtiments demeurés debout de l'ancienne abbaye de St-Bénigne.

Ecole de droit. L'ancien collège dijonnais des jésuites, fondé par testament d'Odinet Godran, en 1581, était une véritable université au petit pied, et presque l'image du *Collége romain*, par suite des institutions de chaires ajoutées à l'élément primitif, et des legs faits en sa faveur par Pierre Fevret, Pasquelin, Bernard Martin, Jean de Berbisey. C'était un des colléges les plus riches de France. Ses bâtiments d'une imposante ordonnance sont aujourd'hui le siége de l'école de droit de Dijon, naguère menacée de suppression, malgré la célébrité dont elle a joui dans ces dernières années par l'enseignement des Proudhon, des Ladey, des Louis-Romain Morelot, etc. On voulait — disait-on — donner en compensation à la ville de Dijon, sa faculté des lettres, la chaire de littérature comparée. — Espérons qu'un de ses beaux fleurons ne tombera pas de la couronne dijonnaise. — Le père Lacordaire, bourguignon, plus célèbre peut-être comme éloquent joûteur de la chaire, par les coups de canon de ses paroles politico-sacrées, que comme véritable apôtre, est élève de l'école de droit de Dijon. La plupart des gloires du barreau de Lyon, feu Journel, Sauzet, etc., se formèrent à ses enseignements. — Il y eut un temps à Dijon, de 1818 à 1828, où les étudiants en droit avaient acquis une véritable célébrité, par leurs goûts tapageurs et le tumulte de leurs mœurs. Dijon offrait une innombrable quantité d'exemples de la vie d'étudiant dans toute la plénitude de ses plaisirs, de son désordre. Le temps de ces *casseurs de glaces et d'assiettes,* de ces *briseraison* d'estaminets et de lieux publics, de ces duellistes furieux, est passé, heureusement pour les familles et les bonnes études, et le fameux café *Frascati,* théâtre de tant d'exploits dans ce genre, n'existe plus que dans nos souvenirs. — Cette école date de 1806 et représente l'ancienne université de droit de Dijon, qui donnait ses leçons aux jacobins. L'école normale primaire est également fixée dans le même édifice formant un assemblage régulier et vaste de constructions inscrivant des cours et préaux. L'ancienne église n'offre point d'une manière générale et absolue, le type de toutes celles bâties par les jésuites, bizarre mélange de lieux-communs, de rhétorique monumentale ou plutôt de galimathias, d'une renaissance ampoulée et d'ornements hybrides. Le bon goût dijonnais a exercé ici quelque influence. Le clocher de cette église couronné d'une jolie petite coupole en charpente, posée sur une plate-forme, ayant une certaine analogie avec celle du beffroi de Nuits, ne manque ni de noblesse ni de grâce. — C'est l'horloge publique et comme le beffroi du quartier. On vient de restaurer et de repeindre les cadrans de cette horloge.

C'est dans le même monument qu'est conservé le riche dépôt de la bibliothèque publique de Dijon, commencée par fondation en 1701, formée de celles des jésuites, des monastères supprimés et de dons particuliers. On y voit un globe terrestre de 2 mètres 27 cent. de diamètre, fait avec la plus grande exactitude par le P. Legrand, religieux capucin, de la maison de Dijon. Ce temple de la science est comme le Plutarque illustré dijonnais et bourguignon; il offre aux regards les traits de la plupart des hommes dignes de mémoire, dont nous sommes justement fiers, les bustes de Bossuet, Crébillon, Piron, Rameau, Buffon, Bouton de Chamilly, Vauban, Bouhier, de Brosses. Cette bibliothèque, ouverte au public, tous les jours, le lundi excepté, de 11 heures à 3, du 1er novembre au 1er septembre, atteint presque le chiffre de 50,000 volumes imprimés, et possède près de 600 manuscrits. Un riche médailler établi en 1829, en dépend.

Obélisque du Canal. Ce monument est loin d'offrir la solennité, la belle couleur et l'harmonie de l'obélisque élevé dans le même but direct, à Chalon-sur-Saône, près de l'ancienne gare du canal du centre; il fut pourtant construit comme celui de Chalon, sur les dessins d'Emiland-Marie Gauthey. Le canal de Bourgogne fut commencé en 1784. La première pierre de l'obélisque érigé sur le bassin de ce fleuve artificiel, a été posée par le prince de Condé (Louis-Joseph de Bourbon), le 24 juillet 1784. Une médaille du plus grand module avec l'exergue :

VTRIVS · QVE · MARIS · IVNCTIO · TRIPLEX
fut frappée pour éterniser le souvenir de cette entreprise. Ce canal a été ouvert à la navigation pour la partie comprise entre Dijon et la Saône, le 14 décembre 1808, et pour celle entre cette ville et l'Yonne, le 2 janvier 1833.

Porte St-Bernard. La muraille du rempart qui fermait la rue des Godran et en formait un impasse, a été entamée, et cette brêche a servi à l'établissement de la nouvelle porte de St-Bernard. M. l'architecte Lacordaire, frère du dominicain, fut le créateur du quartier neuf placé sous l'invocation du grand apôtre du moyen-âge. La construction de ce quartier beaucoup trop vanté, n'a pas demandé de notables frais d'invention, de vastes efforts d'inspiration et de verve; c'est tout uniment une place demi-circulaire à laquelle aboutissent des rues en éventail, imitation libre de ce qu'on voit à Carlsruhe (Baden), avec des maisons précédées d'un petit jardin de curé ou de trappiste, très-propres à se plier aux exigences du phalanstère. Au fond de la rue centrale percée dans l'axe de celle des Godran, s'éleva pendant quelques mois, sur un beau piédestal, représentant l'ère romano-byzantine d'architecture, aujourd'hui veuf de son monument, la statue en bronze de St-Bernard, transférée à St-Bénigne, à la suite des évènements de février 1848, œuvre du sculpteur dijonnais, Jouffroy, inaugurée avec pompe, le dimanche, 7 novembre 1847. — Sur le socle de cette statue dont l'ensemble et les détails eurent pour auteur M. Lacordaire, on lisait les inscriptions suivantes :

A · SAINT · BERNARD
NE · A · FONTAINES · LES · DIION
EN · M · XCI

(face antérieure.)

ERIGE
PAR · SOVSCRIPTION
VII · NOVEMBRE · M · DCCCXLVII

(face postérieure.)

La porte St-Bernard est une simple grille qui n'a rien de somptueux. M. Lacordaire, généreux donateur de l'emplacement, a voulu éterniser son œuvre si profitable à l'embellissement, à l'assainissement, à la religion des souvenirs, à la piété de la ville de Dijon, par l'inscription :

ARCAM · HANC · FOSSAM · VRBIS · NVPER
PRIVATVM · DEINCEPS · AGRVM
CIVITATI · PLERAM · QVE · DONO · DEDIT
CIRCVMQVAQVE · REGIONEM · INSTITVIT

AEDIBVS · FORVM · HOC · INTRA · ANNOS · V̄
DECORAVIT
AC · SANCTO · BERNARDO · TOTVM · OPVS
DEDICAVIT
DIVIONENS · ARCHIT · A · L · LACORDAIRE
M · DCCCXLV

Cette légende est placée à l'angle occidental de la rue percée dans l'axe de la porte, au fond de la place, sur une plaque de marbre noir, avec lettres dorées. — Il est évident que le zèle, le dévouement, le désintéressement, le culte de M. Lacordaire, ont été dignes des plus grands éloges, que son but suprême, en bâtissant le quartier Saint-Bernard, était une pieuse consécration, qu'il voulait surtout préparer un vestibule à la statue du fondateur de Clairvaux.

De cette porte, on gagne par une avenue, la route nationale n° 74, de Chalon-s.-S. à Sarreguemines, se dirigeant sur Langres, et la route départementale n° 3, de Dijon à cette dernière ville par Is-sur-Tille et Selongey.

Porte de la Liberté. La porte dont nous allons parler doit son vieux nom historique et populaire de Guillaume à la mémoire de l'abbé Guillaume dont elle fait revivre la mémoire. Elle n'a pris le nom officiel de porte de la Liberté que depuis nos dernières révolutions. Elle était jadis pratiquée sous une ancienne tour circulaire démolie en 1783. A sa place on éleva, en 1784, sur les dessins de Maret, ingénieur-voyer de la ville de Dijon, le bel arc de triomphe, d'architecture dorique, que nous voyons aujourd'hui, et que feu Girault a fait graver dans ses *essais*. Il avait été question de transférer là, l'arc de triomphe qui se trouvait vis-à-vis le logis du roi ; mais comme il arrive presque toujours dans les translations de monuments, les matériaux se délitèrent, et on renonça à l'entreprise. L'arc triomphal érigé en l'honneur du prince de Condé (Louis-Joseph de Bourbon), gouverneur de la Bourgogne, prit le nom de porte Condé, et en 1792, celui de porte de la Liberté qu'il a repris en 1830 et 1848, sans jamais que la population ait cessé de l'appeler Guillaume. Cette porte offrait de belles inscriptions latines données par Girault, remplacées à la première époque révolutionnaire, par la déclaration des Droits de l'homme. Parmi les louanges décernées au prince-gouverneur, dans ces légendes, on remarquait celle :

OMNIBVS · LITTERARVM · ARTIVM · ET
COMMERCIORVM · ADIVMENTIS
LOCVPLETAVIT · ET · ORNAVIT

Sous la restauration, on avait posé à la cîme de cet arc triomphal, un char allégorique, traîné par des chevaux d'un très-noble effet, à la première entrée à Dijon de la famille des Bourbons. Cet appareil monumental n'ayant ni le marbre ni le bronze pour matière, n'a pu résister aux intempéries de l'air, et nous l'avons vu détruire dans les dernières années du règne de Charles X.

Par cette porte, la route nationale n° 5, de Paris à Genève, entre dans Dijon, confondue avec les routes nationales n° 70 d'Avallon à Combeau-Fontaine, et n° 71 de Dijon à Troyes, et les routes départementales n° 6, n° 7 et n° 11.

Porte d'Ouche. La porte d'Ouche offre à peu près la même histoire que la précédente. Son vieil appareil militaire fut remplacé par une grille inscrite entre deux pilastres ornés de trophées, d'un majestueux aspect, œuvre de Lejolivet, au dernier siècle. Ce monument s'harmonisait merveilleusement et avec le pont Aubriot, sur l'Ouche, qui le précède, et avec la grille et la façade de l'hôpital général posée vis-à-vis de lui. Quant au pont Aubriot, il fut restauré dans le xviii siècle et mis dans l'état actuel par M. Vionnois, ingénieur, dont les fils vivent encore. Les lions caparaçonnés qui le décorent faillirent être mis en pièces, pendant le grand accès révolutionnaire de 1793, comme monuments du despotisme : heureusement un intelligent stratagème sauva ces objets d'art.

Par ce pittoresque ensemble, l'entrée de la ville de ce côté, avait une rare solemnité. L'administration du chemin de fer a fait haro sur cette porte et les souvenirs qu'elle rappelait. Un ignoble viaduc mis à la place du monument, fait croire à l'étranger qu'une citadelle est devant lui. La première pierre de cette porte de geôle a été posée par le duc de Nemours, le 17 septembre 1843. On trouve dans le nouveau guide pittoresque du voyageur à Dijon, par M. Goussard, page 340, l'inscription placée à l'époque de cette cérémonie, dans les fondations de l'édifice. Il y a seulement une erreur dans la date qui, sur la plaque de bronze, au lieu d'être du 19 septembre 1843, est du 17 septembre (dimanche). On s'occupe à l'heure qu'il est de démolir en partie ce viaduc. N'est-il que provisoire, sera-t-il seulement modifié ou tout-à-fait remplacé par un monument moins indigne de Dijon ? C'est ce que l'on ignore absolument.

M. Belin, architecte à Dijon, est auteur d'un projet qui concilierait aux exigences de la ligne de fer, conditions matérielles auxquelles on ne peut échapper, les besoins des yeux et, par une ornementation sévère, mais pittoresque satisferait à la chose d'art. MM. les ingénieurs en permettront-ils l'adoption?...

A la porte d'Ouche aboutit la route nationale n° 74 de Chalon-s.-S. à Sarreguemines, et près d'elle est le débarcadère du chemin de fer de Paris à la Méditerranée.

PORTE NEUVE. C'est une œuvre médiocre et froide de 1741. Elle se nommait autrefois porte Bourbon. Elle conduit au faubourg St-Michel. La route nationale n° 70, continue par un embranchement sur cette porte, son trajet vers Gray.

PORTE ST-NICOLAS. Bâtie en 1137 sous la protection d'une tour circulaire prodigieusement élevée, reconstruite en 1443, abaissée en 1630 et démolie en 1811. Elle eut les noms de porte au Comte-de-Saulx et de porte St-Jacques. En 1846, la ville acheva et démolit le bastion qui en obstruait les abords, et la nouvelle porte, simple grille de bois, attend encore qu'un caractère plus monumental lui soit imprimé. — La route nationale n° 74 sort de Dijon par cette direction.

PORTE ST-PIERRE. La vieille porte St-Pierre,

couronnée d'une tour, flanquée d'un bastion, percée obliquement par rapport a la rue Chabot-Charny, a disparu de nos jours. Près de la nouvelle porte, on voit encore un des deux pilastres, style Louis XV, qui ornait les abords de l'ancienne. Nous avons aujourd'hui au lieu de l'ancien viaduc, une grille se développant entre deux corps de bâtiments neufs, d'une belle structure, ornés de frontons avec bas-reliefs. Le fronton du bâtiment à droite du spectateur arrivant d'Auxonne, représente en bas-relief, le symbole de l'académie de Dijon, tel qu'il figure sur son sceau. Ces constructions ont été élevées sur les projets de M. Papinot, en 1838, finies en 1839.

Cette entrée de Dijon a une rare magnificence. Les travaux d'embellissement, de redressement de cette porte datant, si je ne me trompe, de 1838 et 1839, ont coïncidé avec l'établissement du vaste bassin, des plantations et du jet d'eau qui ornent la place, entre l'entrée du cours et celle de la ville. — L'aspect de cette région dijonnaise, on peut le dire sans jactance et sans enflure, est d'une splendeur toute romaine, et rappelle la fameuse place *del Popolo*. Elle a aussi, par ses élégants préaux, quelque analogie avec la place de la Concorde, de Paris. Cet effet sera bien plus magnifique encore quand le flanc à gauche du spectateur sortant de la ville, qui commence à se bâtir, sera entièrement peuplé de somptueuses demeures.

La route nationale n° 5, traverse cette porte pour gagner Auxonne, et les routes départementales n°s 4, 5 et 12 y aboutissent.

J'ai parlé ailleurs de l'établissement des boîtes de la poste-aux-lettres aux portes de Dijon.

Mes recherches pour savoir à quelle époque la poste-aux-lettres et la poste-aux-chevaux furent établies à Dijon, ont été infructueuses. Je n'ai rien trouvé de bien précis qui constatât que ces établissements s'y soient formés plus tôt ou plus tard que dans toute autre capitale provinciale, en conformité des édits et ordonnances. — Aucune route secondaire n'entre directement à Dijon sans avoir emprunté pour peu ou pour beaucoup les routes nationales.

Remparts. Les fortifications de Dijon, depuis le petit château romain, éprouvèrent beaucoup de vicissitudes : elles s'étaient peu à peu épanouies dans la plaine, après l'invasion des Sarrazins, en 731, les pillages des Normands en 888 et 891 et la prise de Dijon par Robert de Vermandois, en 959. L'incendie de 1137, arrêta l'accroissement de la cité. Ce ne fut qu'en 1357, que la capitale de la Bourgogne fut inscrite dans l'enceinte actuelle qui embrassa le vieux château et les bourgs qui s'étaient groupés à l'ombre des monastères. Elle fut entreprise pendant la minorité de Philippe de Rouvres, sous la régence de Jeanne de Boulogne, tutrice de ce prince. Les ducs de la deuxième race entretinrent ces fortifications et les augmentèrent de 16 tours. — Le nom de *Portelle* donné à une des rues de Dijon qu'on appelait aussi rue des Orfèvres, vient de la présence d'une des portes de la première enceinte romaine de Dijon dont j'ai indiqué les limites, au début de cet ouvrage. — Les bastions ou boulevards furent élevés sous François Ier. Ce ne fut que durant la ligue qu'on bâtit la tour de Guize près de la porte d'Ouche. Quant au château, il se rapporte à Louis XI qui le construisît, aux frais de la ville, pour se maintenir en possession de la Bourgogne et punir les Dijonnais de leur noble fidélité à la cause de Marie de Bourgogne. Il eut à soutenir plusieurs siéges, et loin de protéger la cité, ne servit qu'à la faire attaquer. Devenu dans le dernier siècle une prison d'Etat où furent enfermés la duchesse du Maine, le comte de Mirabeau, la chevalière d'Eon et, en dernier lieu, le général autrichien Mack et l'infortuné Toussaint-Louverture, il sert aujourd'hui au casernement de la gendarmerie.

Ce monument est un des plus curieux de Dijon par son pittoresque aspect, très-analogue à celui du château d'Auxonne. Beaune et Dijon ont conservé un grand caractère extérieur par leur vieille enceinte militaire continue. Ce sont presque les deux seules cités de la république, qui aient gardé ce type. Cette ceinture, chaque jour, est malheureusement entâmée à Dijon. On vient de la mutiler à la porte d'Ouche, on l'a détruite naguère et on la détruit entre la porte Saint-Bernard et la porte St-Nicolas; on lui fait partout une guerre à mort, et la physionomie originale de Dijon s'altère. J'ai déjà parlé ailleurs des remparts dijonnais; mais le double emploi était ici nécessaire.

CONCIERGERIE. Il y a quelques genres de monuments que je prise peu, ce sont les citadelles, les casernes et les maisons d'arrêt. Disons toutefois que la maison de détention de Dijon se fait remarquer au dehors par une jolie petite porte avec tailles saillantes coupées vivement, d'un caractère parfaitement approprié à la destination du lieu.

Fontaine St-Michel. C'est un joli petit monument élevé sur un puits artésien mal réussi, foré en 1829. L'établissement d'une pompe a tout concilié. — J'aurais aimé qu'on le couronnât d'une statuette de l'archange St-Michel, comme on a fait à Lyon pour la fontaine de la place St-Jean, qui représente le Précurseur baptisant J.-C.

Académie. Hector-Bernard Pouffier, par son testament du 1er octobre 1725, fonda l'académie des sciences, arts et belles-lettres de Dijon, qui partage avec celle de Rouen, l'honneur d'être la plus célèbre de toutes les académies provinciales. Il lui assignait un logement dans son propre hôtel, légué par lui à perpétuité (rue du Champ-de-Mars), au doyen du parlement, qu'il chargeait de subvenir aux dépenses de cette compagnie, de payer son secrétaire, de l'entretenir de livres nouveaux, et il assignait une somme de 2,000 fr. pour 6 prix. Cette société composée de six membres d'honneur, de douze pensionnaires et de six associés, fut autorisée par lettres-patentes de juin 1740. La première séance publique fut tenue le 13 janvier 1741, et le 1er prix décerné dans la séance d'août 1743. Elle se formait de trois sections à l'origine, morale, physique, médecine.

Une société littéraire qui s'assemblait chez le président Richard de Ruffey, se réunit à elle en 1759 : cette réunion donna la classe des belles-lettres. Les réglements furent imprimés et approuvés en 1767. Le doyen du parlement trouva fort incommodes les séances à l'hôtel Pouffier. On les tint à l'ancien hôtel-de-ville, puis dans la grand'salle de l'université. Enfin, les doyens, pour s'affranchir de la servitude, donnèrent à l'académie, une somme de 23,100 livres moyennant laquelle Maret et Guyton-Morveau achetèrent au nom de la compagnie, de M. de Marivet, l'hôtel Depringles. Elle fut enfin logée chez elle et prit possession de sa demeure, par une séance où Buffon lut un chapitre des *Epoques de la nature*. Legouz de Gerland donna son cabinet d'histoire naturelle et un jardin botanique, le président de Ruffey et Madame de Rochechouart, leurs médaillers, et M. du Terrail fonda un nouveau prix.

Ce temps est celui de la gloire pour l'académie de Dijon. Elle publiait des mémoires, distribuait des prix recherchés, faisait des cours suivis de botanique, de chimie, de matière médicale, d'anatomie, d'accouchements. Ses concours étaient illustres. Elle établit un observatoire à l'instar des grandes capitales. En 1750, comme je l'ai déjà dit, elle proposa pour sujet de concours la question : Le rétablissement des sciences et des arts a-t-il contribué à épurer les mœurs? J.-J. Rousseau soutint la négative. L'académie lui décerna le prix à la séance publique du 23 août 1750, tant elle fut frappée de l'éclat du style et de la force des raisonnements. Elle s'associa les hommes les plus éminents du xviiie siècle, dans les sciences, les lettres et les arts. Herschell qui lui fit cadeau d'un télescope, était son correspondant. Les hommes les plus distingués de la France et de l'étranger sollicitaient l'honneur d'être adoptés par elle et lui envoyaient leurs œuvres manuscrites et imprimées.

Abolie par décret du 8 août 1793, elle se réunit spontanément en 1798 et fut réinstallée le 14 prairial an VI. En 1817, l'université de France se déclara propriétaire de l'hôtel de l'académie. Plus tard, elle dépouilla complètement cette compagnie, en la chassant de chez elle et en s'emparant de son mobilier, de ses collections. Lâchement expropriée pour prétendue cause d'utilité publique, sous le gouvernement du roi des Français, elle en fut réduite à chercher asile à l'hôtel-de-ville où deux salles de rez-de-chaussée lui ont été cédées par délibération dont j'ai rapporté la date ailleurs. C'est là qu'ont lieu ses réunions particulières. Depuis sa réinstallation, elle n'a cessé de publier de substantiels mémoires, et de travailler avec moins de retentissement et d'éclat sans doute, qu'au dernier siècle, mais d'une manière digne et persévérante. Elle pousse jusqu'au culte, l'amour de ses souvenirs et de sa gloire qui sont des souvenirs et une gloire tous dijonnais, tous propres à la Bourgogne. Elle a pour devise placée sur son sceau allégorique, la légende :

CERTAT · TERGEMINIS · TOLLERE
HONORIBVS

On sait que dès le xive siècle, Dijon avait des écoles publiques situées dans la rue baptisée aujourd'hui du glorieux nom du maréchal de Vauban. Son collége organisé ne date que du xvie siècle toutefois. Il eut pour principal le fameux Turrel. Cet établissement fut transféré dans la rue du *vieux Collége* sous le nom de collége des Martin, par allusion au nom de son bienfaiteur Julien Martin. A ce collége succéda celui des Godran en 1581. L'expulsion des jésuites plaça cette institution sous l'influence plus immédiate de la ville. En 1772 s'éleva l'université sollicitée par les Etats-généraux de Bourgogne, accordée pour la faculté de droit seulement. La loi de 1808, en rétablissant l'université en France, fit de Dijon le siége d'une académie composée des facultés de droit, des sciences et des lettres. La faculté des lettres dijonnaises a les chaires de littérature ancienne — littérature française — littérature étrangère — philosophie — histoire ; celle des sciences, les chaires de chimie — mathématiques appliquées — physique — mathématiques — minéralogie et géologie — zoologie et physiologie. Tous ces cours sont professés dans les salles de l'hôtel de l'académie, que la ville acheta de l'université par acte du 24 novembre 1841, et qu'elle a reconstruit avec luxe et avec goût, en raccordant les constructions neuves avec l'ancien hôtel Depringles, si indignement confisqué sur l'académie des sciences, arts et belles-lettres, et dont le grand salon est décoré de beaux bas-reliefs représentant la nature, la vérité et Minerve distribuant des couronnes aux arts et aux sciences (sceau de l'académie). Les pilastres sont ornés des bustes des grands hommes de la Bourgogne. Sur la porte ouverte au levant de ce pavillon, on a placé l'inscription :

CHEF · LIEV · DE · L'ACADEMIE

A l'extérieur des nouvelles constructions, on

remarque des bas-reliefs qui ajoutent à l'effet visuel du monument. L'académie universitaire possède un très-beau cabinet d'histoire naturelle dont elle s'est rendue propriétaire au mépris des droits de l'académie qui en avait la légitime possession. Là siége l'école préparatoire de médecine et de pharmacie de Dijon dont l'enseignement obtient un succès mérité. Cette école vient de faire une perte sentie dans la personne de M. Fleurot, professeur d'histoire naturelle et de matière médicale, qui a succombé à Dijon le 27 février 1849. Il était né à Baume-la-Roche (Côte-d'Or).

PALAIS-DE JUSTICE. Le logis-du-roi et le parlement rappellent les plus graves souvenirs de la Bourgogne dijonnaise, beaunoise, chalonnaise, lyonnaise, éduenne, langroise, depuis la réunion à la France de cette belle contrée. Ici les Etats et les élus-généraux de Bourgogne si patriotes et si populaires, là la grande cour de justice qui donna à la magistrature tant de nobles caractères, tant d'austères natures. Le palais-de-justice où siègent aujourd'hui la cour d'appel, la cour d'assises, le tribunal de première instance, est un des plus curieux édifices historiques du genre. Sur l'emplacement qu'il occupe fut le premier centre gouvernemental et politique du Dijon romain, et le premier château des premiers ducs amovibles ou bénéficiaires.

Commencé sous Louis XII, il fut achevé sous les règnes de Henri II, Charles IX et Henri III. La grande façade avec son délicieux porche, ses niches, ses fenêtres ogivales, la salle des pas-perdus, l'ancienne chapelle du parlement et la porte qui y conduit, la grande-salle aujourd'hui consacrée aux assises, avec son plafond à riches caissons sculptés et dorés par les soins de Tabourot, maire de Dijon, les boiseries, les peintures, les verrières en grisaille de ses baies, tout cela est d'une rare magnificence et produit un majestueux effet. On semble revoir sur leurs siéges les anciens pères conscrits de la Bourgogne, les de la Guesle, les de la Marche, les Brulard, les Bouhier, etc. Je ne crois pas qu'il y ait en France beaucoup d'auditoires de justice de ce caractère et de ce type. — L'ancienne chambre des comptes dont la salle principale ornée d'un beau plafond, existe toujours, adhère au palais de justice. Elle avait jadis un pittoresque portail bâti en 1645 sur les dessins de Dubois, d'une grande somptuosité. On l'a détruit en 1821, sottement, pour le remplacer par une froide et pauvre construction occupée par la chambre correctionnelle du tribunal civil.

Au front de l'édifice où siége le tribunal de première instance, qui autrefois était l'auditoire de la juridiction des trésoriers de France, on lit cette légende :

IVSTITIA · ET · SECVRITAS

Ce n'est que sous la restauration qu'on a eu l'idée de rendre à la justice son ancien prétoire et que la translation des cours d'appel et d'assises, s'est effectuée. Depuis la suppression du parlement, le palais de justice était presque demeuré sans destination, à l'exception de la conciergerie et de quelques salles occupées par les conseils de guerre et de révision, il était vide.

PROMENADES PUBLIQUES. Dijon à la splendeur des monuments et des souvenirs, unit celle des promenades. Ses remparts complantés d'arbres, en donnent une très-agréable, d'où l'on domine les environs. Les plus belles portions de ces remparts sont celles situées entre la porte Saint-Pierre et la porte d'Ouche, et entre cette dernière et la porte Guillaume. Les *chemins couverts* formant la deuxième ligne de circonvallation, ceignant les remparts, furent établis de 1515 à 1558. Ils n'existent plus qu'au nord et au levant. C'est en 1815 qu'on songea à les complanter d'arbres et à les orner. — Ce magnifique hyppodrôme a été sans raison dépouillé en 1845 ou 1846 de ses beaux noyers. Le quinconce appelé sous l'empire promenade *du roi de Rome*, augmenté de 94 ares 12 centiares, a été entamé et mutilé par l'administration du chemin de fer. Les magnifiques allées qui enveloppaient l'arquebuse, ruinées sous nos yeux par la même cause, n'existent même plus à l'état d'ombre. Le jardin de l'arquebuse disposé à l'anglaise par M. de Montigny en 1782, où l'on remarque un peuplier de 7 mètres 5 décimètres de pourtour, à un mètre de terre, et de 10 mètres 2 décimètres à la racine, le jardin des plantes qui lui est contigu, doivent compter parmi les plus belles promenades de Dijon. L'allée de la retraite tendant de la porte neuve, à l'octroi de la porte St-Pierre, date de 1754, et fut faite aux frais du premier président de la Marche. Les Lazaristes avaient dans la rue St-Lazare, la maison possédée aujourd'hui par M. Bavelier. — Près de là fut trouvée l'urne de Chindonnax. Le cours Fleury a été planté en 1757, par l'intendant Joly de Fleury. Les marroniers, vers la porte St-Pierre, doivent aussi compter parmi les promenades dijonnaises. La Fontaine des Suisses ainsi nommée parce que ces étrangers y avaient établi leur camp, lors du siége en 1513, le Creux d'Enfer, attirent aussi les visiteurs plutôt par la fraîcheur des lieux et le charme oculaire d'une vue sur la ville de Dijon, que par les vagues traditions qui placent dans cette région, le temple de Mithra.

Mont-Musard était jadis une villa italienne. C'était la villa Panfili de Dijon. Le premier président de la Marche avait fait de ce lieu un palais magique. Colonnades, coupoles, kiosques, obélisques, salles d'ombrage et bosquets, bassins, statues, groupes, grilles, grottes, jets-d'eau, tout le luxe des jardins et de l'architecture avait été épuisé sur ce coteau, dans ce parc, et s'était ouvert aux citoyens comme la villa Borghèse à Rome. Mont-Musard a été nivelé, vulgarisé, ce n'est plus ni un monument, ni un parc, ni même un jardin de curé. Mont-Musard est au cœur des souvenirs gaulois et mythologiques de Dijon : à sa place dut s'élever jadis un collége de Druides. Près de là est Champ-Maillot, champ du Malle (mallum, campus malli publici), qui doit à une origine commune de partager son nom avec la porte Maillot (entrée septentrionale du bois de Boulogne, à Paris); près de là le bois sacré et le lac si respecté des prêtres gaulois (creux d'enfer, roche-aux-fées), près de là enfin, l'Arjan-tora, lieu où se conservait le trésor sacré, d'où l'on fait dériver le nom actuel des *Argentières*.

Mais la plus imposante, la plus renommée promenade, c'est le parc, commencé en 1610 par le Grand-Condé, gouverneur de Bourgogne, et achevé par le duc d'Enghien son fils. On y arrive par une triple avenue d'arbres, de 1315 mètres 50 centimètres de longueur, partagée par une ample place circulaire. Cette avenue portait le nom de cours la Reine. Elle est séparée de la somptueuse place du Jet-d'eau, devant la porte St-Pierre, par deux pilastres d'un beau caractère, servant jadis de points d'appui à une grille enlevée en 1792, lors de la fête de la fédération.

Le savant Philibert de La Mare avait composée pour la porte d'entrée du cours la Reine, cette belle inscription qui n'a pas été gravée :

HENRICO · IVLIO · BORBONIO · ANGHIANO
BVRGVNDIAE · PROREGI
HEROI · FORTISSIMO
QVOD·SOPITO · PER · VNIVERSVM · ORBEM
CHRIST · BELLO
AD · PACIS · ARTES · ET · ORNAMENTA
CONVERSVS

ARCVS·DVCTVS·AQVARVM·DISTVRBATOS
APERVERIT
VIAS · SVPERIORVM · TEMPORVM
NEGLIGENTIA
CORRVPTAS · MVNIVERIT
SVBVRBANVM · HVNC · LOCVM
A · LVDOVICO · PARENTE
VICTRICI · MANV · EXTRVI · COEPTVM
AMPLIAVERIT · ORNAVERIT
AC · PVBLICO · ORNAMENTO
CONSECRAVERIT
SENATVS · POPVLVS · QVE · DIVIONENSIS
OPTIMO · PRINCIPI
MEMORIAE · CAVSA
POSVERVNT
KAL · IAN · M·DC·LXXII

Le parc fut dessiné par Lenôtre, et a beaucoup souffert, sous l'empire de l'anglo-manie appliquée aux jardins. Cependant les ravages exercés par cette fièvre d'imitation étrangère qui lui fut si fatale, s'arrêtèrent devant les protestations populaires, et on se borna à tracer une route circulaire, dans le parc, à détruire des massifs d'un jet admirable, les haies-vives qui accusaient les contours et inscrivaient les massifs, et la merveilleuse plantation d'ifs qui bordait la rivière d'Ouche.

Il y a 33 hectares 23 ares de superficie dans cette promenade vraiment digne d'une grande capitale. C'était la propriété particulière du prince de Condé. Elle fut achetée de l'Etat par la ville, le 25 ventôse an IX, sous l'administration municipale de Ranfer.

Le parc est le bois de Boulogne dijonnais, et le cours en forme les Champs-Elysées. C'est là où le monde doré à cheval et en voiture, vient montrer ses beaux habits et étaler l'orgueil de ses harnais et la variété de ses livrées. C'est le lieu des fêtes publiques, des grandes revues militaires, le rendez-vous des promeneurs. Autrefois, avant la reconstruction de la porte St-Pierre, on y arrivait par un détour. Aujourd'hui, depuis le redressement de cette porte, la porte du cours ayant sans doute été bâtie dans la prévision d'une rectification future, l'entrée du cours se trouve dans l'axe direct de la nouvelle porte St-Pierre, et concourt à former de ce quartier un ensemble prodigieux d'effet oculaire, un endroit romain. — J'appelle ainsi un espace où se trouvent entassés plusieurs monuments et choses provoquant la contemplation, créant la musique et développant la jouissance des yeux, comme la place *del Popolo* à Rome, celle des Terreaux à Lyon, la place d'Armes à Dijon, la place de la Révolution à Paris, l'entrée de Beaune entre le faubourg Saint-Nicolas et l'arc de triomphe, la place du Broglie, à Strasbourg, la rive gauche des quais de Saône, à Lyon, entre les ponts du Peuple et de Tilsitt, la place de Beaune à Chalon-s.-S., tous lieux renfermant la variété dans l'unité.

C'était peu d'avoir anglomanisé le parc dijonnais et d'en avoir fait un hippodrôme. — Il y a des esprits négatifs et vulgaires qui ne comprennent la campagne et les promenades qu'à l'état de cartes géographiques. En 1845, proposition suivie de délibération conforme, fut faite au conseil municipal de Dijon, pour mettre le parc en culture. La délibération, heureusement ne fut pas exécutée. — Le parc était traversé par une voie romaine, la voie Agrippine, dont on retrouve encore les traces.

Je crois inutile de parler ici des *villas* qui enveloppent Dijon et qui s'étagent particulièrement sur les riants coteaux de Larrey, de Fontaines. Je ne puis toutefois passer sous le silence le *castel*, ancienne maison de plaisance d'un goût bizarre, dont les jardins semés de nappes d'eaux formaient une promenade très-agréable. Il avait été bâti par Chartraire de Montigny et appartient aujourd'hui à M. Regnault.

Clochers détruits. Il est bon peut-être d'indiquer ici la forme de ceux des clochers de Dijon, détruits, dont je n'ai pas eu occasion de parler dans le cours de cet interminable chapitre. Le clocher des Dominicains était une flèche en charpente, opaque. Les Jacobines avaient pour campanille une espèce de coupole en charpente, posée sur une tour carrée, littéralement semblable au beffroi d'Amiens; les minimes une double coupole en charpente, comme celles des charités de Lyon et de Beaune; la commanderie de la Magdeleine, une flèche; la collégiale de la chapelle-au-Riche, une flèche flanquée de quatre cornes tumulaires, type génois romano-byzantin; les Ursulines, une double coupole s'amortissant par une aiguille; les Carmélites, une flèche implantée sur un toit à quatre eaux, peu saillant, comme à Gilly-les-Citeaux; les Carmes, une tour carrée à plate-forme, dont le clocher de Pommard près de Beaune, est l'imitation servile; les Bénédictines de Saint-Julien, une flèche; les Cordeliers (à qui fut cédée l'ancienne chapelle de N.-D., rue Turgot), une flèche conique, élégante et coupée exactement comme celle de Rully (Saône-et-Loire); l'église de Saint-Pierre, un clocher octogone, trapu, à toiture obtuse, d'une ossature énergique, rappelant par sa forme celui de St-Michel, et comme lui, sans doute, base d'un amortissement qui ne fut pas placé. Quelle magnificence unique au monde offrait Dijon par ses clochers, avant 1789! On voit que je ne me trompais pas quand j'ai dit que Dijon a formulé tous les types de clochers depuis celui du clocher-donjon de la façade de la Sainte-Chapelle, jusqu'au clocher génois de la Chapelotte, indépendamment des saillies militaires qu'offrait la ville, tours, donjons, etc., comme la tour de Guise, la tour de Renne, ainsi nommée parce que le cours des fontaines de Renne entrait dans la cité par cette tour, etc.

Les principaux artistes qui édifièrent ou décorèrent les temples dijonnais, furent les deux Sambin, Quantin et Dubois, tous quatre dijonnais, et Attiret (François), né à Dole le 13 décembre 1728.

Il fut un temps où l'on ne croyait jamais pouvoir assez vulgariser et mondaniser l'église, et lui ravir tout caractère moral, religieux, idéal, ce fut de la première révolution au règne de Louis-

Philippe. Aucun édifice ecclésiastique ne correspond à Dijon, à cette phase de matérialisme dans l'art chrétien, bien que le sens liturgique et archéologique ne soit pas développé à Dijon dans les conditions que cette cité semblait marquer à ses enfants. Je ne connais dans les sacristies de cette ville aucune rareté en fait de costumes, ornements, ustensiles ecclésiastiques, antérieurs à la renaissance, tels que celles dont le comité historique des arts et monuments provoque la recherche, et qui ont été décrites par un architecte anglais, dans le magnifique ouvrage :

Glossary of ecclesiastical ornament and costume, compiled from ancient authorities and examples by A. Welby Pugin, architect. (*London, Henry-G. Bonn,* 1846.)

Religion. La religion dijonnaise est généralement sérieuse, éclairée et solide. Les bonnes œuvres qu'elle inspire ont presque à Dijon la spontanéité et la verve lyonnaises. Le clergé dijonnais, toujours à leur tête, a une tenue, une dignité de mœurs et de discipline, un savoir qui ne forment pas le moindre titre de gloire de cette cité.

Anciennes mesures dijonnaises. Un état des anciennes mesures usitées en Bourgogne et particulièrement à Dijon, dressé par M. V. Dumay, se trouvera dans le 4ᵉ volume de la réimpression de Courtépée, qui ne peut tarder à paraître. Je renvoye le lecteur à ce consciencieux travail d'un homme qui pousse à ses dernières limites, l'esprit de dates, d'exactitude et de recherches. — Qu'il nous suffise, en attendant, de dire que les principales mesures usitées à Dijon, avant le système décimal, facultatif ou légal, étaient :

Superficie. La toise carrée de 56 pieds et quart, la perche de 90 pieds, le journal et la soiture de 360 perches, l'ouvrée de 45 perches, l'arpent coutumier de 449 perches de 9 pieds 1/2, égale à 42 ares 759.

Longueur. L'aune de 2 pieds 1/2, la toise de 7 pieds 1/2, la perche de 9 pieds 1/2, la lieue de 18,000 pieds, égale à 5 k. 884 m. 108.

Solidité. Moule de Dijon, de 3 pieds 6 pouces de toutes faces.

Capacité. Pinte à huile égale à un litre 979. — Pinte à vin égale à 1 litre 615. — Tonneau à vin de 140 pintes (2 feuillettes). Plus anciennement, le tonneau, muid ou poinçon était de 144 pintes, 2 muids formaient la queue : le muid contenait 2 feuillettes, la feuillette 9 setiers, le setier 8 pintes. Le setier contenait 4 minots, le minot 34 pintes en été et 35 en hiver. Le banneton de charbon, égal à 45 litres 236, l'émine composée de 16 mesures ou quarterauches, la mesure à grains (boisseau), avant 1693, égale à 26 litres 716, depuis 1693 jusqu'aux mesures décimales, à 30 litres 389, la mesure au lait égale à 0 litres 404.

Pesanteur. La livre de 16 onces, l'once de 8 treizeaux ou gros, le gros de 3 deniers, le denier de 24 grains.

Rues et Places. Girault a fait l'histoire biographique des rues et places de Dijon, c'est-à-dire qu'il a marqué quels hommes illustres y sont nés ou les ont habitées, quels évènements les ont eues pour théâtre. Son ouvrage d'ailleurs si érudit n'a pas été assez complété par les étymologies des noms, et contient plusieurs erreurs graves échappées à la sagacité de l'auteur. Je renvoye le lecteur aux *essais historiques et biographiques sur Dijon.* — Quant à moi, je ne décomposerai ni les rues ni les places. Seulement après avoir jeté sur leur ensemble un coup-d'œil général, j'appellerai l'attention du monumentaliste sur quelques maisons curieuses ou quelques objets d'art exposés aux regards sur les voies publiques de Dijon.

Toute la ville de Dijon est un musée. Cette cité a, comme Paris, un faubourg St-Germain dans les rues Vannerie, Buffon, Chabot-Charny, un véritable quartier Vivienne dans les rues de la Liberté, Bossuet et Rameau, une véritable Chaussée d'Antin dans l'avenir du quartier Saint-Bernard et de la porte St-Pierre.

Les deux entrées de cette noble capitale de l'ancienne Bourgogne, par la porte St-Pierre et la porte d'Ouche, ont une majesté qu'on est surpris de trouver en province, par la pompe et la largeur des rues qui aboutissent à la première surtout. Dijon n'a pas les grands effets oculaires, l'imprévu, l'énergie toute étrusque de la ville de Lyon, la régularité froide et souvent monotone de Nancy; mais sur tous les points de sa surface, elle n'offre rien de vulgaire. Ses rues amples, salubres, pleines d'air et de lumière, se déroulent avec une solemnité calme, exempte de fracas et de disparates choquants. C'est dans ce siècle que plusieurs des rues dijonnaises ont été redressées ou élargies, telles que celle des *Singes,* aujourd'hui comprise dans la rue Chabot-Charny. Des rues nouvelles ont été percées dans le voisinage de la Poissonnerie, dans celui des Archives. Les rues de Dijon sont pavées de larges pavés plats soit de grès, soit de pierre calcaire. C'est sous l'administration municipale de M. Victor Dumay qu'eut lieu de 1840 à 1844, la substitution dans les rues, du pavé granitique à celui de pierre calcaire, et de la chaussée convexe ou à deux ruisseaux, à l'ancienne chaussée fendue à un seul ruisseau au milieu de l'espace. Les principales voies ouvertes à la circulation dijonnaise intérieure, sont munies de trottoirs continus ou avec solutions de continuité, revêtus d'asphalte. Le gaz verse dans les principales, une lumière moins vive qu'à Lyon, et distribuée avec une parcimonie plus sévère que dans beaucoup d'autres cités; mais il n'en contribue pas moins à leur éclat. — A ce propos, disons que l'éclairage public est ancien à Dijon. Le 30 juillet 1697, il y eut délivrance de huit cents chandelles d'un quart, pour l'éclairage de la ville, en exécution de l'édit du 31 mars et du mois de juin précédent, qui prescrivit l'éclairage de toutes les villes de France et de Navarre. — Paris n'avait commencé à être éclairé qu'en 1667.

En 1798, les reverbères à l'huile remplacèrent les lanternes.

Ces belles rues dijonnaises sillonnées sans cesse de brillants équipages, sont admirables de propreté et rappellent les vieilles relations fraternelles de notre contrée avec les Flandres belge et française. Le goût du badigeon et de la couleur si général à Dijon se manifeste dans les rues et sur les places de la cité. Cette ville est bien certainement celle de France où le luxe palatin des toitures polychrômes de tuiles vernissées disposées en riches mosaïques et se déroulant comme des nattes coloriées, s'étendant comme d'éblouissants tissus d'Asie sur les palais et les hôtels, s'est montré avec le plus d'éclat. On en trouve des zônes immenses : de vastes demeures en sont entièrement couvertes. Rien de pittoresque comme l'espèce de tatouage monumental qui résulte de l'emploi des tuiles peintes. — La Bourgogne était et est encore, comme l'Italie, comme la Grèce, essentiellement amie de la couleur. Le luxe des toitures de couleur n'est pas mort sur l'antique sol burgunde, et plus que jamais il tend à y revivre. C'est encore en Bourgogne, que les fabriques de tuiles de couleur ont repris naissance à Premières et à Longchamp.

Mais, jetons à présent un rapide coup-d'œil sur ce qu'il reste à Dijon de demeures historiques ou de maisons modernes curieuses par leur architecture et leur caractère.

MAISONS PARTICULIÈRES CURIEUSES. Dans la vieille rue des Forges, ainsi nommée des artisans forgerons (fabri) qui tous y résidèrent longtemps, s'élève l'hôtel destiné sous la monarchie ducale, au logement du corps diplomatique, connu sous le nom d'*hôtel des ambassadeurs* et d'*hôtel chambellan*, parce que tout donne à croire qu'il formait une dépendance de ce vaste palais. Cette maison appartenant à M. Richard, maître épicier, et portant les n°s 34 et 36, offre, à l'intérieur de la cour, un des plus nobles et des plus précieux appareils de l'architecture du xve siècle. L'escalier surtout est un chef-d'œuvre d'art et de goût. C'est dans cette demeure que furent négociés tous les protocoles et transactions résultant des démêlés que fit naître le traité conclu entre Philippe-le-Hardi et Edouard III. Dans la même rue, et à côté de l'hôtel des ambassadeurs, la maison de Madame veuve Milsand-Gillotte, portant le n° 38, fixe les regards : c'est un des plus beaux morceaux de la renaissance que je connaisse, plus curieux même que la célèbre *maison des Têtes* de Valence (Drôme), portant la date de MDXXXIII, la maison de Diane de Poitiers, à Etampes, la maison Tristan de Tours, la maison où naquit Ducange (rue des Vergeaux), à Amiens, la fameuse maison rue du Marché n° 21, à Poitiers, l'hôtel de Lasborde à Toulouse, la célèbre maison de Viviers, les maisons historiques de Rouen, Orléans, Bourges. — Elle se distingue surtout par ses fruitages, ses rinceaux, ses arabesques. Le millésime de MDLXI est inscrit sur la maison Milsand. Malheureusement, tout le rez-de-chaussée de cette merveilleuse demeure a été sacrifié aux besoins du nouveau pharmacien qui l'occupe, et les fenêtres du premier étage en ont été gâtées lors des travaux qui ont pour but d'abaisser leurs accoudoirs. La maison Milsand adhère au levant à la maison Richard et au couchant à l'hôtel, n° 40, où siégeait avant 1789, le Bailliage-Présidial, dont le caractère a été altéré, mais où l'on remarque toujours une porte assez solennelle, ornée de colonnes. Cette maison du Bailliage-présidial avait été originairement construite et habitée par Hugues Aubriot, grand-bailli du Dijonnais. Près de là, toujours dans la même rue des Forges, est une maison d'architecture historique offrant deux charmantes tourelles demi-circulaire au dehors en porte-à-faux couronnées d'une plate-forme. Cette maison porte les n°s 52, 54 et 56. Dans la rue du Bourg (jadis au-dessus du Bourg) n° 8, remarquons la maison Cromback, délicieuse épreuve, ornée d'une charmante petite *retraicte*.

Dans la rue Chaudronnerie s'élève la *maison des Cariatides*, ancien hôtel des Pouffier, dont on voit encore les armes, une marmite remplie de fleurs. Ils portaient de gueules au pot supporté de trois pieds, rempli de fleurs d'argent, surmontant un croissant du même, en pointe. La façade de cette maison portant le n° 28, d'un style crû, d'un goût équivoque, est toutefois d'une grande richesse. Trop chargée d'ornements, son style me paraît ampoulé. Elle a deux étages de quatre fenêtres chacun et cinq cariatides à chaque fenêtre adhérentes aux piédroits. Deux autres cariatides ornent en outre le *Louvre* de la toiture. Cette maison est occupée par M. Deschamps, poélier. Hector-Bernard Pouffier en était propriétaire, mais ne l'habitait pas.

L'hôtel de Vogué, situé près de l'apside de N.-D., rue de ce nom, n° 8, offre un délicieux specimen de l'architecture civile de la Renaissance; il est d'un goût exquis et d'une grande beauté de matériaux.

Combien il est à regretter que la maison rue St-Martin, n° 4, ait été récemment détruite, victime de la rigueur souvent arbitraire et absurde des alignements officiels imposés de Paris à la province! Sa façade principale dirigée vers le nord, presque dans l'axe de la porte St-Nicolas, était encore une œuvre de la renaissance dans la période la plus sobre, la plus sévère et la plus pure de son art. On remarquait avec intérêt ses croisées, ses pilastres, son *louvre* (pour employer l'expression populaire, synonyme en Bourgogne du mot lucarne), et surtout les deux clochetons doublement coupolaires qui couronnaient les deux angles de son étage supérieur.

La charmante maison rue Vannerie, n° 66, ne doit pas être oubliée dans cette revue. Ce qui frappe le plus vivement les regards du monumentaliste, c'est sa jolie tourrelle adhérente, en porte-à-faux, symbole ou tradition devenue toute ornementale, des anciennes petites *retraictes à tirer* du xve siècle. Lieux de défense dans l'origine, ils se convertirent en boudoirs. Cet élégant nid d'hirondelle est comme la maison dont il dépend, un monument de la renaissance avancée. On voit un appareil imposant de tourelles du même genre, à l'hôtel Mimeure, jadis occupé par la famille Legouz de Gerland, rue Vauban, n° 21. Ces tourelles, au nombre de quatre, sont attribuées à Hugues Sambin, élève de Michel-Ange, ou à Huguez, qui enrichirent Dijon de tant d'édifices. Elles ont leur aspect sur la rue dite de la Conciergerie. Une seule, celle à petits arcs à plein-cintre, me paraît pouvoir être particulièrement considérée comme l'œuvre des Sambin.

Effleurons maintenant d'une aîle rapide les hôtels, manoirs, portions de manoirs, maisons, débris, détails dignes de remarque comme monuments historiques, dans la ville de Dijon. Je dois signaler : la maison rue Chaudronnerie n° 1, épreuve curieuse d'architecture florentine-rustique, la maison n°s 13 et 15, la maison n° 21 (dans le carrefour), la porte de la maison n° 12, rue Poissonnerie ; la maison place Notre-Dame, n° 5, même place n° 9, malgré la restauration toute moderne qu'elle a subie, la maison-forteresse, place St-Jean, n° 15, à toiture jadis rasée à la suite d'un crime, si l'on en croit à la tradition, l'hôtel rue de l'Ecole-de-droit, n° 31. On le nommait jadis *petit St-Bénigne*. Là était la chapelle de la vicomté. Le portail orné des statues du vicomte Jean Bonnot et de sa femme, agenouillés, conduisait à une ancienne tour qui passait pour avoir servi de prison à St-Bénigne. Cette tour des premières fortifications dijonnaises, a été démolie en 1809. Notons encore l'immense hôtel successivement appelé hôtel Bouchu, hôtel de

Tessé, connu maintenant sous le nom d'hôtel de Montaugé, rue Porte-d'Ouche, n° 1, et l'hôtel que possédait, dans la rue Chabot-Charny, feu M. le Dr Bounder, n° 32, ancien hôtel de Vienne, puis de Biron, puis de Blaisy.

Remarquez bien la jolie tourelle en nid d'aronde, de la maison occupée aujourd'hui par le café Georges, angle occidental des rues Bossuet et de la Liberté (Guillaume), ancien hôtel du 1er président de Grosbois, et celle de la maison, place des ducs de Bourgogne, n° 2, à l'angle de ladite place et de la rue Longepierre, toutes les deux d'une renaissance avancée. — Continuons à citer : cette dernière maison de la place des ducs où une foule de manifestations artistiques indépendantes de la tourelle, méritent attention, l'admirable niche (xve siècle) de la maison, rue de la Préfecture, n° 6, la maison avec niche curieuse et Ste-Vierge, rue Porte-aux-Lions, n° 6, la maison rue des Forges, n° 30, les maisons rue Proudhon n° 3, rue Chantal n° 3, la maison n° 23, place Charbonnerie, la porte de la maison rue de l'école de droit, n° 27, la tour doublement coupolaire et la façade de la maison s'y rattachant, même rue, vis-à-vis l'ancienne église du collége des Godran, faisant partie de l'hôtel n° 32 de la rue Chabot-Charny, le grand arc d'église encore apparent dans la rue Magdeleine, maison n° 2, la belle porte historique rue Chancelier-l'Hôpital, n° 7, la charmante petite porte cintrée rue Notre-Dame, n° 1, la maison portant les n°s 73, 75, 77 et 79, de la rue Chabot-Charny, le bas-relief de la maison rue Jehannin, n°s 85 et 87, le bas-relief représentant un animal fantastique, incrusté, dans la maison n° 2, rue N.-D. (côté de la ruelle conduisant à l'église), la maison rue Chaudronnerie, n° 14, le joli groupe de N.-D. de pitié, rue du Chaignot, n° 3, le cartouche sur la maison n° 12, rue des Novices, le torse d'un Bon Dieu de pitié, rue St-Philibert n° 38, la porte avec la légende voilée par des feuillages DOMINVS · CVSTODIAT INTROITVM · ET · EXITVM, rue du Petit-Potet, hôtel de M. Bureau, la Notre-Dame de Pitié, rue Verrerie n°s 8 et 10, la maison à l'inscription grecque, même rue n° 21, les maisons même rue encore, n°s 23 et 25, la maison rue Proudhon n° 2, les beaux louvres rue Buffon n° 24, la maison n° 4 rue Chaudronnerie, la lucarne rue Chabot-Charny, n° 38, les créneaux ornés au-dessus de la porte rue Verrerie, n° 32, la maison bâtie avec d'anciens débris, à la porte ornée de deux pilastres, où l'on remarque une clair-voie de fer, chef-d'œuvre de peuture, n° 25, rue de l'Ecole-de-droit, les louvres posés sur la maison place St-Georges n° 2 (1661), le chapiteau curieux gisant devant la maison n° 13, rue du Palais, la maison n°s 98 et 100, rue Porte-d'Ouche, celle de la même rue, n° 108, dans le delta formé par la rencontre des rues St-Philibert et Porte-d'Ouche, remarquable par ses trois clefs ornées, les restes de l'ancien oratoire, maison Nicolardot, rue Bossuet, le marteau et la serrure de l'hôtel de Nansouty, rue Vannerie (M. de Sarcus), véritables bijoux d'art, une foule de portes à merveilleux ventaux, etc. — Dijon est la ville aux admirables portes des deux derniers siècles.

Dans la façade de la maison située au faubourg d'Ouche, vis-à-vis le Pont-aux-Chèvres, qui conduit au port du canal, est incrusté un bas-relief antique très-précieux, représentant le triumvirat et deux groupes de danseuses, avec une femme couchée à leurs pieds, tenant d'une main une corne d'abondance, de l'autre un fruit. Ce morceau divisé en trois groupes sans rapports rigoureux entre les parties, provient sans doute de frises romaines. Les danseuses sont placées dans la partie inférieure et le triumvirat couronne les deux bas-reliefs laissant entr'eux une solution de continuité. Ce monument a été acheté par la ville, le 29 août 1842, de feu M. le docteur Bounder, qui se l'était réservé en vendant la maison au propriétaire actuel. — Il est dessiné dans l'ouvrage de M. de Laborde.

N'oublions pas le bas-relief sculpté représentant un portement de croix, rue des Godran, n° 1, la grande niche avec Sainte-Vierge monumentale, de la maison Crébillon portant les n°^{s} 32 et 34, dans la rue Porte-d'Ouche, l'admirable niche et le louvre de la Renaissance dans la rue du Refuge n° 12, au coin de la rue du Sachot; enfin le pan de mur florentin encore debout dans la rue Dubois, imposant reste de la clôture des minimes, le beau pot-de-fleurs sculpté au-dessus de la porte de la maison n° 35, rue de l'Ecole-de-droit, la majestueuse maison d'école florentine, portant le n° 42, dans la rue Charrue, bâtie, comme l'hôtel de Montaugé, par Lemuet, et qui fut jadis l'hôtel de Thianges, puis quarré d'Aligny.

Que de manoirs historiques, que d'emblêmes, que d'enseignes parlantes, que de sens figurés ont été détruits à Dijon, dans l'espace d'un siècle! Je citerai parmi les édifices, l'hôtel de la célèbre abbaye du Miroir, dont je suis assez heureux pour posséder un dessin fidèle. Il se trouvait au coin qui a conservé son nom, sur l'emplacement de la maison qu'occupent MM. Carion frères et leurs magasins du *Pauvre Diable*, rue de la Liberté, n° 77. C'était un manoir *gothique*, orné de trois statues à la façade et d'un étage de fenêtres richement nervées. Au-dessus de cet étage régnait une vaste zône lisse percée d'une meurtrière. Quatre créneaux couronnaient cet édifice qui s'amortissait par un pignon à degrès progressivement décroissants, terminé par une croix. Ce gable était d'une composition toute flamande. Le moyen appareil bien ajusté avait présidé à la construction. Au couronnement près, la masse carrée de l'hôtel du Miroir, offrait quelque analogie avec la petite basilique horizontalement coupée d'Or-san Michele, de Florence.

Dijon présente encore une foule de ces maisons de bois à pignon sur rue et étages progressivement saillants, si communes à Auxerre, Chaalons-sur-Marne, Rheims et Troyes. Les vastes coupures qui viennent de se faire et se font dans la rue du Bourg (1847, 1848, 1849), ont entraîné la ruine d'une foule de ces demeures. On remarquera les trois pignons d'une acuité inouie, de la rue de la Liberté, rangés les uns à côté des autres comme une trinité historique, à commencer par la maison dont la pharmacie Viallannes occupe le rez-de-chaussée, n°s 62, 64, 66 (coin du Miroir), le pignon place St-Jean n° 13, plusieurs maisons des rues Verrerie et du Bourg, le pignon de la petite-rue Pouffier, n° 1, et les trois autres pignons accolés rue Chaudronnerie, n° 5.

MAISONS CÉLÈBRES PAR LEURS HÔTES. La maison rue des Forges, n° 40, fut originairement construite, comme je l'ai dit un peu plus haut, par Hugues Aubriot.

La maison place St-Jean, n° 10, malheureusement reconstruite, est le berceau de Bossuet. On lit sur sa façade l'inscription :

DANS · CETTE · MAISON · EST · NE
BOSSVET · LE · XXVIII · SEPTEMBRE
M · DC · XXVII
MORT · A · PARIS · LE · XII · AVRIL
M · DCC · IV

L'hôtel de Lux était à côté de cette maison au nord. Il porte le n° 8 et est occupé maintenant par un établissement de commerce.

L'hôtel place St-Jean n°ˢ 27, 29 et 31 fut celui de Nicolas Brulart.

L'hôtel, même place, n° 21, celui de M. de Migieu dont Lamonnoye a éternisé le nom dans ses Noëls.

L'hôtel Perreney de Baleurre, même place, n° 23, a été occupé par le baron Durande, maire de Dijon.

La maison, même place, n° 17, aujourd'hui Darcy, fut occupée par Guyton-Morveau.

L'hôtel, même place, n° 4, bâti sur l'emplacement de l'ancien palais des princes d'Orange, connu sous le nom d'hôtel de St-Mesmin, fut le berceau de Charles de Brosses. On lit sur la façade de l'aîle méridionale de cette demeure, l'inscription :

EN · CET · HOTEL · EST · NE · LE · PRESIDENT
DE · BROSSES · LE · XVII · FEVRIER
M · DCC · IX · CE · MARBRE · A ETE
POSE · PAR · LES · SOINS · DE
L'ACADEMIE · DES · SCIENCES
ARTS · ET · BELLES · LETTRES · DE · DIJON
EN · M · DCCC · XLII

Cet hôtel qui rappelle un peu celui de Carnavalet, avait son pareil dans celui des Consuls, place du Carrousel à Paris, détruit lors des travaux d'élargissement de cette place, il y a dix-huit ou vingt ans. C'était l'original, l'hôtel de St-Mesmin est la copie presque littérale. Cette belle demeure naguère occupée par la famille Léjéas, et récemment acquise par M. Jules Chevillard, devenu depuis le régime républicain, préfet de Châteauroux, a été construit par Charles Févret, sur l'emplacement du *petit hôtel neuf*, appartenant en MCCCCIX à Jossequin, garde des joyaux de Jean-sans-Peur. Le peuple dijonnais le démolit, quand il apprit que Jossequin avait trahi son maître au pont de Montereau, et l'emplacement en fut donné par Philippe-le-Bon, à Louis, prince d'Orange, fils de Jean de Chalon, sire d'Arlay.

Rue Buffon, n° 34, demeure de la famille Leclerc de Buffon, à Dijon. Le naturaliste l'habita dans sa jeunesse, pendant qu'il faisait ses études au collége dijonnais.

Rue Chabot-Charny, sur l'emplacement qu'occupe aujourd'hui l'hôtel du Parc, emplacement cédé à l'abbaye de Rougemont, était jadis l'hôtel de Vergy, habité en MDLXXII, par Léonor de Chabot-Charny, amiral de France, gouverneur de Bourgogne. C'est là que Jehannin et Chabot résolurent de ne pas exécuter les ordres de Charles IX, relatifs au massacre de la St-Barthélemy.

La maison, rue Porte-d'Ouche, n°ˢ 32 et 34, déjà citée à cause de sa niche, était la demeure de Prosper Jolyot de Crébillon, né à Dijon en 1674.

L'hôtel du président Jean Bouhier, était celui que possède aujourd'hui M. Hernoux, ancien maire de Dijon, rue Vauban, n° 12.

L'illustre premier président Bruslard, avait l'hôtel de Sennecey, place St-Jean n° 27, occupé au dernier siècle par les Cortois, aujourd'hui aux de Broin.

Le chancelier Hugonnet (Guillaume) habitait la rue Charrue, n° 26.

Le docteur Brenet, médecin célèbre dans le commencement de ce siècle et ancien député, habitait l'hôtel rue d'Assas, n° 18.

Dubois naquit dans la rue *Maison-rouge*, ainsi nommée de la maison effectivement badigeonnée en rouge, qui y porte le n° 96. Cette rue s'appelle aujourd'hui rue de Berbisey. Dubois a reçu le jour dans la maison de cette rue portant le n° 36. Le même artiste acheta et embellit l'hôtel rue St-Philibert n° 20, appartenant à présent à M. Nault, ancien procureur-général.

Lamonnoye vint au monde dans la rue du Tillot où il composa ses premiers Noëls; mais son recueil fut achevé rue Roulotte, n° 28, au pied de l'escalier du rempart.

Bénigne Legouz de Gerland, fondateur du Jardin-des-Plantes, habitait le bel hôtel de Mimeure, rue Vauban, n° 21.

Hilaire-Bernard de Requeleyne de Longepierre, naquit le 18 octobre 1659, dans la maison de la place St-Michel, n° 17, si remarquable par son escalier.

Aimé Piron, apothicaire et poète, habitait la maison rue Berbisey, n° 2. Là naquit le 9 juillet 1689, Alexis Piron.

M. de Courtivron père, l'un des maires les plus éminents de Dijon, demeurait place Charbonnerie (rue de la Préfecture), n° 24.

Le célèbre antiquaire Baudot occupait la maison n° 7, rue du Vieux-Collége.

Hector-Bernard Pouffier, fondateur de l'Académie de Dijon, bienfaiteur des hospices et du décanat du parlement, demeurait rue du Champ-de-Mars, n° 18.

Le célèbre jurisconsulte Proudhon, byzontin, mais devenu dijonnais par sa vie et ses œuvres, a habité trente-deux ans la maison n° 23, de la rue qui porte son nom. Il y a composé ses traités de l'*Usufruit* et du *Domaine public*, et y est mort le 20 novembre 1838.

Rue Vannerie, n° 57, est né le 25 septembre 1683, Jean-Baptiste Rameau, de Jean Rameau, organiste de St-Etienne.

Rue Cazotte n° 9, Jacques Cazotte reçut le jour en 1720.

Feu M. Morland, botaniste distingué, a habité longtemps la maison, rue Buffon, n° 9.

M. Fleurot, qui vient de mourir, demeurait à la pharmacie de son nom, rue Magdeleine, n° 1.

M. Gabriel Peignot, mort pour la science, mais encore vivant pour sa famille, a habité la maison rue Chabot-Charny, n° 40, où se trouve maintenant l'imprimerie Loireau-Feuchot, et celle place Charbonnerie, n° 35.

M. Fevret de St-Mesmin, conservateur du Musée, réside rue d'Assas, n° 1.

Le professeur de droit, Ladey père, et Maillard de Chambure, ont habité l'hôtel rue Charrue, n° 9.

M. Morelot, doyen actuel de la faculté de droit, demeure rue de l'Ecole-de-droit, n° 8.

HÔTELS DES XVIIe ET XVIIIe SIÈCLES. Dijon est une des cités françaises où la prédominance des sentiments individuels, qui s'établit dans la fin du xvie siècle, est le mieux représentée par l'architecture particulière et domestique. — Avant la Renaissance, l'église était la maison commune, la maison sociale : toutes les demeures, même celles des seigneurs, s'effaçaient devant celle-là. Un autre monument était bien venu, il est vrai, timide et jeune, après l'érection des communes, se poser à son ombre ; c'est la maison-de-ville, dont l'existence indépendante n'est constatée que dans le xive siècle ; mais ce ne fut qu'au xvie que les individualités citoyennes se dessinèrent dans les demeures privées. — Tout, au moyen-âge, avait été fédéral, et je ne peux m'empêcher de déplorer la présomption des humanitaires contemporains, quand j'entends proclamer comme une découverte de notre époque, un progrès et une idée neuve, l'énergique et vivifiant principe de l'association.

Dijon est la cité du monde qui répond le plus fidèlement à l'image qu'on se fait d'une ville habitée par des hommes de loisirs, mais sans qu'il en résulte pour elle, stagnation dans les mœurs, tristesse et monotonie dans l'aspect général. — Il y a loin de Dijon à une ville d'endormeurs et d'endormis.

J'ai dit que les grands manoirs historiques de l'ère ducale de Dijon, avaient disparu. Ils furent remplacés dans le xvie siècle qui fut, après le xive, le second âge d'or de l'art dijonnais, dans le xviie et surtout dans le xviiie, par des hôtels, symboles des nouvelles mœurs et des nouvelles conditions politiques de la cité qui n'était plus capitale que d'une province.

Parmi les plus belles habitations modernes de la noblesse de robe ou d'épée de Dijon, élevées dans les trois derniers siècles, la plupart couvertes de l'éclatante moire des tuiles vernissées de couleur, citons l'hôtel de la succession Ranfer de Montceau, de Bretenières, rue Vannerie (ancien hôtel de Montagny), l'hôtel de Mimeure, rue Vauban, et l'hôtel de St-Mesmin, place St-Jean, déjà nommés, l'hôtel de Nan-sous-Thil (Nansouty), aujourd'hui possédé par M. de Sarcus, l'hôtel de Saulx avec le millésime MDCLXVII, l'hôtel n° 35, rue Vannerie, l'hôtel de Dampierre, maintenant à M. André-Tramoy, rue de la Préfecture, l'hôtel appartenant actuellement à M. Ernest Grasset, rue Buffon, n° 29 (où se trouva quelque temps le quartier-général de la 18e division militaire), la maison ornée de pilastres, place Charbonnerie, n° 22, l'hôtel de Sassenay, rue

Berbisey, l'hôtel de Vesvrottes ou de Ruffey, même rue, l'immense hôtel de Montaugé, rue Porte-d'Ouche, déjà cité, élevé dans le goût florentin, sur les dessins du célèbre architecte dijonnais, Pierre Lemuet, l'hôtel dont M. Jourdeuil, conseiller à la cour d'appel, est aujourd'hui propriétaire et dont j'ai déjà parlé, rue Chabot-Charny, l'hôtel de St-Seine, rue Verrerie, l'hôtel rue Piron, n° 17, l'hôtel rue Berbisey, n° 6, les hôtels n° 6 et n° 4 rue des Bons-Enfants, l'hôtel rue Lamonnoye, n° 2, les hôtels rue Buffon n°s 3 et 7, l'hôtel Verchère d'Arcelot, rue St-Pierre, n° 28, l'hôtel rue de la Préfecture, n° 38, les hôtels ou maisons rue du Petit-Potet n° 20 (avec de beaux louvres), rue Vannerie, n° 49, rue de l'Ecole-de-droit n° 8, rue du Vieux Collége n° 13, et même rue n°s 6 et 4 unis, rue Chabot-Charny n° 41 et n° 64, place Charbonnerie (rue de la Préfecture) n° 24, rue de la Préfecture n° 41, n° 53, n° 56, n° 61, rue Charrue n° 15, rue Chabot-Charny n° 30 avec bas-reliefs, rue St-Pierre n° 11 et même rue n° 9, l'hôtel rue Berbisey n° 21, dont la porte a été décorée par Dubois, et même rue n° 7, rue Jehannin n°s 13, 19, 23, 33, 2, rue des Godrans n°s 41, 61 et 63, l'ancien hôtel du président Bouhier, rue Vauban, et l'hôtel de Vogué, rue Notre-Dame, déjà nommés, l'hôtel d'Archiac, place Suzon, les hôtels de Loisy et d'Agrain, rue Chabot-Charny, l'hôtel où se trouve maintenant l'imprimerie Frantin, même rue, n° 62, l'hôtel rue Bouhier, n° 19, les hôtels ou maisons, place St-Michel nos 11, 21 et nos 8 et 10 unis, 17 et 33 dont l'une déjà citée, l'hôtel de Migieu place St-Jean, aujourd'hui à M. Moussier, premier adjoint de la mairie de Dijon, également cité plus haut, les hôtels Perreney de Baleurre, même place et Dubois, rue St-Philibert, aussi nommé, l'hôtel rue de la Liberté, n° 80, où se trouve l'établissement lithographique et le commerce d'objets d'art de M. Guasco-Jobard, les petits hôtels nos 1 et 3, place des Cordeliers, l'hôtel de M. le conseiller de Lacuisine, rue d'Assas n° 18, les petit et grand hôtel de Berbisey; enfin l'hôtel place Saint-Jean n° 2, et tant d'autres dont la liste serait si considérable qu'elle reculerait presqu'indéfiniment le terme de cet ouvrage. — A côté de tous ces hôtels serrés les uns contre les autres, dans les rues nobles, ou épars dans les rues populeuses ou devenues secondairement marchandes, se pose la simple maison bourgeoise, propre, belle encore et toujours confortable à Dijon.

Au dessous de ces demeures plus ou moins amples, je placerai quelques petites maisons bourgeoises modernes, d'un modèle élégant, comme les jolies façades en pierre de taille, rue Chaudronnerie n° 44, rue Jehannin n° 30, rue Buffon n° 13, rue Ste-Anne, n° 5, les maisons à pavillons, en taille aussi, d'un goût peut être équivoque, rue St-Michel, n° 19, les maisons rue Proudhon n° 21, rue des Forges n° 42, rue de la Préfecture n° 58, rue Verrerie n° 43.

Une porte de jardin, sur le rempart qui va de la porte neuve à la porte St-Pierre, est remarquée pour la justesse de ses proportions et la pureté de son cintre. Qu'on observe, de grâce, les murs et portes du jardin extérieur de l'hôtel de Montceau, l'entrée de la maison Morelet, rue Chabot-Charny, 71, à laquelle adhère une partie de l'ancien mur d'enceinte à pointes de diamant, du monastère de Saint-Julien (emplacement de l'hôtel de Chabot).

Malgré l'immense quantité de demeures à la Louis XIV et dans le goût de Louis XV, adaptées à des besoins nouveaux, et ayant perdu en tout ou en partie leur noble caractère, nulle ville ne possède encore plus complet, plus solennel, plus multiplié, plus symbolique, plus grave, plus *étoffé* (qu'on me permette le mot), le type de l'*hôtel entre cour et jardin*, si prisé par les grandes existences, si ennuyeux pour le petit bourgeois qui aime à se mettre à sa fenêtre et à cultiver des pots-de-fleurs sur la rue. Dijon l'a formulé exactement comme Versailles et Paris, avec des matériaux incomparablement mieux choisis et plus beaux. — Nancy, la ville Pompadour par excellence, n'en connaît pas l'ombre, Lyon, la grande cité aux maisons cyclopéennes communes, n'en a ni l'intelligence, ni la théorie, ni la pratique. Les cités les plus patriciennes, les plus reposées et de la meilleure compagnie, comme Douai, Caën, Bourges, Riom, Tours, Blois, Rennes, Bourg-en-Bresse, Poitiers, Aix-en-Provence, et Montpellier, en offrent peu d'exemples. Concentrés à Lille dans la rue ci-devant royale, à Amiens dans les rues Neuve, St-Denis, de la République (ci-devant royale), à Tours dans la rue de l'Archevêché, à Bourges dans la rue Paradis, à Strasbourg dans la rue Brûlée, ils n'y sont pas nombreux, toute proportion gardée. Dole et Besançon même, ces vieux centres de grandes existences provinciales, Chalon-s.-S. et Autun, en sont moins abondamment pourvus que notre Dijon. Je ne connais qu'une seule ville en France qui soit en très-petit l'image de Dijon, en ce genre, qui représente pour ainsi dire Dijon vu à travers une lentille concave, c'est St-Amour (Jura).

L'industrie et le commerce de détail conspirent aujourd'hui contre ces emblêmes de l'existence patricienne, dans la ville de Dijon. La plupart de ces demeures faites pour des hommes de parlement, des intendants ou des trésoriers de Bourgogne, des gens d'église, prélats, abbés, etc., sont occupées pourtant encore à présent par des hommes riches qui déplorent la hauteur de leurs appartements, la largeur de leurs fenêtres, l'incommodité de leurs cheminées qu'ils réduisent dans les étroites limites de l'appareil Thomassin. Ces *grandes maisons en façon d'hôtel*, comme les appelait Charles de Brosses (voyez l'ouvrage de M. Foisset, page 65), sont tous les jours vendues, divisées, subdivisées, converties en boutiques et en auberges, démolis. Ainsi le grand hôtel de Berbisey a été acheté et en partie rebâti par un Anglais, l'hôtel place St-Jean n° 2, est occupé aujourd'hui par les magasins de la *Providence*; l'hôtel de Lux dont j'ai déjà parlé, place St-Jean n° 8, où demeura Fyot de Neuilly, est une maison de commerce. — Quelques souches des vieux troncs, seules, laissent le siècle expirer à leur perron ; mais généralement, on voit avec peine les enseignes conspirer contre les symboles et l'architecture historique de ces grandes demeures. Que le négociant se bâtisse, dans un but direct, une maison appropriée à ses besoins, rien de mieux ; mais qu'il respecte le passé qu'il nous fasse grâce, du crétinisme de son goût et de ses coups de marteau sur notre histoire dont les monuments tombent dans ses mains. Que lit on, par exemple, au-dessus de la belle porte de l'hôtel de Ruffey ou de Vesvrottes ? — Ce triste écriteau :

MAISON · DE · COMMERCE
GIRARD · THIEBAVT

A l'angle de l'aîle septentrionnale est une seconde édition de cette enseigne avec flèche pour servir de guide à l'acheteur.

Sur le petit hôtel de Berbisey dont la riche façade a été bâtie sur les dessins de Lenoir dit le Romain, et a été reproduite par la gravure, se lisent les mots :

MAISON · DE · COMMERCE
THEODORE · THIEBAVT

Sur l'admirable maison des Perreney de Baleurre, habitée par le baron Durande, dont la majestueuse toiture a été défigurée par de ridicules lucarnes de grenier, devenues mansardes de commis, le vaste écriteau :

MAISON · DE · COMMERCE
DE · THIEBAVT · MEVLIEN

Sur le grave hôtel de Montaugé enfin, l'enseigne :

L'VNITE · COMPTOIR · DE · DIION

Toutes ces enseignes produisent l'effet d'une belle femme avec du coton dans les oreilles, ou d'une grande et noble douarière avec le mètre à la main. — On le voit, il ne faudrait pas beaucoup de familles Thiébaut, pour envahir tous les hôtels dijonnais. Que ces honorables négociants achètent de grands manoirs, qu'ils les couvrent d'écriteaux, ils sont évidemment dans leur droit; mais l'écrivain qui relève des choses placées sur la voie publique, est aussi dans le sien. Il le fait non par malice et par envie, car il respecte toutes les conditions et toutes les industries surtout placées dans des mains aussi pures que celles de la famille Thiébaut; mais son devoir est avant tout de constater le présent de Dijon et les vicissitudes qu'ont subies ses monuments publics ou privés. Pourquoi le monolithe de la rue Ste-Anne a-t-il couru des risques, depuis que MM. Jacques et

Théodore Thiébaut sont propriétaires du petit hôtel de Berbisey? — C'est qu'on voulait le faire ployer devant des exigences nouvelles, peut-être futiles.

Epis, Girouettes. L'orgueil de la girouette monumentale, de l'épi et de la crête a été poussé et est encore poussé maintenant à Dijon presque aussi loin qu'à Beaune, bien que les modèles historiques du genre y soient moins concentrés sur une fabuleuse échelle, dans un édifice donné, que dans cette dernière ville. La girouette moderne inspirée par la vue des types de la girouette historique, ne s'y développe pas toutefois avec la verve beaunoise. Le luxe de la girouette éclate partout à Dijon sur les toits et les lucarnes (*louvres*) de greniers : elle pullule jusque sur les toits à pignon où rien n'en indique l'emploi, et même sur les tuyaux de cheminée. — Je n'ai jamais compris que M. de La Quérière, de Rouen, avant d'écrire son intéressant traité des girouettes, épis et crêtes, n'ait pas visité Beaune et Dijon, où il eût trouvé des modèles aussi inspirés qu'à Rouen, aussi riches que sur la maison de Jacques Cœur, à Bourges. A ce propos, disons, en badinant, que M. Coindé, décédé archiviste de la Côte-d'Or, a démontré que les mots *girouette* et constance sont synonymes.

« Malgré l'opinion vulgaire, malgré l'autorité du proverbe, je soutiens — je cite textuellement — qu'une girouette est naturellement constante. La meilleure preuve que je puisse en donner, c'est qu'elle ne change jamais la première. Si cette preuve suffit pour rendre indubitable, le caractère de constance que j'attribue à la giroutte, ne l'emploierai-je pas avec le même avantage pour donner une idée juste de la constance des hommes; ne puis-je pas dire que l'homme constant est celui qui ne change jamais le premier? »

Parmi les monuments de ce genre, des XVe, XVIe, XVIIe et XVIIIe siècles (épis, girouettes en plomb, fer, ferblanc), je citerai comme plus particulièrement remarquables ceux qui se voient à une tour à toiture ornée de quatre louvres dépendant de la nouvelle maison des sœurs de N.-D., place Charbonnerie (rue de la Préfecture), n°s 16 et 18, à une des quatre tourelles de l'hôtel de Mimeure, rue de la Conciergerie (la première au nord), sur la tour de Bar, au chevet et sur le clocher de l'église N.-D., sur une tour de l'hôtel rue Chabot-Charny, n° 32, sur la maison Richard, rue des Forges n° 34 (deux épis de plomb très-riches), sur la maison rue Magdeleine, n° 1, à l'hôtel d'Archiac, place Suzon, à l'hôtel de Montaugé, rue Porte-d'Ouche, à l'ancien hôtel de Meillonas, rue Charrue, n° 15, à l'hôtel Hernoux, rue Vauban, à l'hôtel de Mimeure, même rue, au château, à l'hôtel de Vogué, sur deux tourelles dépendant de la maison des Cariatides, rue Chaudronnerie, n° 28, sur un édifice *gothique* dépendant de l'hôtel de Monceau, visible du carrefour septentrional de la rue Roulotte, sur l'hôtel rue Bouhier n° 19, les deux girouettes de plomb, de type historique, sur les bâtiments de l'école de droit, etc. — Le sentiment de la girouette significative et pittoresque s'est maintenu à Dijon avec la même persistance et la même énergie qu'à Beaune, mais avec moins de luxe, moins de goût, moins de respect religieux pour la forme et la pureté traditionnelles. On trouve à Dijon une quantité innombrable de girouettes-épis du xviie siècle, du xviiie, du genre de celle qui couronne le manoir de M. de Champeaux, à Thoisy-le-désert. Parmi ces épreuves du dernier siècle ou de l'avant-dernier, ou même de celui-ci, notons les épis de l'hôtel de Nansouty, les girouettes modernes place St-Jean, n° 2 et n° 4, celle qui surmonte le clocher de St-Nicolas, celles de la maison rue Berbisey, n° 35, et petite-rue Pouffier n° 1, les girouettes de l'asile départemental modelées sur les œuvres authentiques du xv⁰ siècle, celles des maisons place St-Jean, n° 13, au faîte d'un pignon (flamme ouverte), place St-Jean, maison du grand Balcon, rue des Forges, n° 13, rue de l'Ecole-de-droit, n° 31, rue Lamonnoye, n° 2, rue Charrue, n° 42, rue Saint-Pierre, appartenant à M. Bureau, rue Chabot-Charny, n° 62, rue Jehannin, n° 5, sur deux louvres, et n° 13, rue de la Liberté n°ˢ 62, 64, 66, place St-Michel, n° 17, rue Piron, n° 15, rue des Carmélites, n° 17, sur un pavillon rue Saumaise, n° 24 (flamme ouverte), à l'ancienne église St-Jean sur la base qui soutenait le clocher, sur le clocher du collége des Godrans (épi), place Charbonnerie, n° 31, rue Legouz-Gerland, n° 1, et partie de l'hôtel rue Chabot-Charny, n° 41, hôtel de Dampierre, rue de la Préfecture (épis modernes), les deux girouettes de la maison occupée par le café du Centre, places d'Armes, celles de la maison rue Jehannin, n° 4, celles du bâtiment parallèle aux bornes, de l'hôpital-général, celle dans l'arrière-maison de la demeure n° 49, rue Vannerie, celle enfin de la maison Morelet, rue Chabot-Charny, n° 71, etc. Les girouettes dont les récentes restaurations et augmentations de l'hôtel de St-Seine ont rendu l'établissement nécessaires, sont d'un style lourd, le volant est à flamme ouverte; on s'est écarté malheureusement ici du type sacramentel et classique. Le volant carré avec deux ou quatre trèfles est fréquent à Dijon, mais y règne d'une manière moins absolue qu'à Beaune dans la girouette moderne. La girouette moderne dijonnaise diffère aussi de celle de Beaune, dans beaucoup de cas, par ses accessoires. Ainsi, on trouve à Dijon une foule de girouettes supportées par des pots-de-fleurs, des vases, ou enveloppées de faisceaux absolument inconnus à Beaune. En somme elle est demeurée moins pure ici que dans cette dernière cité où l'on a constamment sous les yeux les modèles authentiques et historiques les plus beaux du monde. Il y a dans la rue et sur la place St-Nicolas, dans la rue Saint-Martin et celle du Bourg, un grand nombre de girouettes modernes dignes de remarque.

Maisons modernes. L'art moderne offre à la ville de Dijon ses compensations et ses indemnités pour les pertes qu'elle a subies en fait de demeures historiques. L'art de bâtir, soit qu'il imite, soit qu'il innove, soit qu'il restaure, est à Dijon, plein de verve et de goût. La porte St-Pierre, l'asile départemental, le château-d'eau et la tour udomètre, plusieurs maisons neuves de la rue

Bossuet, celle bâtie sur les dessins de M. Belin, rue St-Philibert, n° 41, la maison St-Père, rue des Godrans, 34, avec son joli avant-corps sur le rempart du château, les trois maisons neuves de la place St-Etienne, mais surtout celle dont la librairie Lamarche occupe le rez-de-chaussée et celle portant le n° 10, bâtie par M. Suisse, dans les idées libres de la Renaissance, la maison du directeur du gaz, celle rue Berbisey, n° 25, le nouvel hôtel de Saint-Seine appliqué sur un des flancs de l'ancien sur les projets de M. Lacordaire, plusieurs *villas* dans les faubourgs, etc. Quant à la maison de Montillet, rue Buffon, n° 1, épreuve capricieuse d'art mauresque et de la Renaissance, elle est d'un goût équivoque, mais prouve avec quelle habileté on taille la pierre à Dijon.

Bibliothèques et Cabinets particuliers. Dijon est comme Lyon, une ville de bibliophiles et de collecteurs. Les plus importantes bibliothèques particulières que renferme la noble cité, sont celles de la succession Bounder, de MM. Mazeau, Vallot, Félix et Henri Baudot, de Sarcus, Boissard, Gabriel Peignot, de St-Seine, de Montherot, Gueneau d'Aumont, Lesage, de Cléry, V. Dumay, Chabeuf, de Juigné, de Rochefond, de Vogué, Morelet, E. Grasset, de la succession Joliet, ancien notaire, de M. Larcher.

MM. Grangier, de Bahèzre, de La Loge, de La Marche, Joliet, Josselin, E. Grasset, Henri Baudot, possèdent des galeries de tableaux précieux ; M. de Sarcus a une riche collection de portraits, M. Victor Dumay un portrait original peint, représentant Lamonnoye, et un autre portrait peint du président Bouhier ; MM. Félix et Henri Baudot, M. Joanne, réunissent une quantité considérable d'objets d'art antique et du moyen-âge, ainsi que MM. de St-Seine, de Sarcus et Fevret de St-Mesmin. M. Cugnotet est extrêmement riche en bronzes et en tableaux. Les collections de M. Chabeuf (cannes, parapluies, tabatières, montres, cachets) sont très-curieuses. — De grâce, prenez toutes ces spécialités au sérieux. En fait de collections, tout est respectable. J'ai connu un amateur qui possédait un véritable musée de couteaux, depuis le taillant de Silex, jusqu'aux lames de M. Guerre, de Langres ; j'en ai connu un autre qui avait réuni un nombre inoui de boutons. Dernièrement, les papiers publics ont parlé d'un collecteur mort en laissant aussi une fabuleuse variété de boutons, estimée plusieurs centaines de mille francs. C'était l'histoire complète du bouton, depuis son origine jusqu'à nous. Plusieurs belles collections numismatiques dijonnaises, telles que celles de MM. Bartholomé, Poupier, Ballyet, les collections minéralogiques de M. de Charrey, ont été dispersées dans ces dernières années.

HORLOGES PUBLIQUES. Dijon est aussi riche en horloges publiques qu'en fontaines. Elle en possède dans ses trois paroisses, dans ses hospices, à sa maison-de-ville, dans tous les quartiers, à l'Ecole-de-droit, à l'ancien clocher de St-Nicolas, dans presque tous les établissements publics.

PERCEMENTS DE RUES. Plusieurs rues ont été redressées, élargies, percées dans le vif des maisons, dans le cours de ce siècle. La rue des Singes, aujourd'hui absorbée par la rue Chabot-Charny, a été élargie, la rue Docteur-Maret, plusieurs autres rues dans le quartier de la Poissonnerie et celui des Archives départementales, ont été ouvertes au xixe siècle. Nulle ville plus que celle-ci, ne se préoccupe avec une ardente sollicitude, du soin de faire circuler à pleins flots dans son sein, l'air et la lumière, ces deux grandes conditions de la vie et de la beauté.

La plupart des rues dijonnaises rappellent de graves souvenirs historiques : quelques-unes doivent leur nom à des circonstances monumentales, le plus grand nombre aux hommes distingués de la capitale, de la province, de la France. La rue Porte-aux-Lions, par exemple, fut ainsi appelée à cause d'une des portes ornée de lions, de la première enceinte de Dijon.

Je n'ai jamais vu autour des anciennes collégiales de Dijon, traces de lettres gravées comme à Beaune sur le linteau ou les claveaux de porte des maisons jadis canoniales. Ni à Autun, ni à Lyon, ni à Nuits, ni à Chalon-s.-S., ni à Dijon, on n'a connu ce système indicatif propre au chapitre de l'insigne collégiale de N.-D. de Beaune. Nul vestige non plus dans les maisons dijonnaises de nos merveilleuses claire-voies nuitonnes de portes et de balcons, avec leurs pittoresques évolutions de nervures et leur rézeau de meneaux de bois. — Mais j'ai remarqué plusieurs claire-voies de fer ouvragé où la penture a fait de grands frais d'imagination et de travail; je citerai celle de la maison n° 3o, rue des Godrans. Quant aux inscriptions indiquant les noms des rues et places, elles étaient avant et furent pendant la révolution, comme à Beaune, Chalon-s.-S., Autun, Lyon, gravées sur la pierre, dans la même forme qu'en ces diverses cités, et dataient probablement du même temps. On voit encore à l'extrémité méridionale du bourg, l'inscription :

RVE · DV · BOVRG (*sic*)

Les mots *rue Voltaire*, aujourd'hui rue Berbisey, *rue Piron*, rue du *Chapeau-rouge*, *rue du Secret* (sur la tourelle formant l'angle de la place des ducs de Bourgogne et de la rue Longepierre), *rue des Forges,* sur la maison de cette rue portant le n° 42, etc., sont encore parfaitement visibles.

On remarque l'emploi général dans les maisons dijonnaises de branches de fer saillantes appliquées sur les corniches et servant à former un point d'appui fixe pour les échaffaudages qu'entraîne la réparation des toitures et que nécessiterait un incendie.

Comme à Beaune, on est surpris de voir à Dijon tant de toits véritablement hollandais par leur acuité, tant de pignons si hardiment pointus, en contradiction permanente avec la sérénité du ciel, ne s'expliquant ici que par l'influence traditionnelle des architectes flamands. — La tuile courbe indiquée par la limpide atmosphère dijonnaise et le toit de 18 à 22 degrés, commencent toutefois à se montrer à Dijon.

Le belvédère, cet enfant des architectoniques

méridionales, dont la toiture pointu repousse la figure, est peu connu à Dijon. On ne trouve à peu près plus dans cette ville, de ces bras d'enseigne, en fer ouvragé, des deux derniers siècles, d'un travail si curieux, d'un art si riche, encore communs à Beaune, Chalon-s.-S., Nuits. Les maisons dijonnaises ont su, jusqu'ici, résister à l'invasion du mauvais goût parisien. On en voit peu dont les façades soient déshonorées par le charlatanisme des écriteaux et barbouillées des pieds à la tête d'enseignes aux monstrueuses lettres.

CROIX ROGATOIRES, NICHES, ETC. Dijon était jadis peuplé dans la ville et les faubourgs, de croix rogatoires monumentales : il en existait une notamment sur le pont-aux-chèvres. Je ne citerai sur la voie publique que celles qui s'élèvent à l'extrémité de la rue d'Auxonne, faubourg St-Pierre, nommée *Belle-croix*, et celle posée sur la route de Saint-Jean-de-Losne, même faubourg, connu sous le nom de croix *Maillefer*. On trouve encore une foule de niches vides ou renfermant des Saints ou des Saintes-Vierges, dans les rues dijonnaises, notamment dans l'ancienne rue Maison-Rouge qui se confond à présent avec la rue Berbisey. Dijon était avant 1789 une des villes de France les plus riches en symboles chrétiens.

Plus rien n'indique la place qu'occupaient les anciens gibets et que le plan donné par St-Julien de Balleure, marque avec une exactitude scrupuleuse. Une petite chapelle, aujourd'hui inutile, placée à l'angle oriental, du côté du sud, sur la place Morimont, et surmontée d'une croix, accuse seule la présence sur cette place de l'instrument moderne du supplice, actuellement banni de l'intérieur de la cité, pour en éloigner de barbares émotions.

Le puits banal disparaît tous les jours à Dijon, comme ailleurs, de nos rues et de nos mœurs.

Il existe encore dans l'ancienne capitale de la Bourgogne quelques monuments de ce genre; les fontaines publiques les rendent inutiles.

Salles de danse. Au-dessous de ses grands salons officiels de fêtes de l'hôtel-de-ville, du foyer du théâtre, etc., Dijon ne possède pas, comme Chalon-sur-Saône, d'élégantes salles de danse consacrées aux plaisirs quelquefois bruyants de la foule. Aucun établissement de ce genre n'est digne de mention.

Naguère encore Tivoli remplissait toutes les conditions voulues pour une salle de danse publique destinée au plus grand nombre. C'était un Wauxhall très-agréablement situé sur le boulevard qui flanque au levant la porte d'Ouche. L'origine de cette salle à laquelle se rattachaient toutes les dépendances nécessaires à ces sortes de lieux publics, datait de ce temps (consulat et empire) où pullulèrent en France les Wauxhall anglais, les Tivoli et les Frascati italiens, les salons de Flore et d'Idalie.

Tivoli n'existe plus que dans les souvenirs des légistes de la restauration, car ses beaux jours datent de loin. Il avait été bâti par M. Goisset père, qui avait la spécialité des salles de danse, et en fit plus tard bâtir sur le rempart du château, une immense qui n'a jamais prospéré.

Aujourd'hui à la place qu'occupait Tivoli, est le débarcadère provisoire du chemin de fer de Dijon à Chalon sur-Saône, avec les bâtiments temporairement construits en bois dont il a entraîné la présence, et qui font honneur au goût de l'architecte Paul Petit.

L'embarcadère général fixe sera — tout le monde le sait — dans un immense espace entre les portes d'Ouche et de la Liberté, espace où tout se prépare à grands frais pour le recevoir. — Espérons que l'édifice permanent de la gare dijonnaise sera un véritable monument vaste et somptueux comme ceux qui abritent les stations de Tours et d'Amiens. A l'instant où j'écris, on parle de la très-prochaine exploitation, depuis si longtemps invoquée, de la section de Dijon à Chalon-s.-S., du chemin de fer de Paris à la Méditerranée.

Mouvement intellectuel et artistique. Si le brillant passé littéraire, artistique et scientifique de Dijon s'est en partie évanoui, il est resté à cette cité une grande renommée d'intelligence, un goût parfait en toutes choses, des instincts puissants, le sentiment du beau moral et idéal, de la littérature, de la science, de l'art, beaucoup d'esprit de société, beaucoup de finesse d'observation, une grande urbanité, une foule de gens qui lisent et surtout qui causent avec une amabilité infinie. — Dijon est, sans contredit, la ville de France où l'on cause le mieux après Paris. Si le génie dijonnais se révèle beaucoup moins qu'il ne le pourrait et ne l'a pu jadis par ses œuvres, il s'y montre toujours par ses tendances et ses allures. J'ai parlé ailleurs de toutes les publications artistiques, historiques, poétiques qui se sont faites dans le cours de ce siècle à Dijon, comme le volume de poésie de M. Jean-Baptiste Langeron

(1846), celui d'Antoinette Quarré, Dijon ancien et moderne, les fables de M. Bressier qui a le midi de la France pour patrie géographique, mais dont Dijon était devenu la patrie morale, et dont le départ a fait un si grand vide à l'académie, etc. Des travaux sérieux sortent tous les jours de l'Académie dijonnaise entrée si largement dans une voie où l'opinion publique et les applaudissements de la province la suivront, de la commission départementale des antiquités à laquelle un irrésistible élan de patriotisme et d'histoire est imprimé. Il suffit de citer dans cette dernière les graves dissertations sur Alise, Gilly-les-Citeaux, les sources de Suzon, les restes des monuments de l'ancienne chartreuse, sur les sources de la Seine, sur la chapelle de Pagny, sur Saint-Seine-l'Abbaye, sur la fondation des hospices du Saint-Esprit de Rome et Dijon. Si l'académie ne trouve plus, comme autrefois, parmi les plus illustres savants de l'Europe, le retentissement de ses séances, l'écho de ses fêtes, le désir ardent de ses consécrations, elle n'en est pas moins toujours une grande chose qu'enveloppent de nobles souvenirs et une légitime réputation, que recommande un présent plein d'émulation et de vie.

Le sens liturgique est le seul qui manque à

Dijon avec celui de l'orthographe et de la langue inscriptionnaires. On ne sait pas ou on ne veut pas savoir à Dijon que pour écrire dans les siècles, c'est-à-dire sur les monuments, il faut employer des caractères, un style, une langue qui ne soient pas exposés à varier, que toutes les nationalités comprennent, qui diffèrent des écriteaux et des enseignes.

Dijon entré avec gloire dans le mouvement archéologique qui fait revivre l'art chrétien dans le passé et dans le présent, Dijon a toujours des sculpteurs, des peintres, des dessinateurs, un graveur habile dans M. Monot, relevant le monument comme on relève une tête pour le portrait, avec une religieuse fidélité, un mouleur distingué, M. Puchetti (Pouchetty), des architectes remplis de science et d'inspiration, parmi lesquels les Sirodot, les Suisse, les P. Petit, les Belin, les Papinot. — Ce fut un dijonnais, Jean-Baptiste Courtois qui, en 1812, découvrit l'iode. Au commencement de ce siècle, Degouvenain établit à Dijon une fabrique de vinaigres de table et de toilette, d'une supériorité remarquable. La lithographie s'est introduite dans cette ville à peu près à l'époque où Engelmann fonda son établissement à Mülhausen. Dès l'année 1816,

M. Berthaux-Durand forma à Dijon un atelier lithographique. A Dijon encore fut inventé l'appareil Thomassin pour les cheminées, et le taille-pierre de Chevolot et Fénéon. En 1842, M. Chevolot forma un établissement dijonnais pour l'exploitation de son procédé, établissement qu'il a depuis lors transféré à Paris. On ne peut imaginer les services que cette ingénieuse machine, découverte par M. Chevolot seul, peut rendre pour couper la pierre et le marbre en colonnes, rosaces, moulures, corniches, nervures de l'ère ogivale ou de la renaissance, avec une rare précision. J'ai eu le plaisir de la voir fonctionner et je l'ai signalée aux artistes lyonnais par une lettre datée de Lyon le 25 février 1845, publiée dans le journal le *Rhône* du mardi 4 mars suivant, n° 1313, reproduite dans la *Revue de la Côte-d'Or et de l'ancienne Bourgogne*, du 5 avril 1845. (1) — On le voit, les Dijonnais ont toujours l'esprit inventif.

Le goût des collections privées de livres, de monuments de l'histoire particulière peints,

(1) M. Jean-Pierre Domet-Carré, de la Guillotière (Rhône), exploite un taille-pierre qu'il nomme *lapicide* et pour lequel il a obtenu un brevet d'invention (n° 173 du bulletin des lois).

écrits, gravés, sculptés, des objets d'art, si développé à Dijon, y témoigne assez de l'ardent amour dijonnais pour tout ce qui est du domaine de l'intelligence. Tout cela n'est pas seulement dans les maisons particulières, mais se trouve dans le commerce local. M. Tagini a, rue Rameau, dans les salons qu'occupait autrefois le fameux café Frascati au rez-de-chaussée de l'aîle orientale de l'hôtel-de-ville, sous le musée, une des plus riches expositions de curiosités historiques et d'objets d'art qui existent en province, et dont l'importance ne peut se comparer qu'à celles de Venize, Genève, Basle et Zurich. M. Barbizet, dont le magasin n'est séparé de celui de M. Tagini que par la porte conduisant à la cour de Bar et un magasin de modes, M. Hartmann, antiquaire, M. Puchetti dont on s'obstine à franciser le nom (Pouchetty), et M. Guasco-Jobard offrent au public artiste, une foule de meubles historiques ou du goût moderne, choisis avec discernement. La lithographie Guasco-Jobard rivalise avec les plus célèbres ateliers de la province, en ce genre, ceux de Moulins et Strasbourg, et efface tous ceux de la grande cité de Lyon elle-même.

De même que le goût de la lecture si général à Dijon, y a déterminé la formation de nombreux cabinets littéraires, et *casini* (sociétés de jeux et de lecture, closes), de même aussi le goût des livres y a développé à un haut degré l'industrie de la reliure. Les reliures de Godard, Mairet, Maitre, etc., sont justement appréciées.

A l'instant même ou j'écris ces lignes, la société des amis des arts dijonnaise, vient de jeter une nouvelle lueur de vie sur son tombeau, par une imposante manifestation, par sa dernière exposition de tableaux, statues, etc., à rendre à la ville de Dijon ses anciennes solemnités artistiques.

Patois — Accent — Types. La langue populaire traditionnelle est le sceau le plus authentique et le plus ferme d'une nationalité. Peu de patois étaient aussi expressifs, avaient un tour plus original, plus pittoresque que notre ancien patois bourguignon, illustré par Lamonnoye et Pierre Dumay, spécialement propre au peuple dijonnais. — Car il faut bien savoir que le patois bourguignon variait selon les localités. — Le seul dialecte vraiment littéraire de la Bourgogne fut le dialecte dijonnais. La réunion de la Bourgogne à la France, la révolution française qui a centralisé l'esprit public à Paris et détruit l'individualité provinciale, les progrès constants de la civilisation, le besoin de nivellement et d'uniformité qui caractérise les quarante premières années du xixe siècle, ont concouru, à des époques et dans des mesures différentes, à frapper de mort le patois de Dijon, si rapide, si osé, si souple, et on n'en retrouve plus les derniers échos que dans la bouche de quelques vieux jardiniers des faubourgs ou de vieux vignerons des campagnes environnantes.

Dijon est une des villes de France où l'on parle le français avec le plus de pureté, mais aussi avec un des accents les plus fortement topiques. Cet accent dijonnais est agréable sans doute, il a quelque chose de léger, de caressant, de fin qui plait, mais il n'en sert pas moins d'auxiliaire à une foule de solécismes que les gens de goût blâmeront toujours. Ainsi on prononce avec une affectation marquée l'*a* bref dans les mots *château, gâteau*, où il doit être grave conformément à l'accent circonflexe, indiquant une syncope, et au radical, dans le mot *pas* dont l'*a* ne doit être ni grave ni bref; et par compensation, on prononce comme s'il y avait un accent circonflexe sur l'*a*, le mot *cadre*, et le mot *papa* comme s'il était écrit *popo*. Ce sont des fautes commises par habitude, par caprice et par calcul peut-être, du rafinement, de l'enjolivement et de la fioriture fautes que l'influence dijonnaise a importées dans les villages et bourgs voisins de Dijon, jusque dans la délicieuse petite ville de Nuits, l'une de mes plus chères patries bourguignonnes. Malgré ces quelques imperfections, Dijon parle avec une grâce infinie et articule franchement : il n'a dans son accent, ni le ridicule grasseyement de Paris, ni la traînante prosodie du langage lyonnais.

Comme à Beaune, les diverses nationalités rurales sont appréciables à Dijon, les jours de foires et marchés, par la figure et la canne. — La canne chez le paysan, c'est l'homme; comme la tabatière chez le citadin. Ainsi, vous reconnaîtrez toujours l'enfant de nos coteaux vitifères au bâton de vigne, le bressan au bâton de bouleau, l'habitant des montagnes éduennes au bâton de houx, de châtaignier, de néflier ou de cornouillier, l'homme de nos plaines à la canne d'épine, de poirier ou de pommier sauvages; vous jugerez de la nationalité à la douille simple anneau de fer ou dard, à la garniture de cuir avec pompon rouge et fils de laiton, à la forme du bâton en massue, en manche de fouet, etc.

Le paysan des montagnes dijonnaises n'a rien

de commun avec le paysan du pays bas dijonnais, des environs de Genlis et de Rouvres. Le vigneron de la côte est un type à part qui ne ressemble ni aux premier ni aux second. Ni les uns ni les autres n'ont les mêmes *dictum*, le même teint, la même physionomie, les mêmes allures, les mêmes lieux de réunion.

Luxe. Le luxe dijonnais est dans une situation éclatante, au point de vue des maisons, des ameublements, des équipages et des vêtements. Luxe aristocratique et patricien, luxe financier, luxe bourgeois, luxe marchand, tout cela se développe à Dijon sur une grande échelle. Sans entrer dans les demeures particulières, pour en rechercher les manifestations, disons qu'il se montre sur la voie publique, dans les magasins, les boutiques, avec une verve toute parisienne. Depuis que Dijon, où rien n'était naguère encore préparé pour l'industrie et le commerce de détail, est devenue une ville marchande, cette cité s'est mise à l'unisson de Chalon-s.-S. et de Lyon pour l'étalage des boutiques, et la somptuosité des cafés ; seulement, sous l'empire de ce bon goût qui plane sans cesse sur Dijon, elle a été plus sobre d'ornements vulgaires, elle a fait plus de luxe et moins de clinquant. Les plus beaux cafés dijonnais sont certainement le café de Paris, place St-Etienne, hors ligne, les cafés Thibaut et Georges.

J'ai indiqué ailleurs les spécialités de l'industrie actuelle de Dijon : le commerce des vins ordinaires et des vinaigres, de la moutarde, des pains d'épices et croquets, des nouveautés, des objets de luxe, le roulage par terre et par eau, la commission, l'entrepôt, les farines, les fonderies, etc.

Mœurs et caractère. Malgré les révolutions politiques qui y ont exercé une si puissante influence, le type régence et Louis XV domine encore à Dijon dans l'aspect général, dans l'architecture et la société. Les broderies démocratiques se dessinent sur un fond largement aristocratique. C'est toujours une ville d'étiquette, d'équipages, de livrées, d'existences à grand bruit de chiens et de chevaux. — Les mœurs dijonnaises ont en apparence quelque chose de théâtral, d'étudié, d'officiel, d'académique, peut-être, que tout observateur sérieux constatera. En général, solennel dans sa toilette, apprêté dans sa pose, ses allures, son langage, le dijonnais se drape comme s'il était constamment en représentation, comme si tous les yeux de la ci-

vilisation étaient particulièrement fixés sur lui.
— Ce n'est ni de la fatuité, ni de l'arrogance, ni de la fanfaronnade, ni de la morgue, ni de la pédanterie systématique, c'est une habitude toute naturelle, toute bénévole, un pli pris, ce n'est pas un calcul. De vieilles traditions de royauté, infiltrées dans le sol et les familles, continuent à influer sur le peuple dijonnais et l'éducation qu'il reçoit. Dijon est ou veut toujours être capitale à la puissance politique près. De là cette propension permanente à jouer la grande cité. Il y a une idée fixe dans la population dijonnaise, c'est que Dijon est une grande ville ; les dijonnais attachent beaucoup d'importance à ce mot.

On croirait presque que peu importe au dijonnais la réalité, s'il donne l'apparence. Il sait faire valoir sa personne, s'arranger comme la cité a arrangé ses monuments, tirer parti de tout. C'est peut-être ce qui avait motivé l'ancien *dictum* beaucoup trop absolu d'*habit de velours, ventre de son*, et qu'il faut bien se garder de prendre au pied de la lettre. Rien ne ressemble plus à la grisette parisienne et florentine, que la grisette dijonnaise, elle a un tact, une recherche, un art infinis.

Et, en tout ceci — qu'on veuille bien se le persuader — rien d'exclusif dans mes idées. Quand je caractérise un type assez ostensiblement marqué, je sais que d'exceptions font à la règle, le cœur, l'éducation, le bon goût, le savoir d'un grand nombre. L'histoire doit relever avec la même fidélité, faits, monuments, mœurs.

Ce n'est pas moi qui blâmerai cette fierté instinctive propre au caractère dijonnais, fierté mêlée d'une exquise urbanité, car je comprends qu'on se félicite de la circonstance fortuite qui vous a donné une si belle et si glorieuse patrie. Malheureusement la politesse proverbiale des mœurs dijonnaises a peut-être affaibli en elles l'antique énergie de la cordialité bourguignonne. C'est encore moins leur amour exclusif pour Dijon que je me sentirais capable de reprocher aux dijonnais généralement infatués de leur pays. Dijon est pour les enfants de Dijon le pivot du monde ; ils ne prononcent jamais les cinq lettres qui forment ce nom, sans une complaisance affectée, une sorte de prosodie et d'inflexion particulières, d'accent présomptueux : peu s'en faut qu'en parlant du reste de la Côte-d'Or et de Saône-et-Loire, ils ne disent la province.... peu m'importe. Dijon, au fait, est le cœur moral de notre contrée, le foyer d'intelligence, de société, de progrès en tout genre, de science, de littérature et d'art qui la vivifie. L'esprit de patriotisme local ne peut jamais être trop exalté.

Mais ce qui trouvera moins facilement grâce devant mon inexorable impartialité, ce sont les partis-pris et les préjugés dijonnais à l'endroit d'autres villes notables du département, c'est ce génie d'absorption de la cité dijonnaise, génie qu'on ne lui a pas reproché sans causes légitimes, ce puissant instinct d'accaparement par suite duquel Dijon tend sans cesse à centraliser dans son sein tous les germes de vie, tous les avantages, toutes les ressources du département. Les cités secondaires de la Côte-d'Or ne sont rien dans l'esprit du chef-lieu, comme si sa part n'était pas assez belle, comme s'il ne pouvait pas vivre grandement, sans frapper les autres villes d'allanguissement. Plus d'une fois, le pouvoir modérateur du conseil-général, a posé timidement des ombres de bornes aux envahissements dijonnais. — Mais Dijon, je le répète, n'est pas encore accoutumé aux restrictions apportées à l'exercice de sa puissance et à l'explosion de son initiative. — Beaune dont la prospérité et le commerce lui font envie, est sa plus éclatante victime : c'est sur Beaune, l'antique Minervia, la sœur et peut-être l'aînée de Dijon, c'est sur Beaune que tombent tous les quolibets, toutes les ironies, tous les sarcasmes, tous les ostracismes. Beaune est devenu, dans l'esprit dijonnais, une sorte de Béotie bourguignonne. Aussi avec quel ton superbe on l'a traitée dans la question du chemin de fer de Paris à la Méditerranée, dont Dijon a attiré à lui la principale artère contre toute logique et tout droit, contre la carte géographique elle-même, contre toute idée d'économie de parcours et d'argent! La cité dijonnaise aurait considérée celle de Beaune comme une esclave au lieu de l'aimer comme une parente, qu'elle n'eût pas agi d'une manière plus égoïste, plus hautaine et plus dure.

Et de toutes ces observations faites sans fiel, que résulte-t-il, sinon que Dijon a quelques travers comme tout ce qui a vie sous le firmament, et quelques épines parmi les fleurs épanouies et embaumées de la couronne que nous posons tous sur sa tête. J'aime ce peuple dijonnais toujours frondeur, mordant, spirituel, plein de finesse dans sa malice, type du *bourguignon salé* [1],

---

[1] Ce n'est ici qu'un jeu de mots. On le sait, ce dictum vient de la taxe du sel qui était perçue dans le duché de Bourgogne, et dont le comté était exempt.

comme dans le dernier siècle, toujours épris de vie extérieure, de fêtes, de spectacles, de plaisirs, et à l'instar du peuple romain, demandant sans cesse *panem et circenses*, aimant la rue, la place publique, désireux de voir et d'être vu. L'esprit caustique des dijonnais est ancien, comme on l'a vu, il se manifestait dans la *mère-folle*, dans cette société de *mocqueurs* formée par les membres dispersés de la *mère-folle*, et ensuite dans celle des œuvres fortes qui la continua, et cette tradition n'a pas cessé de vivre sous le ciel dijonnais, avec la satyre et les chansons.

Quoique Dijon soit devenue une ville commerçante, qu'on ne vienne pas me dire que le commerce est dans ses mœurs ; c'est une position factice qu'il a prise fortuitement, par la force des circonstances qui tarissaient les anciennes sources de sa prospérité. Tout à Dijon semble encore annoncer l'oisiveté intelligente, rien n'y indique l'esprit mesquin et bourgeois du banquier.

Conclusion. Oui, la ville de Dijon est toujours digne de notre généreuse province et d'elle-même ; toujours elle mérite de résumer en elle la Bourgogne langroise, la Bourgogne dijonnaise, la Bourgogne beaunoise, la Bourgogne chalonnaise, la Bourgogne éduenne, la Bourgogne bressanne, la Bourgogne lyonnaise, d'être le point régulateur suprême de cette nationalité burgundo-française, si variée et si unie, qui s'est transformée, qui a pâli, mais n'est pas morte.

Je plains le cœur bourguignon qui en entrant à Dijon ne s'épanouit point, ne chante et ne palpite pas. — Pour moi, fils ignoré des collines bourguignonnes, je ne franchis jamais le seuil de leur capitale, sans tressaillir, sans éprouver je ne sais quelles saintes émotions d'enthousiasme, de respect, de poésie, d'effusion et d'orgueil. Cette ville toujours renommée, toujours illustre, occupe dans l'opinion européenne une place plus large que Toulouse même, la ville de la pensée : elle a une valeur morale bien supérieure à sa valeur matérielle. Aussi son influence est-elle toujours immense sur les villes qui l'entourent, le département et l'ancienne province, notamment sur la petite cité de Nuits où les échos de Lyon n'ont plus le même retentissement qu'à Chalon-sur-Saône et à Beaune. Les *dictum* dijonnais n'ont pas jusqu'ici cessé d'être populaires dans la Côte-d'Or.

Pour bien comprendre les forces effectives de Dijon, il faut se rappeler qu'il y a une identification complète de tous les villages de la Côte, depuis Chenôve jusqu'à Gevrey et Morey, avec cette cité; que tous les jours, à toute heure, leur population se confond avec la population dijonnaise, que la ville de Nuits, bien que distante d'environ 20 kilomètres de Dijon, n'est en réalité qu'un de ses faubourgs par la multiplicité de ses relations.

Beaucoup d'étrangers attirés par la beauté de la ville, les harmonies de ses paysages et de son ciel, l'abondance et la limpidité de ses eaux, le ton exquis de bonne compagnie et le parfum de bon goût qui distinguent la haute société dijonnaise, réservée dans la rue, toujours polie dans le salon, aiment le séjour de Dijon. Tous les officiers qui y ont été en garnison, tous les avocats qui y ont fait leur droit et leur stage, ne parlent jamais de Dijon qu'avec un enthousiasme difficile à décrire.

Il est des villes plus régulières, plus magnifiques que celle-ci, plus riches en imprévu, en grandes situations monumentales; aucune n'offre le charme inexprimable de Dijon; aucune n'a de pareilles masses d'air, de lumière, d'eaux salubres, ces trois premières conditions de vie. — On compare souvent Dijon à Tours; mais quel rapport entre une cité où l'on ne trouve qu'un monument historique d'une grande valeur et une rue droite splendidement bâtie, qui n'a pas une gloire biographique, et ne vante qu'un P. Rapin, jésuite, située au milieu d'une nature riante, mais efféminée, lymphatique, blonde et molle, et notre Dijon dont toutes les rues sont des musées, dont l'histoire est constellée de noms illustres, posé à l'ombre des côteaux sanguins et colorés de la virile Bourgogne! — Parmi toutes les manifestations dijonnaises de l'art, même au xve siècle, nulle trace de bouffissure et de corruption, rien d'invertébré, rien d'ampoulé, rien de flatulent, rien d'ignoble comme à Troyes et en tant d'autres villes.

Malgré la physionomie que la perte des grandes institutions ducales et provinciales a imprimée aux mœurs dijonnaises, on ne peut s'empêcher de chérir et d'honorer Dijon. Cette cité plus qu'aucune autre fait battre le cœur bourguignon. — Oh! si les provinces de France étaient encore quelque chose, si la centralisation et le monopole parisiens contre lesquels de nobles efforts conspirent avec une énergie et un ensemble inaccoutumés, ne tendaient pas à abrutir de plus en plus les départements, quel beau rôle Dijon jouerait encore à présent par la science, la société, l'intelligence et les arts, quel centre vivifiant et propice il offrirait à la civilisation et aux progrès ! — Espérons du régime républicain qu'il démocratisera l'administration départementale, et affranchira Dijon du joug de Paris, en tout ce qui n'est pas unité d'action politique.

Je le répète en terminant cet écrit, à chaque époque, Dijon a reçu une nouvelle auréole de civilisation et de gloire, et le xixe siècle lui donnera la sienne.

SUPPLÉMENT.

Prætermissa — Addenda — Delenda — Memoranda — Post-Scripta — Quæ supervenerunt dùm opus excudebatur.

I.

CHAPITRE Ier.

Page 1re, lignes 11 et 12, au lieu de : *à la France*, lisez : « à l'ouest de la France. »

ID. page 2, ligne 18, fin du premier alinéa, avant les mots : *voilà ces belles collines*, ajoutez : « L'épais rempart de montagnes granitiques dont le Morvan (Morven) éduen et nivernais forme le cœur, remplit, par rapport à la Bourgogne vitifère, le rôle que les Alpes jouent relativement à la douce Italie. Il sépare pour ainsi dire deux mondes. La différence d'accent, d'aspects, de climat, de cultures, de mœurs, qui existe entre les régions transalpine et cisalpine, se retrouve entre les plages posées en-deçà et au-delà des crêtes morvaniques. »

Id. page 4, ligne 18, après *Bourguignonnes*, au lieu de nord, lisez : « au levant »

Même page, ligne 22, après *poésie*, au lieu de : au levant, lisez : « au sud-est. »

II.

CHAPITRE II.

Au début, ajoutez : « Les colonies helléniques qui remontèrent le Rhône et la Saône, fondèrent dans la plaine lyonnaise, bien avant l'établissement de Lucius Munatius Plancus, un Emporium important, s'arrêtèrent sur divers points de la Valbonne, notamment à Niévroz (Ain), dans les régions orientales du canton de Nuits, et de là s'avancèrent jusqu'à Iseure, dont le nom rappelle encore toute l'harmonie des désinences grecques, ces poétiques colonies ne paraissent pas avoir déplié leurs tentes sur l'emplacement actuel de Dijon. Les colons grecs n'étaient que des marchands venant particulièrement de l'Asie mineure, presque toujours accompagnés d'Egyptiens. Leur séjour bien constaté à Lyon, surtout depuis le dernier mémoire de M. l'abbé Jolibois, curé de Trévoux (*Revue du Lyonnais*), date de l'an 500 environ, avant J.-C. — Ce furent probablement eux qui, dans leurs excursions au nord de Lyon, apportèrent le culte d'Isis à Iseure et jusqu'à

Isome (Haute-Marne); eux qui semèrent à l'orient de Nuits, ces germes de bon goût architectonique, qui leur ont survécu. Ils s'étaient, en Bourgogne, arrêtés à Santenay dont le nom a son radical commun avec celui d'Ainay, à Lyon. Ce nom vient ou d'un chef d'agglomération coloniale, ou d'un apôtre ou d'un martyr appelé *Atheneos*, *Athenaos*, qu'on aurait plus tard canonisé dans la langue populaire, à Santenay (Sant' Athenay, Sant' Ainay) ou d'un athénée qui y aurait été établi. — Même chose exactement pour Ainay de Lyon.

Ce furent les colons grecs qui donnèrent au Rhône le nom hellénique de Rhodanos, à la Saône, celui d'ARÔ (d'où les Latins ont fait arar) qui veut dire se joindre. C'est la même étymologie que celle d'hérault. L'emporium lyonnais des Grecs s'étendait justement près du lieu qu'occupe aujourd'hui la basilique d'Ainay.

Les colonies grecques, dans le Lyonnais, la Valbonne, la Bourgogne, commencèrent, je le répète, par des négociants et des artistes ioniens qui venaient vendre des simples arômatiques, des parfums, des objets d'art et de luxe, des étoffes de soie, des tapis, aux peuples à demi-barbares de la Gaule. — Les apôtres qui évangélisèrent les terres burgundo-lyonnaises, étaient tous grecs : ils étaient donc appelés par leurs frères de la Bourgogne et du Lyonnais. Le nom même de

Narosse (Naros) sous lequel est connue la région de Santenay située autour de l'église de St-Jean-de-Narosse, est absolument et rigoureusement grec. N'émane-t-il pas évidemment ou de ΝΑΡÒΣ (custos) ou du verbe ΝΑΡÔ (abscondo), si l'on considère l'austère et mystérieuse configuration du site?

Les marchands grecs avaient dans les Gaules des marchés temporaires, image et origine des foires, en certains lieux; en d'autres, des marchés fixes, des bazars permanents, et autour de ces bazars, une agglomération plus ou moins considérable d'habitants. De ce dernier genre fut l'Emporium grec lyonnais.

Rien donc ne donne à penser qu'un bazar grec volant ou sédentaire ait marqué l'ancien sol dijonnais.

L'*Itinerarium Galliæ* s'explique ainsi sur les précédents antiques de Dijon: *Divionensis conditor habetur vulgò, mihi potiùs restaurator pomerii que productor, Aurelianus, imperator. Nomen ab divis quis plurimus ibi fuit cultus, impositum putatur.* »

MÊME CHAPITRE, page 9, ligne 4, après les mots: *sur le sol dijonnais*, ajoutez: « Bien qu'il ne faille pas attribuer aveuglément et exclusivement à des migrations helléniques, toutes les fondations de ce genre qu'expliquent d'ailleurs les vieilles relations des Gaulois avec l'orient, rien, toutefois, n'interdit de penser que les colons grecs qui visitèrent le levant de la Bourgogne, ne furent point étrangers à l'érection d'un temple à Isis, en ces lieux, quoiqu'ils n'y aient point fixé leur séjour. Ces colons étaient d'ailleurs mêlés de marchands égyptiens, comme j'ai eu occasion de le faire observer. »

Id. page 13, ligne 6, après *connu*, au lieu de respirant, lisez : « exhalant. »

Id. page 21, ligne 16, après : *d'incertitudes*, ajoutez en alinéa : « Les influences méridionales si marquées, si énergiquement exercées, sous les comtes, dans la Burgundie de cette époque, par suite de ses rapports immédiats, incessants, avec l'Aquitaine, et qui se manifestèrent par l'adoption même des noms, des saints du midi, comme Saint-Saturnin, St-Bauzile, etc., se firent moins vivement sentir à Dijon dont la condition politique était encore obscure et précaire, qu'à Beaune, Chalon-sur-Saône, Autun, surtout. »

Id. page 22, ligne 14, après le mot : *cité*, et avant les mots : *Othe-Guillaume* de la ligne 15, ajoutez en alinéa : « C'est sous le comte Manassès Ier de Vergy, dit le *vieux*, que les Normands s'avancèrent jusqu'à Dijon, en 888. Il défendit vaillamment cette ville qui ne reçut aucun dommage, bien que tout le pays environnant fût saccagé. »

III.

CHAPITRE III.

Page 43, ligne 11, après le mot : *Saulx*, ajoutez : « Il tint assiégée pendant un an, une ville de l'électorat de Cologne, qui portait le nom d'une de ses plus chéries cités bourguignonnes, et le doit vraisemblablement aux mêmes antiques fondateurs, celle de Nuys, qui résista avec énergie à ses armes. »

ID. page 50, ligne 14, au lieu de : *après sa mort*, lisez : « Après la mort de Charles-le-Téméraire. »

ID. page 59, ligne 15, après le mot : *politique*, ajoutez en alinéa :

CONCILES DE DIJON.

« Les conciles non-œcuméniques de Dijon, tiennent si peu de place dans l'histoire de cette cité, que j'avais presque oublié d'en parler dans le cours de ce chapitre. La plupart ne furent que de simples conférences épiscopales, de simples synodes d'évêques. Le premier se réunit l'an 1075. C'est par erreur que certains auteurs en ont fixé la date à 1020. Le but de cette assemblée était de prononcer contre plusieurs évêques symoniaques. Vingt ans auparavant, un concile avait été tenu à Lyon pour le même objet (1055) : Manassès y fut déposé. — On trouve des détails sur le premier concile de Dijon, dans l'histoire des évêques d'Auxerre.

Le deuxième concile dijonnais eut lieu en 1115, à propos de différends entre les églises de Saint-Jean et de St-Etienne de Besançon. Le troisième, en 1117. Il fut présidé par Gui, archevêque de Vienne-en-Dauphiné, comme cardinal-légat apostolique. On y traita d'une contestation entre les moines de St-Bénigne et Humbert, touchant le temporel. Cette assemblée est, comme la précédente, très-obscure.

Le 4e concile de Dijon se rapporte à l'année 1199. Pierre de Capoue, cardinal-légat d'Innocent III, le présida. Il s'assembla le 6 décembre, fête de St-Nicolas. Etaient présents quatre métropolitains et dix-huit évêques de France. Ce concile concernait Ingeburge de Danemarck, épouse du roi Philippe-Auguste, que ce prince avait répudiée, pour s'unir à Marie-Agnès, fille de Berthold, duc de Méronie. — Quelques auteurs ont parlé d'un cinquième concile dijonnais en 1200; mais il semble ne faire qu'un avec celui de 1199. On peut consulter un mémoire de Girault sur le concile de Dijon, dans les collections de l'académie, *l'art de vérifier les dates*, le *dictionnaire universel, dogmatique, canonique des sciences ecclésiastiques*, par le R. P. Richard. »

IV.

CHAPITRE IV.

Page 74, ligne 14, après les mots : *à l'ombre de Dijon*, supprimez le point et ajoutez : « que dans les deux derniers siècles. »

ID. page 88, ligne 17, après les mots : *de la cour de France*, ajoutez en alinéa : « Pierre Palliot, né à Paris et mort à Dijon où il publia ses livres, libraire, graveur, imprimeur, appartient à ce grave dix-septième siècle. Il était rempli de science et passait pour un des écrivains les plus laborieux de ce temps d'études fortes et d'opiniâtres travaux. Son portrait a été gravé par Drevet : il avait lui-même gravé celui d'Odebert et de plusieurs illustres Dijonnais. »

ID. page 89, ligne 4, après les mots *bourgeoise qu'elles intéressaient*, ajoutez : « En 1731, un siége épiscopal fut érigé à Dijon, et dans la même année (4 novembre), eut lieu l'entrée solennelle dans la cité, de son premier pontife, Jean Bouhier, conseiller-clerc au parlement de Bourgogne, doyen de la Ste-Chapelle et chancelier de l'université nouvellement établie à Dijon. Dès les années 1575, 1578, 1592, 1597 et 1630, d'inutiles efforts avaient été faits pour obtenir l'érection à Dijon d'un siége épiscopal. Les évêques de Langres, d'Autun, de Chalon-sur-Saône avaient constamment suscité des oppositions et des entraves. Enfin, grâce au zèle d'un puissant auxiliaire, Louis-Henri, duc de Bourbon, prince de Condé, gouverneur de Bourgogne, la mesure fut prononcée. Jusqu'à ce temps, comme on l'a vu, Dijon avait été placé sous la juridiction des évêques de Langres, qui y avaient conservé un tribunal ecclésiastique où ils avaient un archidiacre et un official. — »

Id. page 103, ligne 1re, après les mots : *qu'elle a conservés*, ajoutez : « La revue des troupes étrangères passée en septembre 1815, à St-Apollinaire, revue où parurent ensemble l'empereur d'Autriche, l'empereur de Russie, le roi de Prusse, toute magnifique qu'elle fut, n'en offrit pas moins un spectacle blessant pour les patriotiques cœurs dijonnais. »

Id. page id., ligne 10, après les mots : *constituée en* 1820, ajoutez : « Le procès politique intenté à MM. le général Vaux, le comte Léjéas, Hernoux et Royer, accusés d'avoir conspiré contre le gouvernement des Bourbons, arrêtés le 1er novembre 1815, transférés à la citadelle de Besançon, acquittés enfin par la cour d'assises, le 26 août 1816, eut, en Bourgogne et à Dijon, un retentissement funeste aux intérêts moraux de la restauration. Loin de comprimer le libéralisme du temps, qui consistait à regretter l'empire, il en augmenta les forces, particulièrement dans la classe bourgeoise à laquelle appartenaient les prévenus. »

ID. page 107, ligne 14, après : *public*, ajoutez entre parenthèses : « (ce nombre va être porté à 148). »

ID. page 112, ligne 7, après les mots : *vers le même temps*, ajoutez : « Les processions publiques du Saint-Sacrement, si solennelles à Dijon, sous la restauration, suspendues dans cette ville par suite des évènements révolutionnaires de juillet 1830, reparurent en 1844, avec leur ancienne effusion, leur ancien éclat, et traversèrent de nouveau les belles rues dijonnaises, ornées de guirlandes, de pieux symboles, de légendes sacrées, décorées avec toute la somptuosité et l'élégance bourguignonnes. »

ID. page 119, ligne 10, lisez : « de l'ancien café Lafayette. »

ID. page id., ligne 11, après *gouvernement*, ajoutez en alinéa : « La révolution de février 1848 trouva M. de La Tournelle premier président de la cour royale, Mgr Rivet (encore assis sur son siége à présent), évêque de Dijon, M. le baron Nau de Champlouis, préfet de la Côte-d'Or, M. Berthot (décédé après la révolution), recteur de l'académie universitaire, lieutenant-général commandant la 18e division militaire, M. Bougenel, maréchal-de-camp commandant le département de la Côte-d'Or, M. Vesco, maire de Dijon,

M. Victor Dumay, 1er adjoint, M. Lépine, ingénieur en chef du département, M. Darcy, député de Dijon (intrà-muros), M. Saunac, de Dijon (extrà-muros), M. Muteau, juges de paix des trois cantons, MM. Démoulin (ouest), Bavelier (est), et Courtois (nord). »

ID. page 122, ligne 26, après le mot *radicales*, ajoutez en alinéa : « A Dijon, comme dans toute la France, le collége royal reprit le nom de lycée, la cour royale celui de cour d'appel ; ce qui était royal devint national, les dénominations de maréchal de-camp et de lieutenant-général s'effacèrent devant celles de général de brigade et de général de division.

M. Muteau, ancien député de la Côte-d'Or, représentant les opinions sagement progressives et vraiment nationales, fut appelé, par décret du gouvernement provisoire, à la première présidence de la cour d'appel dijonnaise. Plusieurs autres fonctionnaires civils ou militaires, résignèrent ou cédèrent les postes qu'ils occupaient sous le gouvernement royal. »

ID. page 124, ligne 4, au lieu de : *incorporé*, lisez : « incorporée. »

ID. page id., ligne 22, après : *aujourd'hui*, au lieu de *conseiller-d'Etat*, lisez : « sans fonctions. »

ID. page 125, ligne 8, après les mots : *conformément à la loi*, ajoutez : « Le 20 août, eut lieu l'élection des membres du conseil général de la

Côte-d'Or. Les noms de MM. Jacques Grapin, pour le canton de Dijon-nord, Etienne-Nicolas-Philibert Hernoux pour le canton de Dijon-est, et Amable-Simon-Auguste Drevon, pour celui de Dijon-ouest, sortirent de l'urne »

Id. page 129, ligne 2, après le mot : *quelques*, au lieu de dragons, lisez : « hommes »

Id. page 132, ligne 8, après les mots : *largement nationale*, ajoutez : « A l'époque du grand procès politique jugé à Bourges par la haute-cour de justice, en mars 1849, la 5e division de l'armée des Alpes et son état-major avaient été, comme je l'ai dit plus haut, transférés dans le Berry. Cette division est revenue dans ses premiers cantonnements, à la fin d'avril; mais son quartier-général a été fixé officiellement à Mâcon et s'est accidentellement transféré à Chalon-sur-Saône.

Le 4 mai, l'anniversaire de la proclamation du gouvernement républicain, a été célébré à Dijon, comme dans le reste de la France. Quelques désordres survenus après la revue de la garde nationrle, à laquelle cet anniversaire donna lieu, amenèrent des arrestations et la dissolution des trois bataillons d'infanterie de cette milice citoyenne. Le désarmement qui commença à s'effectuer le 8 du même mois, s'est opéré sans difficulté et sans bruit.

Bientôt arriva le jour fixé pour les élections générales des représentants du peuple à l'assemblée nationale législative, le dimanche 13 mai 1849. Les votes furent déposés à Dijon dans le calme le plus parfait. Bien que l'œuvre particulière des arrondissements communaux de la Côte-d'Or se soit, conformément à l'esprit de la loi, confondue dans l'œuvre générale et collective du département, voici, parmi les élus, les noms que l'influence dijonnaise a plus spécialement concouru à faire sortir de l'urne, et pour la candidature desquels elle avait pris l'initiative. Ce sont ceux des citoyens Chaper, James Demontry et Noblet. Ils ont obtenu dans les trois cantons de Dijon-ville, les suffrages suivants :

M. Chaper, canton de Dijon-nord, 652 voix — est, 983 — ouest, 1,011.

M. James Demontry, nord, 1,009 — est, 853 — ouest, 1,394.

M. Noblet, nord, 613 — est, 832 — ouest, 958.

Dans les trois cantons dijonnais, campagne comprise :

M. Chaper, nord, 1,406 — est, 1,363 — ouest, 2,005.

M. James Demontry, nord, 1,461 — est, 1,571 — ouest, 1,836.

M. Noblet, nord, 1,349 — est, 1,309 — ouest, 1,941.

Cependant, arriva la crise du 13 juin 1849, à la suite de laquelle Paris fut déclaré en état de siége. Dès le 14, une assez vive agitation se montrait à Dijon. Dans le même jour, une manifestation préparée contre la préfecture et la mairie, échoua devant les mesures militaires prises dans les deux centres administratifs menacés. Si ces troubles eussent été plus sérieux, le préfet de la Côte-d'Or, autorisé à mettre au besoin Dijon en état de siége, aurait peut-être recouru à ce moyen toujours extrême de réprimer l'émeute.

Les processions publiques de la Fête-Dieu, qui s'étaient relevées à Dijon en 1844, comme on l'a vu, et qui en 1848 ne sortirent point des temples, ont continué, en 1849, à se renfermer dans les enceintes sacrées.

Dès le mois de mars de la même année, les bâtiments temporaires du débarcadère provisoire de la voie de fer de Paris à Lyon, s'élevèrent, près du viaduc de la Porte-d'Ouche, sur les ruines de l'ancien Tivoli dijonnais. La porte-au-Fermerot fut entièrement détruite, le rempart nivelé, mais sans que son mur d'enceinte extérieur ait été entamé, pour que cet emplacement puisse servir à la reconstruction de l'une des salles d'asile et de l'une des écoles communales primaires dijonnaises.

En juin, des mesures hygiéniques furent prises à Dijon, pour prévenir le choléra-morbus asiatique, qui avait déjà envahi le département de la Côte-d'Or, par Montbard, Châtillon-sur-Seine,

Meursault. Un arrêté préfectoral établit au chef-lieu une commission sanitaire, sous le titre de conseil d'hygiène publique et de salubrité du département de la Côte-d'Or. Ce fut une réorganisation de l'ancien comité sanitaire préexistant.

Cependant, les modifications apportées par le gouvernement à l'armée des Alpes, furent annoncées à la grande revue d'une partie de cette armée, passée le dimanche 1er juillet, à Lyon, quartier-général du général en chef de cette troupe de réserve. Une portion de ces forces militaires reforme une nouvelle armée dite du Rhin. — Un camp de 20,000 hommes doit, dit-on, être bientôt établi entre Dijon et Beaune, sous le nom de camp de réserve de l'armée du Rhin.

L'un des réquisitoires apportés le 28 juin, à l'assemblée nationale législative, demanda l'autorisation de poursuivre le citoyen James Demontry, prévenu de participation au complot du 13 juin. — Quelque temps auparavant, il avait été décidé que les gardes nationaux de Dijon, accusés d'avoir illégalement porté l'uniforme de la compagnie d'artillerie dijonnaise dissoute, seraient jugés par le tribunal de police correctionnelle de Châtillon-sur-Seine.

Ce fut dans la première quinzaine de juillet qu'on apprit à Dijon la fin prématurée de M. James Demontry, mort d'une attaque de choléra, dans les sentiments de la plus sincère piété, à Cologne où il s'était réfugié, pour se soustraire aux poursuites, sous le pseudonyme de *Labourieux* que portaient ses passeports. Nous avons eu quelques relations sociales et non politiques avec James Demontry. Nous dirons de lui, sur sa tombe, ce que nous disions de son vivant. C'était une âme généreuse, ardente, loyalement dévouée aux principes démocratiques et à son pays. Malheureusement, les entraînements de parti, l'idole de la popularité, la mystérieuse et violente éducation des sociétés secrètes, le poussèrent parfois au-delà de ses convictions et de sa nature, dans les actes de sa vie parlementaire et politique. Abandonné à ses inspirations et à sa conscience, James Demontry ne s'égarait pas : sa foi démocratique un peu chevaleresque ne franchissait point certaines limites. — Il ne vexa personne pour le plaisir de tourmenter, pendant son commissariat dans la Côte-d'Or; il sut même résister à des suggestions furibondes. S'il en subit quelques-unes, si, par suite de ces influences, il s'exagéra quelquefois en principe et en application vis-à-vis un petit nombre d'honorables concitoyens, les exigences révolutionnaires de sa position et du moment, je crois qu'il faut chercher le mobile ailleurs que dans son propre cœur. James Demontry, tout grêle de corps qu'il était, avait un tempérament irritable, une imagination exaltée; a-t-il pu toujours vaincre certains accès d'émotions fébriles ? Dans l'exercice de ses fonctions révolutionnaires, il témoigna à Mgr l'évêque de Dijon, tous les égards que mérite son caractère. — Le discours qu'il prononça lorsqu'il vint se faire reconnaître comme colonel élu de la garde nationale, à Dijon, fut en tous points, de l'aveu même de ses plus opiniâtres adversaires, empreint d'un louable esprit de modération et de convenance.

L'idée démocratique sortie de ses véritables conditions, sous l'empire des surexcitations de clubs secrets ou publics, lorsqu'elle n'est pas contenue et régularisée par l'énergie du sentiment chrétien, aboutit vîte à l'impraticable, au négatif, aux dictatures ou à la destruction du principe d'autorité sans lequel aucune société régulière n'est possible. La démocratie chrétienne est le pouvoir de tous, légalement exercé, avec les intelligences à la tête de l'Etat, prises partout ; elle exclut tout despotisme d'en haut ou d'en bas, tous les préjugés de castes, concilie, rapproche et ne dissout pas. — Le n° 57 de la *Tribune* de Beaune (18 juillet 1849) a publié sur James Demontry une notice où sa nature est appréciée d'une manière juste.

Bien que quelques voix aient eu le triste courage de protester contre la fin touchante de M. James Demontry, il a expiré après avoir demandé dans toute la puissance de ses facultés morales, et reçu avec l'effusion chrétienne, les sacrements de la sainte Eglise catholique, apostolique et romaine.

Dans la première quinzaine de juillet, un cinquième journal politique, rédigé par M. Rossignol, a paru à Dijon sous le titre d'*Union Provinciale*.

La société médicale dijonnaise, vers le même temps, répandait avec une prodigalité digne d'éloges, une excellente instruction relative au choléra-morbus.

Un second nouveau journal politique vit encore le jour à Dijon, le 14 juillet; il s'appelle l'*Ordre*.

Une apoplexie imprévue est venue foudroyer, le dimanche 29 juillet 1849, M. Victor Dumay, né le 24 août 1798. Il avait été bâtonnier de l'ordre des avocats. Il fut un des maires les plus éminents de Dijon par son activité, son ardent amour du pays, ses infatigables recherches sur l'histoire dijonnaise, sa haute sollicitude, toutes les améliorations réalisées sous son administration. A un esprit d'ordre parfait, il joignait une science vaste comme jurisconsulte, une inouïe variété de connaissances, les mœurs les plus bienveillantes et le sentiment religieux le plus sincère, le plus chaleureux. Il a succombé président de l'académie et membre de la légion-d'honneur. Ce digne citoyen demeurait rue des Carmélites, vis-à-vis celle de Sainte-Anne. — L'auteur de cet écrit avait encore reçu de lui une lettre datée de l'avant-veille de la mort de M. V. Dumay.

Cependant, les représentants Pierre Joigneaux

(Côte-d'Or), Frédéric Gindriez (Saône-et-Loire), et Chollat, ainsi que M. Albert Demontry, frère du défunt, rapportèrent de Cologne une cassette qu'ils assuraient renfermer le cœur de James. Une cérémonie funèbre devait avoir lieu à N.-D. de Dijon, le jeudi 26 juillet. Mais cette manifestation a été interdite par l'autorité, en conformité d'un ordre ministériel. Le gouvernement éleva des doutes sur l'authenticité du cœur contenu dans la boîte.

Le congrès archéologique qui avait été indiqué à Dijon pour le 8 août, ne s'y est point tenu.

Au moment où je clos ce supplément, le choléra-morbus asiatique continue à respecter la noble cité dijonnaise. »

« 9 août, 1849. »

V.

CHAPITRE V.

Page 137, ligne 17, après le mot *Jehannin*, et la parenthèse, posez le signe de renvoi à la note suivante : « L'atelier monétaire de Dijon était situé jadis dans l'une des cours du palais ducal, en la région qui devint le siége de la sénatorerie dijonnaise, sous l'empire. A partir de 1711, il fut transféré à l'hôtel de Croï que nous venons de désigner. Les flaons y étaient marqués à la lettre P. La monnaie de Dijon fut supprimée en 1772, et la cité n'en conserva que l'ombre et la réminiscence, dans sa juridiction monétaire. »

VI.

CHAPITRE VI.

Page 161, ligne 23, après : *monte rarement*, ajoutez : « à l'ombre et au nord. »

ID. page 162, ligne 10, après les mots : *en agréable saveur*, ajoutez : « L'asperge est cultivée avec éclat et un succès particulier, sur ce territoire, et dans les alentours de Dijon, où les mûriers prospèrent également. »

ID. page 164, ligne 7, après *substitut*, ajoutez : « Le nouveau projet présenté par M. Odilon Barrot, le modifie ainsi : deux présidents de chambre, deux substituts; le titre de premier avocat-général est reconnu. »

ID. page 167, lignes 1, 2, 3, 4, 5, 6, 7, 8, 9, 10, modifiez ainsi : « Cette ville, résidence d'un colonel commandant la 20e légion de la gendarmerie départementale, est aussi celle du chef de l'ancienne 3e conservation des eaux et forêts, à laquelle le président de la république, par décret du 14 janvier 1849, avait naguère rattaché le département du Jura dont la conservation demeurait supprimée, et celui de Saône-et-Loire qui perdait son conservateur à Mâcon, ce qui la classa pendant quelques mois sous le n° 9. — Par décret présidentiel du 29 avril 1849, cette censervation forestière a repris le n° 3, par suite du rétablissement de celles de Lons-le-Saulnier et de Mâcon. »

ID. page 170, ligne 6, après le mot *siècle*, ajoutez : « *La Feuille de Bourgogne, de Bresse, Bugey et pays de Gex, affiches, annonces et avis divers*, vint faire concurrence au *manuscrit* qui s'expédiait dans la province, et était particulièrement goûté dans la société de Nuits, déjà comme aujourd'hui, fort avide de nouvelles. »

ID. page 177, ligne 1re, après le mot *Millin*, ajoutez : « Statistique de la Côte-d'Or, manuscrite, de M. *Vaillant*, texte relatif à Dijon, dans les monuments de la France (tome 2), par le comte *Alexandre de la Borde*, ancien manuscrit de Bourgogne, Feuille de Bourgogne, etc., Flore de la Côte-d'Or, par MM. *Lorey et Duret*, Détails historiques et statistiques sur la Côte-d'Or, par *X. Girault*, Voyages agronomiques dans la sénatorerie de Dijon, par *François de Neufchâteau*, Une province sous Louis XIV (Dijon), par *Thomas*, Détails sur le siége de Dijon, par *G. Peignot*, Mémoire sur l'entreprise du maire Jacques La Verne, Histoire chronologique, topographique et physique de Bourgogne ancienne et moderne, manuscrite (1760), Journal du génie civil, par *Corréard* (1847, tomes 15 et 16), la prise du château de Dijon (in-4° 1649), Lettres sur l'origine de Dijon, par *Baudot*, Mémoire de M. *de*

Ruffey sur le siége de Dijon par les Suisses, L'article relatif à Dijon, dans le dictionnaire de la conversation, Quelques phrases inspirées par l'effet oculaire des clochers de Dijon, par feu M. *Denizot*, dans son pélerinage à N.-D. d'Etang (2 juillet), imprimé à la suite de la *Mère du bel amour*, ouvrage du R. P. Eugène (1844).

On trouve à la fin du 4e volume de la réimpression du Courtépée, une bibliographie dijonnaise fort complète. La nôtre était imprimée depuis plus de deux mois et demi, quand cette dernière a paru avec ledit 4e et dernier tome, en juillet 1849. Il est aussi question de Dijon dans *Tristan-le-Voyageur*, par feu M. de Marchangy. — Un ouvrage qui ne peut manquer d'intéresser vivement, et complétera la bibliographie dijonnaise, est celui que prépare et fait imprimer en ce moment, l'honorable conseiller, M. de La Cuisine. »

ID. page 182, ligne 22, après les mots : l'*univers pittoresque*, ajoutez : « Les monuments de la *France* de M. le comte Alexandre de Laborde (façade de St-Michel, façade de N.-D., puits de Moïse, bas-reliefs et fragments antiques). »

ID. page 184, ligne 4, lisez : *Beaurain* au lieu de *Beausaim*. »

ID. page id., ligne 16, après *Busset*, ajoutez : « — Plan de Dijon avec petite vue de la porte Guillaume (1848), publié dans la nouvelle édition du Courtépée. — Petit plan de Dijon et de ses environs, détaillé sur le terrain, en 1839. »

Id. page 202, ligne 5, après *romain*, ajoutez : « rétabli ici, après la grande révolution, le 25 avril 1802, en ce qui concerne la fériation officielle des dimanches et saints anniversaires. »

Id. page 221, ligne 15, après *pittoresque*, remplacez le point par une virgule, et ajoutez : « et que l'on trouve sur une grande échelle, dans les *monuments de la France*, de M. de Laborde. »

Id. page 226, ligne 9, après *Luzarches*, ajoutez en alinéa : « Parmi les innombrables dessins qui représentent la façade de N.-D. de Dijon, je citerai la gravure donnée par M. de Laborde, dans ses monuments de la France. »

Id. page 237, ligne 25, au lieu de *linceuil*, lisez *linceul*.

Id. page 238, ligne 15, après *bases*, ajoutez en alinéa : « L'église de Sainte-Anne ou des Bernardines vit s'établir dans son sein, le 18 février 1798, le culte des théophilanthropes. »

Nota Bene. M. Morelot, juriste distingué, auteur de savants écrits (né à Beaune), demeure à l'angle occidental des rues du Palais-de-Justice et de l'Ecole-de-droit.

Les premiers urinoirs dijonnais remontent à l'année 1840. Il en fut établi alors vingt. Ce nombre a été augmenté depuis ce temps, de manière à en garnir les angles rentrants des édifices publics.

— 419 —

Les bornes-fontaines offrent la forme généralement reçue pour ces sortes de monuments. Leur face antérieure est bordée d'un cordon en saillie fort riche. La bouche d'eau est placée au centre d'une rosace en relief; au-dessous de laquelle on voit un D *gothique* traversé par une couronne murale. Sur le socle, on lit le millésime : M · D · CCC · XLI. Le plus grand nombre de ces bornes ont été fondues dans les ateliers de la Haute-Marne. Quelques-unes l'ont été à Dijon. — J'aurais voulu pour emblême sur ces petits monuments, les armes de Dijon.

Page 354, ligne 15, après *hôtel*, lisez *Montigny* au lieu de *Montagny*.

(A reporter aux parties de l'ouvrage corrélatives.)

Fin du supplément.

BIBLIOGRAPHIE

DES

OUVRAGES DE M. JOSEPH BARD.

ARCHÉOLOGIE.

STATISTIQUE GÉNÉRALE DES BASILIQUES ET DU CULTE DANS LA VILLE ET LA PROVINCE ECCLÉSIASTIQUE DE LYON. Un immense vol., grand in-8, avec planches. 1842.

NOUVEAU GUIDE GÉNÉRAL D'ARCHÉOLOGIE SACRÉE, BURGUNDO-LYONNAISE, approuvé par les évêques de Langres et de Dijon (seconde édition). Un fort volume grand in-8, illustré. (Imprimerie Guyot à Lyon). 1847.

DERNIERS MÉLANGES DE LITTÉRATURE ET D'ARCHÉOLOGIE SACRÉE, faisant suite aux précédents ouvrages, illustrés. Un immense volume grand in-8, contenant la matière de plus de quatre tomes in-8, de la librairie parisienne. 1847.

STATISTIQUE MONUMENTALE DE RAVENNE, grand in-8. 1840.

Le même ouvrage en italien, sous le titre de : *Teoria dell' architettura bizantina orientale, nel ponente, dal V° all' VIII° secolo, inclusivamente, spiegata co' monumenti di Ravenna.* 1842.

Revue bazilicale et liturgique de Rome. Un joli volume in-12. 1848.

Lettres sur Vienne en Dauphiné. Brochure grand in-8. 1832

Lettre a mm. de l'académie des inscriptions et belles-lettres. Brochure in-folio. 1834.

Situation monumentale des hôpitaux de Beaune et de Chalon-s.-S. Un vol., grand in-18, illustré, 1842.

Recueil d'inscriptions latines et françaises. in-4. 1847.

Monographie de l'église de N.-D. de Bourg-en-Bresse. Une brochure in-8 (seconde édition, imprimerie de Milliet-Bottier à Bourg). 1848.

Monographie de la basilique de St.-Maurice, de Vienne (France départementale. 2ᵉ volume 8ᵉ livraison). 1835.

Archéographie de d'insigne collégiale et du beffroi de Beaune. Un vol. in-4, avec planches. 1836.

Monographie de N.-D. de Dole (dans la statistique de l'arrondissement de Dole, de M. A. Marquiset).

Monographie de la basilique abbatiale de St.-Philibert de Tournus. Une brochure, grand in-8. 1847.

Monographie de la basilique de St.-Vincent de Chalon-s.-S. Une brochure in-8. 1845.

Avant-Projet historique pour la repoduction a Autun, du type de la basilique latine. Brochure in-4. 1845.

Treilles archéologiques (verrières naturelles), feuille volante, in-4. 1849.

Sur la nouvelle chaire de la basilique primatiale de Lyon. Brochure grand in-8. 1840.

Bulletin monumental et liturgique de la ville de Lyon, paraissant par cahier, au mois de mai ou de juin de chaque année. La XIIe année est imprimée.

Une foule de monographies, aperçus, notices, statistiques et revues, publiés dans les journaux mensuels, hebdomadaires et quotidiens de Lyon, Mâcon, Chalon-s.-S., Bourg-en-Bresse, Beaune, Autun, Paris.

LITURGIE ET MUSIQUE

PRÉTENDUE RELIGIEUSE.

Lettre liturgique au cardinal-archevêque de Lyon. Brochure grand in-8. 1842.

Nouveau programme d'un liturgiste. in-4. 1847.

Nécessité d'une réforme dans la décoration fixe et meuble des églises. in-4. 1845,

Archéologie liturgique. Brochure, grand in-8. (Tirage à part des *Derniers Mélanges*).

Essai sur la liturgie de la sainte église de Lyon. (Appendice au guide général d'archéologie sacrée). 1844 et 1847.

PIÉTÉ.

Plusieurs prières et actions de grace a N.-D.

DE FOURVIÈRES. Brochures in-18, papier de couleur. 1832 et 1833.

POÉSIE.

Les Mélancoliques, un vol. in-8. 1832.

Le Pélerin, poème en VI chants, un vol. grand in-8. 1832.

Chute d'Alger, poème triomphal, un vol. in-8. 1830.

Les Chants du midi, un vol. in-18. 1843.

Chansons Bressannes, brochure in-4. 1847.

Plusieurs Opuscules en vers. (Evreux, Lyon, etc).

BALLADES EN MUSIQUE.

La Fiancée de Pierre, musique de M. Mougin.

Gentil Fuseau, musique de M. Reuchsel.

ÉDUCATION.

Paysages et Impressions. Un vol. in-12, illustré. 1837.

Pensées et Souvenirs, Un vol. in-12, illustré. 1837.

Espérances et Contemplations. Un vol. in-12. 1849.

HISTOIRE. — NOUVELLES. — MÉLANGES.

Plusieurs Opuscules en prose.

Journal d'un Pélerin (paysages, monuments, récits), 2 volumes in-8. 1845.

Considérations pour servir a l'histoire du développement moral et littéraire des nations. Un vol. grand in-8. 1826.

Cent têtes sous un bonnet. Un vol. in-8. 1836.

Histoire et Poésie. Un vol. illustré, in-8. 1836.

La Tour de la Belle-Allemande, chronique lyonnaise. Un vol. grand in-18. 1834.

Gloire a Lyon, brochure in-8. 1836.

Souvenir de 1830, brochure in-8. 1832.

Chambéry, Aix-les-Bains, brochure in-8. 1834.

Una Rissa di facchini in Marsiglia, racconto. Brochure in-8. 1845.

Pour la Bourgogne, brochure in-8. 1836.

La lettre R, roman in-8, matière d'un fort volume in-8. 1849. (Vienne.)

Excursions autour du Lyonnais, dans la *Revue du Lyonnais*.

Type fourni aux Français, publication Curmer.

Bibliothèque populaire des villes de Bourgogne (*Beaune*, histoire et tableau, un vol. in-18. — *Résumé populaire de l'histoire de Nuits*, une brochure in-18. — *Chagny*, histoire et tableau, une brochure in-18. — *Dijon*, histoire et tableau, un vol. in-12, illustré. — Auxonne paraîtra incessamment.

Lyon vu en trois journées, un vol. in-18. (Histoire, description et tableau).

Suppléments à l'histoire de Nuits, de Beaune et de Chagny, brochures in-18.

VOYAGES.

La Vénus d'Arles. 2 vol. in-8, avec estampe, 1834. (Genève.)

Itinéraire de Lyon a Rome. Un vol. in-8. 1845.

Itinéraire de Dijon a Lyon, en suivant la Côte-d'Or et la Saône (villes, bourgs, villages, sites, vignobles et châteaux). Un joli vol. in-18. 1849.

Nouvel Itinéraire de Paris a Rome (sous presse).

Lettre a une académie sur l'école romantique. Brochure in-8. 1825.

POLITIQUE. — INTÉRÊTS MATERIELS.

Deux Brochures relatives aux affaires de Demigny. 1844. — 1845. — 1846.

Collaboration au Patriote de Saone-et-Loire.

Deux Circulaires aux électeurs du canton de Chagny, brochure in-4. — Une aux électeurs de Beaune-sud.

Observations sur l'état de la route royale n° 74, suivies de considérations générales. Une brochure in-18. 1847.

Rapport sur la question des gares de chemin de fer, a Beaune.

Plusieurs Brochures sur le chemin de fer de Paris à Lyon et sur celui de Chalon-s.-S. à Mülhausen par Dole. In-12 et in-8.

Proclamat du citoyen Joseph Bard, de la Commission exécutive provisoire, lors de la plantation de l'arbre de la liberté à Villers-la-Faye, in-folio. 1848.

Lettres au citoyen rédacteur de l'*Écho du Peuple*, à Beaune.

Collaboration a la *Voix du Peuple*, d'Auxonne, la *Tribune* de Beaune, etc.

Deux Mots a mes chers Concitoyens, brochure in-4.

TRADUCTIONS.

Il Ponte de' Fidanzati.

Un Mistero (de Felice Romani).

La Cenerentola, libretto, pour le grand théâtre de Lyon.

AGRICULTURE.

Résumé général de la question des étangs de la Dombes. Brochure grand in-8.

MÉDECINE.

Moyens préservatifs contre le choléra-morbus asiatique, note posthume du Dr J. B. Joseph Bard, rédigée et publiée par son fils. 1848.

BIOGRAPHIE.

Notice nécrologique sur Jean Pollet, architecte lyonnais. Brochure grand in-8.

Notice nécrologique sur Thomas Forey, maire

de Nuits, membre du Conseil général de la Côte-d'Or. Brochure in-8. 1837.

Notice nécrologique sur A.-F. Janniard, ancien Juge-de-paix du canton de Nuits. Broch. in-8. 1846.

Notice nécrologique sur Delort (patriote Jurassien).

Notice nécrologique sur J. B. M. Nolhac, (Revue du Lyonnais). 1848.

BEAUX - ARTS.

Notice sur la statue érigée a Gaspard Monge, dans la ville de Beaune. Brochure in-8, illustrée, Beaune 1849.

Divers Comptes-Rendus des expositions de la Société des amis des Arts et salons lyonnais, des représentations de la compagnie italienne Crivelli, des verrières peintes de MM. Brun-Bastenaire, Maréchal, E. Thibault, Thevenot, etc. dans les journaux de Lyon et de Beaune. Divers articles dans la *Rivista*, de Rome et l'*Indicatore Pisano*, la Revue maçonnique de Lyon et du midi (décembre, 22e livraison).

Série d'articles sur l'art chrétien, publiés dans l'*Artiste* (Paris).

Monuments religieux de Belgique, décrits dans le *Journal des personnes pieuses* (Paris).

Fragments d'archéologie chrétienne, publiés dans l'*Art et l'Archéologie en Province* (Moulins.)

CRITIQUE. — PHILOSOPHIE.
HISTOIRE. — VARIÉTES.

Collaboration actuelle et ancienne aux revues et journaux suivants :

Revue du Lyonnais. — Gazette de Lyon. — Rhône. — Courrier de Lyon. — Journal de Lyon. — Journal du Commerce de Lyon. — Journal de l'Institut catholique de Lyon. — La France Catholique. — Annales de la littérature et des Arts, en 1827, 1828, 1829 (série d'articles sur la musique italienne). — Echo du monde savant. — Journal des Personnes pieuses. — Morale en action du christianisme (récit sous le titre de la Fête du Cierge). — L'Eduen. — L'Espérance (de Nancy). — L'Album Dolois. — Revue du Dauphiné. — L'Art en Province. — Gazette de Metz. — Revue du Midi. — Sénonais. — Presse Grayloise. — Mouche de Saône-et-Loire et de l'Ain. — Courrier de l'Ain. — Journal de l'Ain. — Moniteur de l'Oise. — Gazette de Vaucluse. — Journal des Villes et des Campagnes. — Journal d'Auxerre. — L'Yonne. — Le Mercure Aptésien. — Le Mémorial d'Aix. — Le Nouvelliste de Marseille. — Le Sud. — La Gazette du Midi. — Journal de Saône-et-

Loire. — Patriote de Saône-et-Loire. — Courrier de Saône-et-Loire. — Courrier de la Côte-d'Or. — Le Drapeau tricolore de Chalon-sur-Saône. — L'Impartial du Rhin. — Le Spectateur de Dijon. — Le Courrier de Marseille. — L'Artiste de Paris. — La Revue de Vienne. — L'Union des Provinces. — Provinces-Unies. — La Sentinelle Beaunoise. — Revue de la Côte-d'Or et de l'ancienne Bourgogne. — Moniteur Viennois. — L'Album di Roma. — Il Solerte de Bologna. — La Rivista Europea. — Gazette de Picardie. — Magasin Universel. — Bulletin du Comité historique des Arts et Monuments. — Bulletin monumental de M. de Caumont. — Musée des Familles. — Album de l'Ain. — Album de Saône-et-Loire. — Patriote Jurassien. — Le Franc-Comtois. — L'Eclair. — La France départementale. — La Revue Française et Etrangère. — La Gazette de Bourgogne. — L'Echo du Charollais. — Le Fantasque de Genève. — Le Papillon de Lyon. — La Clochette. — Gazette du Bas-Languedoc. — Le Journal de Vienne. — Le Répertoire Lyonnais. — L'homme-de-la-Roche. — L'entr'acte Lyonnais. — L'Observateur (de Lyon). — Le Cri du Peuple (de Lyon). — La Chronique de Vienne. — La Voix du Peuple. — La Tribune de Beaune, de la Côte-d'Or et de Saône-et-Loire. — L'Espero, il ricoglitore fiorentino, L'Echo du

Peuple. — L'Entr'Acte (de Paris). — L'Alsace. — Le Provincial. — L'Ami de l'Ordre. — L'Abeille de Strasbourg. — Le Journal d'Indre et-Loire. — L'Abeille de Vienne. — Le Salut publique de Lyon. — Le Moniteur judiciaire de Lyon. — Le Journal de la Côte-d'Or. — Le Lyonnais. — La Revue de Lyon. — Le Franc-Picard. — La Gazzetta privilegiata di Milano. — La Gazzetta privilegiata di Venezia. — L'Indicatore Pisano, etc.

Sous presse :

QUELQUES OBSERVATIONS DE MÉDECINE ET D'HYGIÈNE. Brochure in-8.

DES FONDS COMMUNAUX. Brochure in-8.

N. B. C'est dans les journaux cités ici que l'on trouvera les travaux épars de M. Joseph Bard. La plupart de ces revues ou feuilles n'existent plus : de ce nombre, les *Annales de la Littérature et des Arts*, qui avaient M. Trouvé, ancien préfet de l'Aude, pour directeur. Tous les ouvrages de l'auteur se trouvent particulièrement à Lyon, aux librairies Guyot et Chambet fils. Leur réunion à peu près complète n'existe qu'à la bibliothèque particulière de l'auteur à Chorey, et à la bibliothèque publique de Dole (Jura). Toutefois il manque à ce dernier dépôt : *Teoria dell' architettura...* — *Monographie de St.-Philibert de Tournus.* — *Sur la nouvelle chaire de St.-Jean de Lyon.* — *Nouveau programme d'un Liturgiste.* — *Nécessité d'une réforme.* — *Chansons Bressannes.* (Lettre de M. Pallu aîné, bibliothécaire de Dole).

TABLE DES MATIÈRES

CONTENUES DANS CE VOLUME.

Dédicace IV
Avant-Propos V
Chap. I. — Situation 1
Chap. II. — Dijon sous les Romains, les rois Burgundes et les ducs bénéficiaires 8
Chap. III. — Dijon au moyen-âge . . . 24
Chap. IV. — Dijon depuis la Réunion jusqu'à nous 59
Chap. V. — Dijon au XVIIIe siècle . . . 133
Chap. VI. — Tableau de Dijon actuel . . 159
    Statistique 159
    Journalisme 170
    Armoiries 172
    Bibliographie 173
    Vues de Dijon 198
    Panthéon 184
    Effet général 193
    Géologie dijonnaise 199
    Contenances 199
    Culte 202
    St-Bénigne 202
    St-Michel 215
    Notre-Dame 221
    Couvents 229
    Hôpital général 231

Sainte-Anne 235
Monolithe. 239
Asile départemental. . . . 240
St-Philibert 243
St-Jean. 246
St-Etienne. 250
Sainte-Chapelle 253
Église des Carmélites . . . 258
Église St-Nicolas. 259
Église des Jacobins 259
Hôtel de la Préfecture . . . 260
Palais des Archives 261
Hôtel-de-Ville (Musée. - Ecole
   des Beaux-Arts) 267
Museum d'histoire naturelle . 286
Urinoires publics. 289
Château-d'Eau 289
Lycée 293
Théâtre. 293
Cimetière 297
Halles 298
Clairvaux 299
Évêché. 299
Grand-Séminaire. 300
Ecole de Droit 300
Obélisque du canal 303
Porte St.-Bernard 304
Porte de la Liberté 306
Porte d'Ouche 308
Porte Neuve 310
Porte St-Nicolas 310
Porte St-Pierre 310
Remparts 312
Conciergerie 314

Fontaine St-Michel 315
Académie 315
Palais de Justice 320
Promenades publiques . . . 322
Clochers détruits. 329
Religion 331
Anciennes mesures dijonnaises 331
Rues et Places 333
Maisons particulières curieuses 336
Maisons célèbres par leurs hôtes 347
Hôtels des xviie et xviiie siècles 352
Épis. — Girouettes 362
Maisons modernes 366
Bibliothèques et cabinets particuliers 367
Horloges publiques 369
Percements de rues 369
Croix rogatoires. — Niches . 372
Salles de danse 373
Mouvement intellectuel et artistique 375
Patois, — Accent, — Types . 380
Luxe 383
Mœurs et Caractère 384
Conclusion. 389
Supplément 395
Bibliographie des ouvrages publiés par l'auteur 420

FIN DE LA TABLE.

2ᴱ SUPPLÉMENT

A

DIJON, HISTOIRE ET TABLEAU.[1]

PRÉAMBULE.

Ce supplément est le résultat du besoin que nous avons éprouvé de conduire l'histoire dijonnaise jusqu'au 1ᵉʳ janvier 1850. — Un demi-siècle, c'est une date, une limite que le temps pose tout naturellement à mon essai. Et puis, il m'importait surtout de rectifier le plus vite possible quelques erreurs échappées à un premier travail, des inadvertences de rédaction ou de typographie, de remplir enfin de regrettables lacunes.

Notre conscience littéraire et notre loyauté nous prescrivent impérieusement le devoir de placer en tête de ces rectifications, et hors ligne, les modifications suivantes :

1° Le maire de Dijon sur lequel j'ai rapporté une petite anecdote, sans en garantir l'authenticité, la donnant purement et simplement, telle qu'elle m'avait été contée à moi-même, par un homme sérieux, n'est point le magistrat nommé à la page 143, ligne première. Il y a eu ici erreur matérielle, en mettant un nom pour un autre, et inadvertence littéraire en imprimant le sceau de l'autorité historique à un fait

---

(1) A Dijon, chez Jules Picard, à Auxonne, chez X.-T. Saunié, à Chalon-s.-Saône, Autun, Mâcon et Langres, chez MM. Dujussieu.

peut-être imaginaire, qu'il eût été plus sage de laisser dans le domaine de la causerie. Du reste, je n'avais point ramassé dans les carrefours, je le répète, cette anecdote assez insignifiante au fond, et qui ne frappe aucun nom propre de discrédit. Je ne suis un homme de passions tumultueuses ni en morale ni en politique : il n'est ni dans mon éducation ni dans mes goûts d'exploiter le scandale, de vomir les pamphlets, et ici, j'avais cédé uniquement au désir de caractériser par une citation, la tournure d'esprit et les mœurs de certaines couches bourgeoises de la société dijonnaise, au XVIIIe siècle. — Je n'avais pas vu au-delà. — C'est donc avec empressement que j'offre cette réparation à un nom justement respecté.

2° L'étymologie de Divio, *divine IO*, rapportée pages 8 et 9 de l'ouvrage, ne m'appartient pas, et rien du reste, dans mon texte, ne tend à faire croire que je m'en attribue l'invention. En l'indiquant, cette étymologie qui me paraît séduisante et probable, je ne me suis pas rigoureusement rendu compte de la source où je l'avais puisée, au milieu de la foule d'ouvrages et de documents que j'ai consultés. M. Jules Pautet, dont je ne saurais suspecter la franchise, m'a donné l'assurance formelle que cette explication, par la *divine IO*, du mot *Divio*, était sa chose. Ayant eu fortuitement et très-momentanément sous les yeux, une feuille de l'ouvrage en majeure partie imprimé, mais encore inédit de M. Jules Pautet, intitulé : le *Rail-way pittoresque*, il est naturel de penser que cette source m'aura fourni le flot de la *divine IO*. *Je rends donc bien volontiers à César ce qui est à César*, en me félicitant toutefois que l'étymologie en question, qui me semble très-heureuse, ait été trouvée par un enfant de notre riante Bourgogne.

L'accueil fait au *Dijon, histoire et tableau*, par le public et par la presse périodique de la Côte-d'Or, de Saône-et-Loire, de l'Ain, du Rhône, particulièrement, était une raison décisive pour que j'essayasse, par ce supplément, de compléter l'ouvrage, dans la mesure du temps qu'il embrasse. Tous les journaux de Dijon, quel que soit leur drapeau, ont traité le livre dont il s'agit, avec une rare bienveillance, à l'exception d'un seul. — Je n'ai point tiré vanité des éloges, et les jugements acerbes n'ont laissé dans mon âme aucun sentiment amer. Je mets à profit les observations consciencieuses, utiles, intelligentes qui m'ont été faites, et renvoie les critiques systématiquement hostiles, à la loyauté de leurs auteurs. Au nombre de ces dernières, il faut ranger celle qui me prête un vocabulaire spécial dans l'appréciation des monuments du moyen-âge, quand il est constant que je me suis renfermé dans une simple archéologie oculaire, visuelle, entièrement dégagée de termes techniques.

Les préventions qu'inspire l'esprit de parti m'ont reproché d'avoir écrit sous l'empire d'idées politiques que le gouvernement a cessé de représenter. — Eh! bien oui, j'ai dit, en pleine compression, du cœur ardent de James Demontry, de son proconsulat exercé sans violence, de la droiture intime de ses intentions, tout ce que j'en pensais, j'ai trouvé quelques sympathiques accents dans les journaux de la démocratie, à raison, sans doute, de mon équité envers elle et de mon impartialité envers tous. — En tout cela, j'ai accompli un double devoir de citoyen et d'auteur écrivant l'histoire.

Ceux qui m'ont jeté le blâme, à ce point de vue, savent bien, qu'homme d'art et d'étude, je n'appartiens pas aux partis militants; ils connaissent le caractère de mes idées politiques inoffensives envers la société et les personnes, la mesure de sentiment religieux, d'ordre, de loyauté et de patriotisme dans laquelle elles se renferment. Ce n'est pas, au fond, par cet endroit que j'ai excité leur colère, leurs rancunes. Ce que ces adversaires ne nous pardonnent point, c'est le succès du *Dijon*, et ils se sont promis de crier *haro* sur lui, de pulvériser son auteur. Aussi bien, ils n'ignorent pas que je n'ai point eu la prétention d'écrire une *histoire de Dijon, ex professo*, que j'ai seulement essayé l'esquisse d'un tableau animé de cette capitale, en l'encadrant dans ses souvenirs historiques principaux, tâché de mettre en relief ses beautés oculaires, l'aménité de ses mœurs, la quiétude de ses horizons, la placidité de son ciel, l'élégance de son langage et de sa vie.

Si j'en crois à un bruit, sans fondement peut-être, la furibonde sortie contre mon livre, faite dans une enceinte où ne devraient retentir d'autres accents que ceux de la fraternité et des égards, les paroles réputées presque draconiennes par quelques-uns, prononcées dans le même lieu par un homme égaré dans son emportement, auquel j'aurais pu appliquer la peine du talion, si la charité chrétienne n'eût prévalu dans mon âme, sur les vulgaires instincts de la vengence, paroles passionnées, colportées ensuite par une lâche malveillance, tout ce langage étrange aurait porté ses fruits. Une médiocrité douée, dit-on, d'une phénoménale arrogance, s'apprêterait, d'un ton superbe, à laisser encore tomber sur notre pauvre *Dijon*, un foudroyant anathème. Il faudrait se résigner cette fois à succomber. S'il ne doit y avoir dans ce factum peu probable, que des injures, nous en ferons justice par le mépris, s'il n'était qu'un bizarre assemblage de pédantisme, de forfanterie, de phrases creuses visant à la science sans l'atteindre, nous en ririons; s'il contenait des observations mesurées, sérieuses, nous nous féliciterions de les recueillir; si en nous critiquant, on commettait des fautes et des erreurs, nous combattrions les unes et réfuterions les autres. Tout cela, avant de mourir, sous le coup de la philippique.

J'ai voulu faire connaître, comprendre, aimer Dijon, non-seulement à ses enfants et à ceux de notre Bourgogne, mais encore aux étrangers qui n'ont pas le bonheur d'être nés sous le beau ciel bourguignon;

j'ai voulu augmenter la renommée déjà si retentissante de cette noble capitale, son influence morale et sa gloire. — J'ai pour principe d'exalter, dans la sphère du vrai, les choses et les hommes de la province, en raison directe de la dépréciation systématique que font peser sur eux la centralisation et le monopole intellectuels de Paris.

Terminons ce préambule en empruntant à l'un de nos plus brillants écrivains français (Jules Janin), un nouvel hommage à la Bourgogne : « Si la Bourgogne avait un Panthéon, ses enfants suffiraient à le peupler et à le remplir : il n'est pas de province qui plus que celle-ci doive se montrer fière de sa fécondité, il n'en est pas qui doive conserver plus fervent et plus pur, le culte de ses souvenirs.

Joseph BARD.

Janvier, 1850.

Page 414, à la fin du deuxième alinéa, ajoutez : « Le 19 août, les électeurs de la Côte-d'Or se réunirent pour procéder à l'élection d'un représentant du peuple, en remplacement de James Demontry Voici comment les votes se répartirent à Dijon, sur les trois candidats :

Dijon-Est :

M. Lemulier.	M Grappin.	M. Carnot.
1,203	1,122	156

Dijon-nord :

| 985 | 1,209 | 111 |

Dijon-ouest :

| 1,179 | 1,295 | 174 |

Le citoyen Lemulier, chef d'escadron d'artillerie, ayant obtenu dans le département, 28,303 suffrages, et le citoyen Grappin, son compétiteur n'en ayant réuni que 16,547, le premier a été proclamé représentant du peuple à l'Assemblée législative.

Le 14 août, les lettres dijonnaises furent encore frappées dans la personne d'Etienne-Gabriel Peignot, décédé à l'âge de 82 ans et 3 mois. Il était né à Arc-en-Barrois, le 15 mai 1767. Vers le même temps, on apprit à Dijon la mort de M. le marquis d'Arbaud-Jouques, qui a succombé à Aix (Bouches-du-Rhône). Il avait longtemps administré le département de la Côte-d'Or, sous la Restauration.

Le mercredi 26 septembre, les obsèques, ou mieux l'inhumation du cœur de James Demontry, a eu lieu à N.-D. de Dijon, à 8 heures du matin. Les prières d'usage se sont faites en présence des amis du défunt et d'une foule assez compacte de curieux, sans bruit, sans ostentation, avec la convenance et le calme qui conviennent au recueillement des derniers devoirs. Toutes les formalités exigées par la loi pour cette funèbre cérémonie, avaient enfin été remplies, et la cloche de N.-D., paroisse de l'honorable défunt, put librement convoquer ses nombreux frères, autour du catafalque.

Le dimanche, 30 du même mois, vers 8 heures du soir, un incendie considérable, causé, dit-on, par la foudre, mais dont la véritable cause est inconnue, éclata dans les écuries de la caserne de cavalerie. On eut des craintes sérieuses pour quelques maisons voisines, notamment pour la maison Audiffret-Gilliot, rue Turgot, et pour le petit hôtel occupé par Mᵉ Chevalier, notaire, place des Cordeliers.

Peu de jours avant ce triste évènement, le journal le *Citoyen* qui avait cessé de paraître, dès la fin d'août, se reproduit sous un nouveau titre, le *Travail*. Son premier numéro est répandu le mercredi 26 septembre et porte par erreur la date du 25.

Cependant, dès le 1er septembre, la section de Dijon à Chalon-sur-Saône, du chemin de fer de Paris à la Méditerranée, avait été mise en activité, avec trois convois descendant et trois convois montant par jour. Il n'y eut pas d'inauguration. Le bruit de l'arrivée de M. le président de la République, pour cette époque, s'était propagé à Dijon : il a été démenti par le fait.

Une destitution imprévue vint frapper dans M. Joseph Garnier, paléographe distingué, un choix intelligent fait par James Demontry. M. Garnier avait été appelé aux honorables et sérieuses fonctions de conservateur des archives départementales.

Un changement ne tarda pas à s'opérer au faîte de la Tour ducale (la Terrasse) : l'ignoble et immense girouette qui la couronnait, a été remplacée ; mais, pourquoi en cette circonstance, ne s'est-on pas inspiré de l'âge et du caractère du monument ; pourquoi au lieu de faire une girouette de fantaisie, légère surtout, n'a-t-on pas reproduit les modèles de ces admirables œuvres du genre, des XIVe et XVe siècles, si communes en Bourgogne, à Dijon et à Beaune, particulièrement ? — Il faut raisonner l'exclusion et l'emploi des formes *gothiques*.

Dans les premiers jours de novembre, Dijon eut le singulier spectacle des bâtiments provisoires en bois du débarcadère du chemin de fer, à Tivoli, transportés le 17 de ce mois, à la gare permanente du faubourg Raines, près de la porte Guillaume. Sur ce vaste emplacement où tout avait été depuis longtemps préparé pour recevoir le débarcadère fixe, les constructions d'attente furent commencées dans la fin de juillet 1849. Le projet de percement du rempart de la Miséricorde, dans l'axe de la rue de la Prévôté, demande une prompte exécution : ce sera un vomitoire qui, en ligne directe, s'ouvrira de la gare dijonnaise au cœur de la cité.

Un nouvel incendie rappelant l'affreux sinistre du moulin de Saint-Etienne, réduisit en cendres, dans la nuit du 7 au 8 décembre, la tannerie de M. Febvre-Gaudelet, au faubourg d'Ouche.

Le conseil-général de la Côte-d'Or s'est modifié depuis la publication du *Dijon, histoire et tableau*, par suite de l'élection du 9 décembre, qui a fait inscrire parmi ses membres, pour le canton de

Gevrey-Chambertin M. le professeur Serrigny, en remplacement de M. Joly.

Une condamnation d'une grande rigueur vient frapper le chaleureux rédacteur en chef du *Travail*, Langeron, qui est forcé d'y échapper par la fuite.

Le conseil municipal dijonnais décide le futur percement d'une rue, par le prolongement de celle nommée Chancelier-l'Hôpital. L'opinion publique provoque une mesure de gratitude envers la mémoire de Victor Dumay, et demande que son nom soit donné à la rue des Carmélites. Victor Dumay, mort à Dijon le 29 août 1849, occupait dans la rue des Carmélites, la maison n° 18. Il était né dans la même ville, le 24 août 1798, de Jacques Dumay, avocat. On peut dire de lui qu'il fut Dijon personnifié, Dijon fait homme.

Sur la fin de l'année 1849, j'ai vu avec peine s'opérer la destruction d'une des plus vastes et des plus belles promenades dijonnaises, celle dite allée de la retraite (tendant du faubourg St-Michel, au faubourg St-Pierre), dont on arrache les arbres pour avoir du sable.

(Remplacer la date du 3e alinéa de la page 414, par celle de 2 janvier 1850, et se rappeler que toutes ces additions et celles auxquelles elles se rattachent, doivent être rapportées à la page 132, avant l'alinéa.

STATISTIQUE. — Page 160, il importe de compléter les notions sur la statistique de Dijon. Le chiffre des mariages, décès, présente dans cette ville les moyennes suivantes :

Naissances,	950
Mariages,	252
Décès,	801

Dijon est géographiquement posé sur une ligne stratégique secondaire. Cette ville, celles de Beaune, Chalon-sur-Saône, Mâcon, semblent marquer la place d'une armée permanente de réserve des frontières. Elle est élevée au seuil de la grande porte de St-Bénigne, de 245 m. 508, A. M. d'après M. V. Dumay (2e éd. de Courtépée).

Page 163, ligne 20, après possédait, ajoutez : « Une école d'horlogerie, qui n'a pu y fleurir, et qui transférée ailleurs n'a pas sensiblement mieux prospéré. »

Page 166, lignes 2 et 3, effacez une *école d'horlogerie*. Cette école était située dans l'ancienne maison Bazire, faubourg Saint-Pierre ; elle avait été fondée vers 1836.

Page 168, ligne 22, après *Refuge*, au lieu du point, posez une virgule et ajoutez : « Un bureau d'essayage et de contrôle pour les métaux, plusieurs maisons florissantes d'éducation, pour les deux sexes. — Il ne manque à la ville de Dijon qu'un jardin d'hiver. »

JOURNALISME. — Page 170, après le mot *Spectateur*, ajoutez : « J.-L. Bertrand fut le gérant du *Provincial*, depuis le 1er mai 1828, date de l'apparition du premier numéro de cette feuille, jusqu'au 5 juin suivant, époque où Brugnot en prit la direction. Bertrand coopéra jusqu'à la fin à sa rédaction : on trouve deux articles de lui dans le dernier numéro du *Provincial*, 30 septembre 1828. Le nom de Bertrand a eu un poétique retentissement, et Sainte-Beuve en le comprenant dans ses portraits, n'a pas peu contribué à sa renommée. On se rappelle les vers :

« O Dijon, la fille
Des glorieux ducs,
Qui portes béquille
Dans tes ans caducs. »

Bertrand n'était pas Dijonnais ; mais il a passé son enfance et fait ses études à Dijon. Il naquit à Ceva, département de Montenotte (Piémont). — Revenons aux journaux. »

Même page ligne 18, après carrière, ajoutez : « Le *Crieur Public* et le *Nouvelliste* eurent ensuite une précaire existence. » (Tout ce qui suit doit être modifié par le premier supplément inhérent au volume.) Un septième journal politique vient encore de paraître à Dijon sous ce titre : *Le Socialiste de la Côte-d'Or* (1850).

ARMOIRIES. — Page 172, ligne 9, après *reprises*, ajoutez : « Il était jadis de gueules sans pièces ni meubles. »

BIBLIOGRAPHIE. — Page 177, ajoutez à la bibliographie dijonnaise : « Notice nécrologique sur Victor Dumay, par *A. Berville* (Paris 1849), Géographie de la Côte d'Or, par *Berthet*, Histoire de la Révolution de Février à Dijon et Biographie de James Demontry, par *Langeron*, Armana borguignon, par *P. Chaingenay*, Esquisses dijonnaises municipales et parlementaires par M. le conseiller *de La Cuisine*, Etudes sur St-Bernard, par *Abel Desjardins*, l'Abrégé de l'Histoire de Bourgogne, par *Béguillet*, écrivain si supérieur à Courtépée, Autun chrétien, l'Evaireman de lai peste, ouvrage en vers d'*Aimé Piron* (chez Michard, à St-Jean l'Evangéliste, 1721), 2e édition donnée par M. Bourrée, D. M. à Châtillon, 1832, la Franche-Comté à l'époque romaine, par Ed. Clerc, Chartes de St-Martin d'Autun, à la suite de l'ouvrage de M. G.

Bulliot, almanach de l'*Union provinciale* (1850), Lamartinière, sur Dijon, dans son grand dictionnaire, monument de St-Bernard, érigé à Dijon, en 1849, Notice sur N.-D. de Dijon, par Antoine, Description de la ville de Dijon, in-8o, 1574, Tablettes Jurassiennes par Pyot, Etudes stat. sur la mortalité et la durée de la vie dans la ville et l'arrondissement de Dijon, par le Dr. Noirot, *Armona Borguignon po* 1850, par *Jean Chaingenai, vcigneron de lai côte, illustrai par Jean-Jean Cornu, de Chenôve* (M. Coquet, auteur du texte), *Dialogue entre Jaiquemare, sa famne et son gaçon*, 1846. »

VUES DE DIJON. — Page 180, ligne 2, après partielle, ajoutez : « Toutefois, il existe aussi une vue générale de Rouen, presque aussi belle que celle de Dijon, et qu'on voit encore dans mon cabinet ; elle a deux mètres cinq centimètres de longueur ; on lit en tête le nom ROAN (sic). »

Page 183, ajoutez : « Petite vue de Dijon sur une carte de la Côte-d'Or, faisant partie d'un atlas intitulé la *France*, avec le portrait de Carnot, — Vue de l'asile départemental, par Paul Petit, Reproduction de la médaille du Rosoir, dans la notice sur Victor Dumay et le Magasin pittoresque. — Petite vue de Dijon dans la carte de la Côte-d'Or (géographie de MM. Badin et Quantin). »

PANTHÉON DE BOURGOGNE. — Page 186, ligne 14, après Grèce, ajoutez : « Les grands hommes de Bourgogne peuvent se classer en Bourguignons illustres, Bourguignons dignes de mémoire, Bourguignons notables, citoyens étrangers à la Bourgogne, devenus moralement Bourguignons. » — Ligne 24, après Denon, ajoutez : (Givry-près-l'Orbize), les Claude Perry, les Guillaume Boichoz, les Nicolas du Blé d'Uxelles (Chalon-sur-Saône), les Pierre de Saint-Julien (Etrigny), les Claude Saulnier, les Pierre Jeannin (Autun), les Charles Gravier de Vergennes (Paray-le-Monial), les Jean-Baptiste Greuze (Tournus), les Samuel Guichenon (Mâcon), les Barthélemy Chasseneuz et les Stép.-Fél. Ducrest, comtesse de Genlis (environs d'Issy-l'Evêque), les Guillaume Paradin (Louhans), les Foisset ainé (Bligny-sous Beaune).

Page 187, ligne 21, après Mâcon, ajoutez : Les César Lavirotte (Arnay-le-duc), les Gustave Lapérouse (Châtillon).

Page 190, après art, ajoutez : « de Victor Dumay, du général de génie Vaillant, du sculpteur contemporain Pauffard. »

MONUMENTS. — Page 208, ligne 13, après cette église, ajoutez : « dont la nef offre un ton délicieux, mais laisse apercevoir plusieurs trous et cassures dans la pierre, résultat du regrattage, qu'il serait utile de remplir, cette église. »

Page 212, ligne 6, après levant, ajoutez : toutefois l'action exercée par les vents d'ouest, très-violents à Dijon par suite du voisinage du mont Affrique et de la vallée de l'Ouche, peut avoir concouru à ce double effet de torsion et d'inclinaison

Page 211, effacez la flèche citée de Nivelle qui a été tronquée et ne rentre pas précisément dans les conditions de celle de Saint-Bénigne.

On admire les riches boiseries style XVIIIe siècle, qui lambrissent le chœur de St-Bénigne. La flèche n'est pas bourguignonne, elle fut imposée à nos ancêtres. Les sens des enfants de la Bourgogne sont trop délicats et trop fins pour qu'une forme aussi crûe, aussi sauvage en rapport avec les besoins moraux et oculaires des barbares du nord, ne les ait pas offensés. Toutefois, la flèche arrivée chez nous par les courants du nord, ne s'y est maintenue, n'y a même trouvé faveur que par suite du besoin que les Bourguignons, peuple guerrier, éprouvèrent de conserver l'image du glaive glorieux de leurs ducs.

On a, dans ce moment même, le bon esprit d'adapter au flanc méridional de St-Bénigne et à sa façade, pour clore les espaces rentrants formés par les entre-contreforts, une charmante grille ornée d'un goût parfait.

La cathédrale de Dijon porte d'Azur au Saint-Bénigne de carnation, etc.

Page 211, après les inscriptions, ajoutez : « On lit sur cette façade les dates 1661, 1570, 1655, etc.

Sambin, bien évidemment, en élevant un si splendide édifice, devina la rue Rameau et la rue St-Michel qui en forme le prolongement. »

Page 222, après l'alinéa, ajoutez : « Ce temple situé au cœur de Dijon, est le temple vraiment communal, l'expression de la nationalité dijonnaise. »

Page 229, après l'alinéa, ajoutez la notice suivante sur les orgues dijonnais « L'orgue de Saint-Bénigne, un des plus beaux de la province, fut construit vers l'année 1760 par Riepp, facteur allemand d'une grande habileté. Cet instrument est non pas un seize pieds, mais un trente-deux pieds, et offre une montre d'une grande richesse, dans le style du XVIIIe siècle. Il y subi diverses réparations. En 1811, M. Callinet père

(Bourguignon), fixé à Ruffach, le répara avec talent, sous la direction de feu M. Larrey, organiste justement célèbre. Depuis, l'orgue a dégénéré, d'abord par les travaux de consolidation du temple, ensuite par suite d'une opération de relevage : ses voix perdirent leur harmonieuse et grave sonoréité. Le gouvernement de Louis-Philippe accorda naguère une somme de 28 à 30 mille fr., qui bien employée, eut fait de l'orgue de St-Bénigne, le plus complet et le plus beau. Malheureusement le petit buffet de cet instrument n'est pas en harmonie avec le grand.

L'orgue de N.-D. est un petit huit-pieds. Son buffet est un chef-d'œuvre, le petit surtout me paraît délicieux (style de la Renaissance). Les sons de cet instrument sont d'une excellente qualité. Il ne manque à l'orgue de N.-D. que d'être un peu moins rapproché de la voûte, pour parler avec toute la plénitude de son majestueux langage. Je signalerai aussi à Notre-Dame un joli confessionnal du xviiie siècle.

L'orgue de St-Michel a été en 1829, l'objet d'une assez belle réparation opérée par M. Callinet fils. C'est un 16-pieds en montre. Il est dans sa composition et sa masse, vu le local qu'il occupe, aussi complet qu'on puisse le demander ; si toutefois il laisse quelque chose à désirer, c'est dans les détails qu'on ne traitait pas autrefois avec le talent d'aujourd'hui. La montre est du xviiie siècle, d'une richesse tempérée, comme la chaire à prêcher du même temple. »

Page 239, après la 10e ligne, ajoutez : « Les verrières-mosaïque dont je viens de parler ont été remplacées à la fin de 1849 par des verres incolores, sans doute parce que l'on ne pouvait pas étendre à tout le temple ce système de vitrage. »

Page 241, ligne 16, après Ste-Chapelle, ajoutez : « Comme cette dernière, ornée de la couronne ducale, mais à la base. »

Page 246, ajoutez : On remarque sur le flanc méridional de St-Philibert, quelques médaillons de forme ovale, offrant des légendes comme :

AV · BIENFAITEVR · DIEV · Y · POVRVOIE, 1648.
RESPICE · FINEM

avec le millésime 1663 traversé par une tête de mort et deux ossements.

Page 244, ligne 22, après France, ajoutez : « St-Pierre et Saint-Didier d'Avignon, St-Paul de Beaucaire, Ste-Marthe de Tarascon, aux Cordeliers (aujourd'hui chapelle des pénitents) d'Arles, à Lapalud, à Avignonet, à N.-D.-des-Accoules de Marseille, à la partie supérieure du clocher de St-Jean d'Aix-en-Provence, à Pérouse en Italie, à Mende (Lozère), à Salisbury, aux trois flèches de Lichtfield (Grande-Bretagne), à Evreux, à Harfleur, jusqu'à un certain point à Bordeaux, à Saint-Sernin-du-Plain (Saône-et-Loire), au vieux St-Vincent de Mâcon, à Fontenay-Vendée au sommet d'une tour, et même aux deux flèches jumelles de la cathédrale de Chaalons-sur-Marne »

Page 245, avant le 1er alinéa, ajoutez : « La flèche éduenne s'établit dans le midi par suite de nos vieilles relations traditionnelles avec l'Aquitaine, et s'y réduisit en acuté ; du sud de la France elle passa à Perugia, à l'aide de ses rapports avec la péninsule, et même en Espagne. »

Page 249, ligne 1re, après Bénigne, ajoutez : « Mais un peu moins haute que celle-ci. — Même page, ligne 16, après nom, ajoutez : « Toutefois je crois que c'est beaucoup moins à la demande de M. Durande qu'à celle de l'administration des ponts-et-chaussées pour l'élargissement de la route nationale no 74, qu'est due cette démolition. »

Page 253, l'inscription AVS · SANCTE · STEPHANE est entre deux monogrammes, celui I · H · S et celui A · M.

Page 256, ligne 22, supprimez *dit-on*.

Page 262, ligne 24, après archives, ajoutez : « Deux petites baies en croix. »

Page 266, ligne 24, après Garnier, ajoutez : « Que vient encore de remplacer M. Rossignol » et supprimez, *maintenant en exercice*.

Page 272, ligne 24, après Dijon, ajoutez entre parenthèses, « (dont M. le docteur Masson-Berlier, fut un des plus zélés fondateurs.) »

Page 280, après le 2e alinéa, ajoutez : « Quand les Dijonnais ont vu leurs anciens ducs revivre sur leur tombeau, ils ont retrouvé tout l'ancien sentiment national, toute la fierté bourguignonne. »

Page 282, ligne 23, après vulgaire, ajoutez : « Qui a été, il y a deux mois, remplacée par une autre girouette plus svelte, un peu moins indigne de cette tour historique que les incendies de 1417, 1502 et 1800 n'ont pu détruire »

Page 286, à la fin, avant l'alinéa, ajoutez : « Le 14 juillet 1800, le préfet de la Côte-d'Or, en exécution du décret du 20 mars, posa sur la place d'Armes, la première pierre de la colonne départementale sur laquelle devaient être inscrits les noms des soldats morts pour la patrie. Les fondations qui existent encore, n'ont pas dépassé le niveau du sol. Il faudrait élever au centre de cette place ou une colonne en l'honneur des grands hommes de la Bourgogne, ou la statue de Bossuet avec la magnifique inscription, *sentant le bronze*, comme disent les monumentalistes, préparée par feu M. Belloc :

IACOBO · BENIGNO · BOSSVET
DOMO · DIVIONE
PONTIFICI · MELDENSIVM
DOCTORI · THEOLOGO · PHILOSOPHO
HISTORICO · ORATORI

. . . .

DEVM · TIMERE
EIVS · MANDATA · OBSERVARE
HOC · ESSE · OMNEM · HOMINEM
ORE · GRANDILOQVO · DOCVIT

Page 287, ligne 21, après 1835 ajoutez : « L'ancien jardin botanique est occupé maintenant par un jardinier-pépiniériste. »

Page 299, rectifiez ainsi ce qui concerne l'évêché : « Le palais épiscopal a été bâti en 1800, dans un but direct, pour évêché, et non pour un nouvel abbatial de St-Bénigne. L'abbatial qui se trouvait dans la rue actuel Docteur Maret, servit d'hôtel à l'intendant de la province jusqu'à la translation de l'intendance à la préfecture. Elle avait pu s'établir paisiblement à l'ancien palais abbatial, puisque St-Bénigne n'avait plus d'abbé et dépendait d'un prieur-général. C'est, etc. »

Page 301, ligne 12, après Dijon, ajoutez : « *La Rivista di Milano* a dit de l'école du P. Lacordaire : « Nuova scuola cattolica, intollerante anzichè no e paradossa troppo, che viene sul pergamo dal Lacordaire rappresentata ; romanticismo religioso, il peggiore de' romanticismi, che tutto pospone all' imagine, al periodo, e appo cui il pensiere passa sempre dopo la metafisica. »

Page 309, ligne 24, ajoutez : « Heureusement les trophées et sculptures de l'ancienne porte d'Ouche ont été recueillies sur le bastion de Tivoli, et seront, sans doute, utilisées quelque part. »

Page 312, ligne 9, après Dijon, ajoutez : « Il exista longtemps une petite poste unique, dans la maison place St-Jean, no 15, » et après la ligne 19, ajoutez : « Les faubourgs en général n'ont pas d'importance à Dijon, mais ils en prennent tous les jours, notamment les faubourgs d'Ouche, Raines et Guillaume qui sont très-jeunes et finiront par ne plus former qu'une seule masse.

Le faubourg St-Michel, dans l'axe de la porte neuve, est extrêmement triste. On a encore augmenté cette tristesse, en transportant l'instrument du supplice, à l'extrémité de ce faubourg, sur un point silencieux et morne, presque au pied de la tour udromètre.

Page 315, deuxième ligne, après monument, ajoutez : « daté de 1835. »

Page 317, avant l'alinéa, ajoutez : « Lors de l'ingénieuse découverte des aërostats, comme on l'a vu déjà, l'académie de Dijon ne voulut point rester en arrière d'un mouvement qui remuait le monde. Elle fit construire un ballon, organisa une ascension, et trouva dans son sein des hommes dont la science et le courage ne le cédèrent en rien à ceux qui avaient fait les premières tentatives aërostatiques. Le 25 avril 1784 fut le jour choisi pour l'expérience, et les hommes à qui elle en confia la conduite, étaient Guyton-Morveau, Chaussier et Bertrand. L'aërostat portait cette devise : SVRGIT NVNC GALLVS AD AETHERA — La chute du ballon s'effectua doucement sur un taillis appartenant à Madame la comtesse Ferdinande de Brun, dans un canton du territoire de Lamarche, appelé le *Chaignet*, près de Magny-lès-Auxonne et de Montarlot. »

Page 318, après la légende, ajoutez : « L'académie de Dijon a remis au concours, en 1849, cette grave question déjà proposée : Des institutions et des franchises provinciales en Bourgogne, les Etats, les communes, le parlement. »

Page 323, ligne 3, après noyers, ajoutez : « On n'y a laissé que quelques jeunes noyers entre les portes Neuve et St-Nicolas. »

Même page, ligne 21, après Chindonnax, ajoutez : « L'esplanade à la porte d'Ouche, autour du château d'eau, est une jolie petite promenade dijonnaise. On va restaurer le cadran solaire horizontal qui y avait été placé en 1827. La fontaine Ste-Anne au site délicieux, est aussi un but de course agréable. Le cours Fleury (de la porte St-Nicolas à la porte St-Bernard). »

Page 324, après Mithra, posez une virgule et ajoutez : « sur les monticules druidiques de Dijon. »

Page 328, avant le premier alinéa, ajoutez : « Une vaste maison élevée par souscription, construite en 1849, occupe le flanc droit de la place St-Pierre. »

Page 329, ligne 3°, après Regnault, ajoutez : « Le castel est couronné d'une cage d'horloge assez curieuse. — Parmi les autres résidences sub-urbaines remarquables, Montmusard, Champ-Maillot, les Argentières, ajoutons la Colombière, au fond du parc, et la magnifique habitation de M. le premier président Muteau, hors la porte St-Pierre. »

Page 330, après l'etc., ajoutez : « L'église qui se voit encore dans la rue Berbisey, n° 19, était celle des sœurs de Ste-Marthe. La Visitation se trouvait rue Porte-au-Fermerot, les Jacobines, place d'Armes, etc. Le petit Citeaux était dans la rue St-Philibert. »

Page 338, ligne 2, après Bourges, ajoutez la demeure curieuse de la rue des Orfèvres, à Vienne (Isère), la maison historique de Paray-le-Monial (Saône-et-Loire). — Ligne 23, après 56, ajoutez : « Presque toutes ces maisons appartenaient à l'Hôpital Ste-Anne, dont on voit le nom sur les platines. »

Même page, ligne 25, après épreuve, ajoutez : « de la Renaissance avancée. »

Page 344, ligne 4, ajoutez : « et la gargouille en pierre (tête d'animal). » — A la fin de l'alinéa, ajoutez : « Continuons à citer la maison florentine rustique, rue des Bons-Enfants, n° 5, les deux mascarons grossiers, rue Berbisey n° 122, la maison historique existant dans une cour intérieure, rue Berbisey n° 19, derrière l'ancienne église des sœurs de Ste-Marthe, avec de très-beaux détails sculptés en pierre, au coin d'un escalier et en bois à l'angle oriental d'une galerie, la porte de la Renaissance de la maison rue Berbisey, n° 21, le joli cartouche, rue de l'Ecole-de-Droit, n° 14, le reste visible de l'église des Cordeliers, rue Turgot, la porte à pilastres cannelés, rue du palais, n° 11, l'admirable grillage d'œil-de-bœuf à l'hôtel, rue Berbisey, n° 6, la maison intérieurement extrêmement curieuse, occupée par le restaurant du Pré-aux-Clercs, rue Vauban 3 et petite-rue-du-Palais, 4, la maison historique, rue de la Préfecture, n°s 82 et 84, les louvres et consoles de la maison rue Chabot-Charny, n° 35, le couronnement de la niche, rue Jehannin, n° 17, les louvres de la maison n° 24, rue Buffon, ceux de la maison rue Chabot-Charny, occupée par M. Belin, architecte, avec la date de 1616, la porte de la maison même rue, n° 33, avec épi-gerbe et rinceaux d'un goût exquis, partie de la maison n° 7, rue du Bourg (jadis au-dessus du Bourg), la maison rue St-Nicolas n° 89, même rue n° 87, avec lion sculpté et frise, rue Prudhon n° 27, les deux jolis œils-de-bœuf avec entourages sculptés, rue Vannerie, n°s 51 et

53, le cartouche dans le fronton et les deux mascarons de la demeure, place St-Michel, n° 15, la charmante niche, rue d'Auxonne, maison Robert, n° 24, la porte rue de l'Ecole de-Droit, n° 11, la niche rue de la Préfecture, n° 117, la région supérieure, les louvres et la niche de la maison rue Chaudronnerie n° 3 »

Page 350, après Brenet, ajoutez : (né à Moissey, Jura, le 25 novembre 1764) »

Page 356, ajoutez aux hôtels et maisons cités, la jolie petite façade de la demeure rue de la Préfecture, n° 58, l'hôtel rue Turgot, n° 5, qu'on peut ranger en maisons notables, celui de la rue du Chaignot, n° 24, l'immense hôtel Seguin (ancien évêché), rue Legouz-Gerland, l'un des plus riches de Dijon en air et en espace. »

Page 358, ligne 14, après Bourges, ajoutez : « Versailles, St-Amour (Jura), Colmar (Haut-Rhin) »

Même page, ligne 17, au lieu de ci-devant royale, lisez : « des Rabuissons. »

Page 367, ajoutez aux maisons modernes celle de M. Roux de Champlitte, rue Legouz-Gerland, la maison (ancien hôtel de Suzenet), possédée par M. Henri Baudot, rue Bossuet, la maison neuve, rue Buffon, n° 6. — Quatre maisonnettes et deux murs à l'ombre de St-Jean, récemment construits dans une intention historique, sont une preuve de goût, ainsi que le joli lavoir de la porte Neuve, bâti en 1848. — Quant à la demeure qui se bâtit en ce moment au fond de la place St-Bernard, dans l'axe de la porte, elle est d'un pauvre motif. »

Page 367, ligne 25, après Lesage, ajoutez entre parenthèses : « (qui vient d'être vendue aux enchères, après la mort de son possesseur, M. Lesage-Vuillerod)

Page 368, ligne 15, après cannes, ajoutez fusils.

Page 367, ligne 6, ajoutez : « M. de Vesvrottes a une collection très-précieuse des monnaies bourguignonnes, la plus complète qui existe. M Prisset possède une réunion admirablement choisie de médailles romaines et françaises. On ne peut passer sous silence les riches médaillers de M. Charles Larché, de MM. Henri, Félix et Adrien Baudot, qui continuent dignement le patriciat archéologique de leur nom. Enfin, M. Philibert Milsand a une intéressante collection d'objets d'art (vaisselle, meubles, coffrets, etc) »

Page 369, horloges publiques, changez ainsi la rédaction, après le mot fontaines « Elle en possède dans ses trois paroisses, à N.-D,

St-Bénigne, St-Michel, dans ses deux hospices, au lycée, à la préfecture, à l'École-de-Droit, au Logis-du-Roi, à l'asile départemental, au clocher de St-Nicolas, chez un horloger de la rue de la Liberté, n° 68, au faîte du Castel, à l'hôtel de Montillet, rue Buffon, n° 3.

Page 371, ligne 10, ajoutez : « On sait que le numérotage des maisons ne s'est fait à Paris qu'en 1787 et 1788, à Rouen, qu'en 1788 et 1789. Auparavant, les maisons se distinguaient par leur forme, leur couleur, leur position, leurs symboles, devises, etc. A Dijon, le numérotage ne paraît s'être effectué que vers 1794—95. — Il dut y avoir dans cette ville un grand nombre d'enseignes monumentales allégoriques : il n'en subsiste plus qu'un petit nombre, comme le lion de la rue St-Nicolas, etc. Quant aux enseignes mobiles qui dans les deux derniers siècles ont encore été si curieuses par l'art compliqué de la ferrure que présentaient leurs bras, il n'en est pas resté une seule de ce genre à Dijon, digne de quelque intérêt. M. de la Quérière, de Rouen, prépare sur les enseignes monumentalistes adhérentes, en pierre ou en bois, un travail qui faisait besoin.

Les charpentiers bourguignons qui étaient d'habiles artistes contribuaient à ce luxe d'enseignes. Naguère encore on voyait à Dijon, Beaune, Nuits, Chalon sur-Saône, bon nombre de petits ouvrages de charpenterie, nommés *chefs-d'œuvres*, faits par les compagnons, avant de passer maîtres. Ces *chefs-d'œuvres* deviennent de plus en plus rares, dans la capitale comme dans le reste de la province.

On a eu le tort à Dijon, de jeter le trouble dans les noms de rues : naguère encore, leurs subdivisions soulageaient la mémoire, rappelaient des souvenirs historiques : ainsi, on appelle du nom général de la préfecture cette rue, la rue Porte-au-Fermerot, la place Charbonnerie, du nom de rue Berbisey, les rues Chapelotte et Maison-Rouge, du nom de Chabot-Charny, l'ancienne rue de ce nom, les rues aux Singes et St-Etienne. Puis on a mis le comble à ce désordre, tout cela avec d'excellentes intentions, par l'adoption du nouveau numérotage ; pour le raccorder avec celui préexistant, on a été obligé de placer jusqu'à 4 numéros sur une seule maison. — En ce moment même, on est occupé à remplacer les écriteaux portant indication des noms de rues, par des légendes peintes en lettres blanches sur plaque métallique mobile d'azur.

Des noms révolutionnaires avaient été donnés en 1793 à plusieurs des rues à Dijon, comme ailleurs : on en fit revivre un en 1830, qui à mon avis est fort malencontreux. Pourquoi avoir changé le baptême de la rue de Condé, et supprimé ce nom qui rappelle une amille de princes si bienfaisants, si éclairés, doués d'un si sincère amour pour la province et sa belle capitale? — N'est-ce pas de l'ingratitude? »

Page 374, ligne 9, ajoutez : « Le salon de Flore, rue Berbisey, mérite d'être cité. »

Page 377, aux architectes distingués de Dijon, ajoutez M. Degré dont le nom avait été involontairement omis.

Page 380, modifiez ainsi les lignes 4 et 5 : « Les reliures de Godard (qui ne travaille plus), Jacquin, Maître, Pralon. »

Page 385, ligne 15, après mot, ajoutez : — Résumons-nous, il y a en somme un peu d'affectation dans les mœurs dijonnaises —

Page 389, avant conclusion, réunir dans un paragraphe spécial, intitulé *commerce, industrie, productions du sol, produits artificiels*, tout ce qui épars dans l'ouvrage, se rattache à ces intérêts, et y ajouter : « Dijon offre un grand mouvement de voitures publiques pour Tonnerre, Semur, Autun, Nevers, Langres, Gray, Seurre et St-Jean-de-Losne, Châtillon-sur-Seine, Auxonne. L'entreprise Niogret desservant la ligne de Dole à Besançon, est une des plus florissantes. La mise en activité du chemin de fer a frappé de mort l'entreprise des messageries Collardot et du centre, sur la ligne de Beaune et Chalon-sur-Saône, et de langueur les deux petits services locaux de Nuits à Dijon. Il y a loin du temps actuel à celui où le *carrosse public* passait trois fois la semaine à Dijon, et où cette ville n'avait de communication avec celle de Beaune que par le fourgon-patache de Galotte et de Domino. »

Page 390, ligne 12, après orgueil, ajoutez : « Tous les souvenirs dijonnais se réveillent, m'enveloppent, tout s'illumine pour mes yeux et dans mon cœur. »

Page 391, après le deuxième alinéa, ajoutez : — Dijon a toujours une magistrature et un barreau distingués, des médecins instruits, des prédicateurs éloquents comme l'abbé Louvot, M. de Chalonges, etc., un aspect artistique et littéraire qu'on ne trouve pas ailleurs, même à Toulouse ; plusieurs de ses enfants sont encore en ce moment haut placés dans la science et dans l'Etat.

Cette cité aussi riche en belles eaux que Vienne-en-Dauphiné, ville d'action au-dehors, ville de repos dans ses murailles, a su faire rayonner partout son nom avec ceux de ses glorieux fils. Le cynisme des faiseurs parisiens d'histoires particulières, de guides, d'impressions de voyages, l'a à peine atteinte. Cette cité n'est ni trop haute ni trop basse par son sol et ses maisons : ses monuments sont bâtis à l'échelle de la stature humaine, la seule qui donne les conditions réelles d'harmonie, aux réalisations architectoniques ; elle n'offre aucune de ces profilations tourmentées, fébriles, lépreuses de la fin du xve siècle, qui vous forcent à chercher l'art dans une douleur. C'est peut-être la cité du monde où on comprend le mieux la maison bourgeoise.

Dijon n'a pas la froide régularité de Nancy, la pâle beauté de Versailles ; tout est varié en lui, pittoresque, imprévu. Ainsi, près de ce groupe des trois pignons posés en retour de la rue Chaudronnerie, vous trouvez l'hôtel de St-Seine. Cette cité est une de celles où l'on se rencontre le plus, dans les rues Condé et Bossuet, ces grandes artères de la circulation dijonnaise, sur les places d'Armes et St-Jean. L'habitude des toitures polychrômiques est si bien enracinée en Bourgogne et particulièrement à Dijon, que nos couvreurs figurent encore des dents de scie, décrivent des orbes, des lozanges, inscrivent des millésimes et chiffres avec les tuiles neuves, dans la réparation de nos toits.

La verrière peinte moderne est en retard à Dijon. Espérons que cet art sublime qui solidifie pour ainsi dire les couleurs de l'arc-en-ciel, y sera bientôt en progrès. — Longtemps accoutumé à voir la province de Bourgogne à ses genoux, Dijon a conservé la pose d'une souveraine qui reçoit des hommages. »

On voyait naguère sur l'hôtel de Mimeure qui vient d'être restauré, un écriteau portant ces mots : *Entrepôt de bouteilles*. Cette enseigne a heureusement disparu. (Se rapporte à la page 361.)

Les entrées des princes à Dijon, qui fourniraient à elles seules la matière d'un gros livre, avaient ici une grandeur, une majesté toutes particulières. (Se rapporte à la page 159.)

Dijon a encore dans le vénérable M. Pelletier de Cléry, chevalier de St-Louis, un type de cette amabilité, de cette courtoisie, de ce ton de bonne compagnie, de cette idonéité de l'esprit dijonnais, qui caractérisait ici les gens bien élevés au xviiie siècle (Page 441.)

Le jardin de l'arbalète était situé rue Maison-Rouge. (Page 152.)

Quelques erreurs s'étaient glissées dans nos dates relatives aux évêques de Dijon : en voici la rectification. Claude-Marie-Antoine d'Apchon a été sacré le 19 octobre 1755, Monseigneur de Vogué le 9 juin 1776, Henri Reymond désigné et confirmé pour le diocèse de Dijon le 2 avril 1802, avait reçu le caractère épiscopal le 15 janvier 1793. Jacques Raillon a reçu l'ordination épiscopale le 15 novembre 1829. (Page 153.)

Le culte s'exerçait chez les Lazaristes à la chapelle de l'hôtel-de ville, à l'église de l'oratoire ; mais non au séminaire qui lui était contigu. (Page 138.) Il n'y avait pas de culte à la miséricorde. La maison de l'oratoire s'appelait maison du *Saint Lieu*. Les Lazaristes avaient aussi leur maison dans l'intérieur de Dijon. (Page 157.)

M. Joseph Pelsel possède aujourd'hui complète cette collection (Page 430.)

Dijon et presque toute la Bourgogne persistèrent dans le droit coutumier : le droit écrit ou romain n'était guère invoqué que dans la Bourgogne lyonnaise et mâconnaise (Page 59.)

Dijon était l'une des trente-six villes dont les maires devaient assister au couronnement de sa majesté l'empereur et roi (Page 101.)

En 1814, les fêtes données au comte d'Artois par la ville de Dijon, eurent un caractère mémorable de majesté et d'effusion ; les Dijonnais voulurent rappeler l'ancienne magnificence traditionnelle des entrées princières dans la capitale de la Bourgogne. Ces fêtes retentirent comme autrefois sur tout le territoire de la province. (Page 102.)

Louis Mandrin, célèbre contrebandier, né à St-Etienne de Geoirs, dans le Dauphiné, ne parut pas à Dijon. (Page 91.)

Dijon fut éprouvé par plusieurs inondations provenant du gonflement de l'Ouche et de Suzon. L'une des plus mémorables fut celle qui envahit le faubourg d'Ouche, sous la Restauration. Les travaux exécutés dans ce dernier sinistre, sous le cours Fleury, et ceux qui s'opérèrent plus tard, ont désormais rendu impossibles de nouveaux malheurs en ce genre. (Page 104.)

L'adoption légale définitive du système décimal ne trouva aucune opposition sérieuse à Dijon. (Page 110.)

En 1847 et 48, plusieurs incendies partiels éclatèrent à la Visitation. Une enquête a prouvé qu'ils étaient l'œuvre d'une sœur maniaque. En 1848, Dijon frissonna en apprenant l'assassinat de M. l'abbé Belin, économe du grand-séminaire, par un hardi voleur. (Pages 112 et 113.)

Ce qui prouve qu'au IIIe siècle déjà, Dijon avait déjà un passé important, c'est l'inscription conservée aux archives ; c'est un ex-voto daté du XV des kalendes, sous le consulat d'Aquilinus Sabinus et d'OEmilius Lætus, élu pour la seconde fois. Ainsi, l'an 215 après

J.-C., sous l'impérat de Caracalla et de Geta, Dijon était une grande chose (Page 13.)

M. Lafontaine, alors capitaine, devenu aide-de-camp du maréchal Gérord, à la suite des évènements de juillet 1830, puis général de brigade, puis représentant du peuple à l'Assemblée nationale, se rendit célèbre à Dijon, à cette époque, par son opposition hardie au gouvernement de la branche aînée des Bourbons. D'autres hommes moins intelligents poussaient la témérité et les bravades politiques au dernier degré. Page 103.)

Une autre voie romaine indépendante de la voie Agrippine, existait à Dijon. Ce chemin de deuxième ordre partait de la voie Agrippine à l'extrémité sud de l'allée de la retraite, et se dirigeait au mont Jura et aux Alpes grecques (Page 15.)

Dans tous ces temples, la grave synaxe des Grecs était célébrée avec une pompe toute italique. (Page 156.)

« De Germain-Gilles Richard de Ruffey, né le 11 octobre 1706, archéologue, naturaliste, auteur de plusieurs poëmes français et latins, bienfaiteur de l'Académie, et véritable fondateur de son médailler, de son musée lapidaire. » (A ajouter page 190.)

Avant la première révolution française et les atteintes du mauvais goût, les basiliques dijonnaises étincelaient de verrières peintes.

Il est souvent fait mention du Bailly de Dijon, avec l'orthographe Dyjon et Digeon (Page 59, entre les deux premiers alinéas.)

Après le mot asperge, ajoutez entre parenthèses (asparagus officinalis). Page 415.

Page 18, ajoutez : « Du temps de Grégoire de Tours, la forteresse de Dijon n'avait pas encore reçu le nom de ville (vi^e siècle) : il s'en étonne dans ce texte : « Est autem castrum firmissimis muris, in mediâ planitie et satis jucunda compositum... à meridie habet oscarum fluvium (Ouche); piscibus val de prædivitem; ab aquilone verò alius fluviolus venit (Suzon)... Quatuor portæ à quatuor plagis mundi sunt positæ : totum que ædificium *triginta tres* turres exornant... Quæ cur non *civitas* dicta sit ignoro... » (Gregor. Turonen. hist. lib 3.) »

ERRATA.

Page 429, lisez : *di* Bologna. — Page 423, lisez : qu'il usa *des* immenses pouvoirs. — Avant-propos, lisez, en publiant ce volume pour ma bibliothèque.. — Page 372, lisez *pointue* au lieu de pointu. — Page 85, lisez : pourvu du gouvernement de Bourgogne — Page 106, lisez : n'a *plus* marqué par des bienfaits. — Page 107, lisez 16 appliques. — Page 390, lisez : 21 kilomètres de Nuits, au lieu de 20. — Page 264, lisez Ligve, au lieu de Ligue. — Page 451, lisez *urinoirs*. — Page 421, lisez *basilicale.* — Page X, lisez le *produisirent* — Page 301, lisez : donner à la ville de Dijon en compensation de sa faculté des lettres. — Il y a encore d'autres erreurs que le lecteur reconnaîtra aisément, notamment à la table où les renvois ne sont pas tous exacts.

Le titre de la deuxième édition qui résultera de la révision du volume publié en 1849 et de la fusion dans son texte de toutes les additions des deux suppléments, subira aussi un changement. — Le voici : *Dijon, histoire et tableau, depuis les temps les plus reculés, jusqu'à l'année* 1850.

Je compte compléter bientôt mes études dijonnaises par la monographie des trois basiliques de Dijon.

P. S. La fausse alarme des *brigands*, les premières assemblées des Notables, émurent la population dijonnaise. (A placer au 4e chapitre, page 91.)

En 1789, la population de Dijon n'était que de 11,000 âmes. (A placer au 5e chapitre.)

P. Quantin est très-certainement né à Dijon, d'une famille dijonnaise, d'après les recherches exactes qui m'ont été communiquées par un enfant de Dijon, M Quantin, héritier de ce beau nom, archiviste de l'Yonne. (A placer au 6e chapitre, page 188.)

Dijon a été chef-lieu du diocèse de Langres, depuis le rétablissement du culte jusqu'en 1818 où le siége de l'antique cité des Lingons fut relevé en faveur du cardinal de la Luzerne. L'évêque de Dijon Reymond, s'intitulait donc évêque de Dijon et de Langres. (A placer au 6e chapitre.)

Les travaux de remblai nécessaires pour le percement d'une porte à l'extrémité de la rue de la Prévôté, se poussent, sur l'heure, avec activité. (Se rapporte au chap. vi)

Parmi les pépiniéristes distingués de Dijon, n'oublions pas M. Jacotot. (Id.)

FIN DU DEUXIÈME SUPPLÉMENT.

Auxonne, imprimerie de X.-T. Saunié.

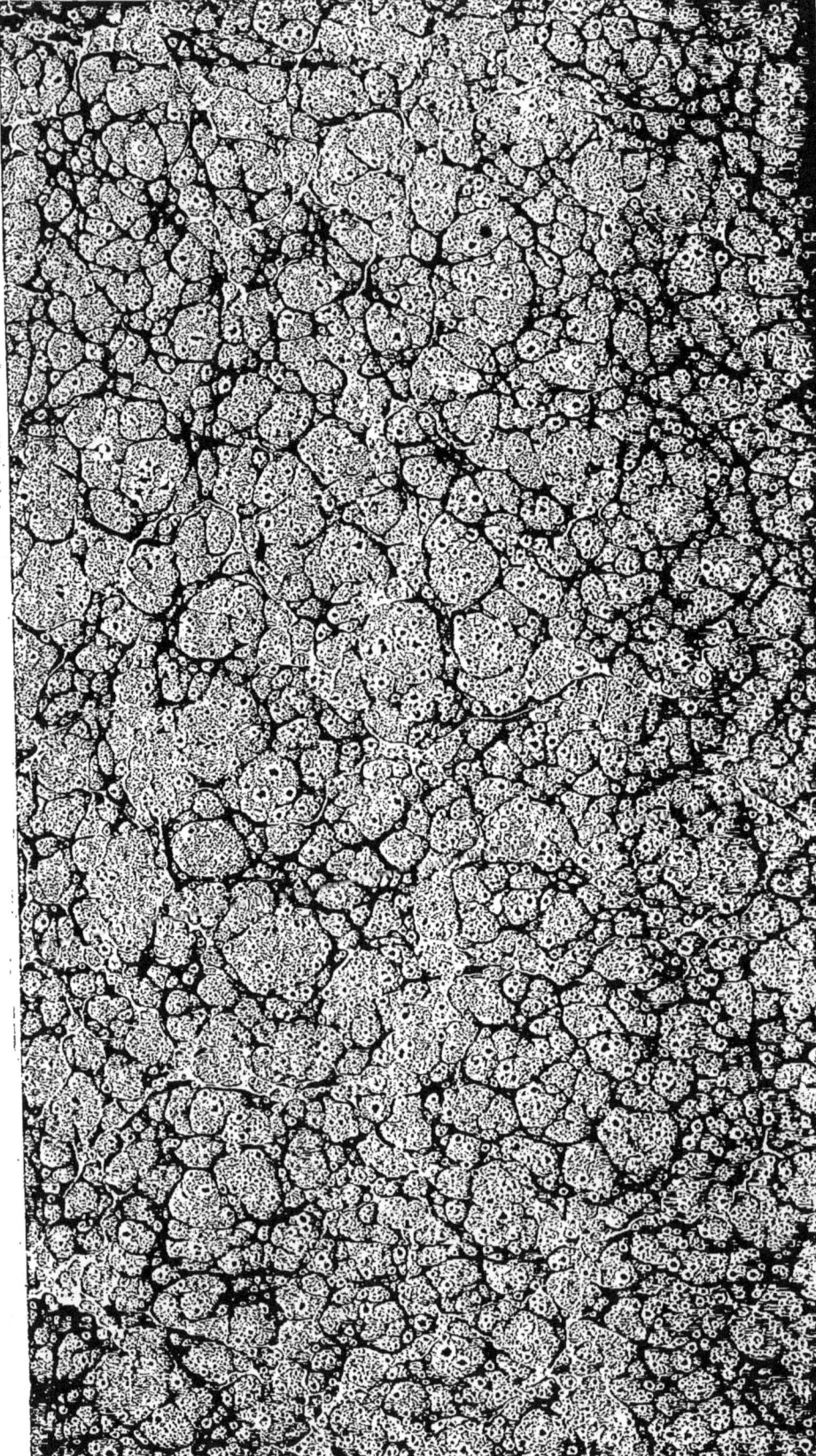

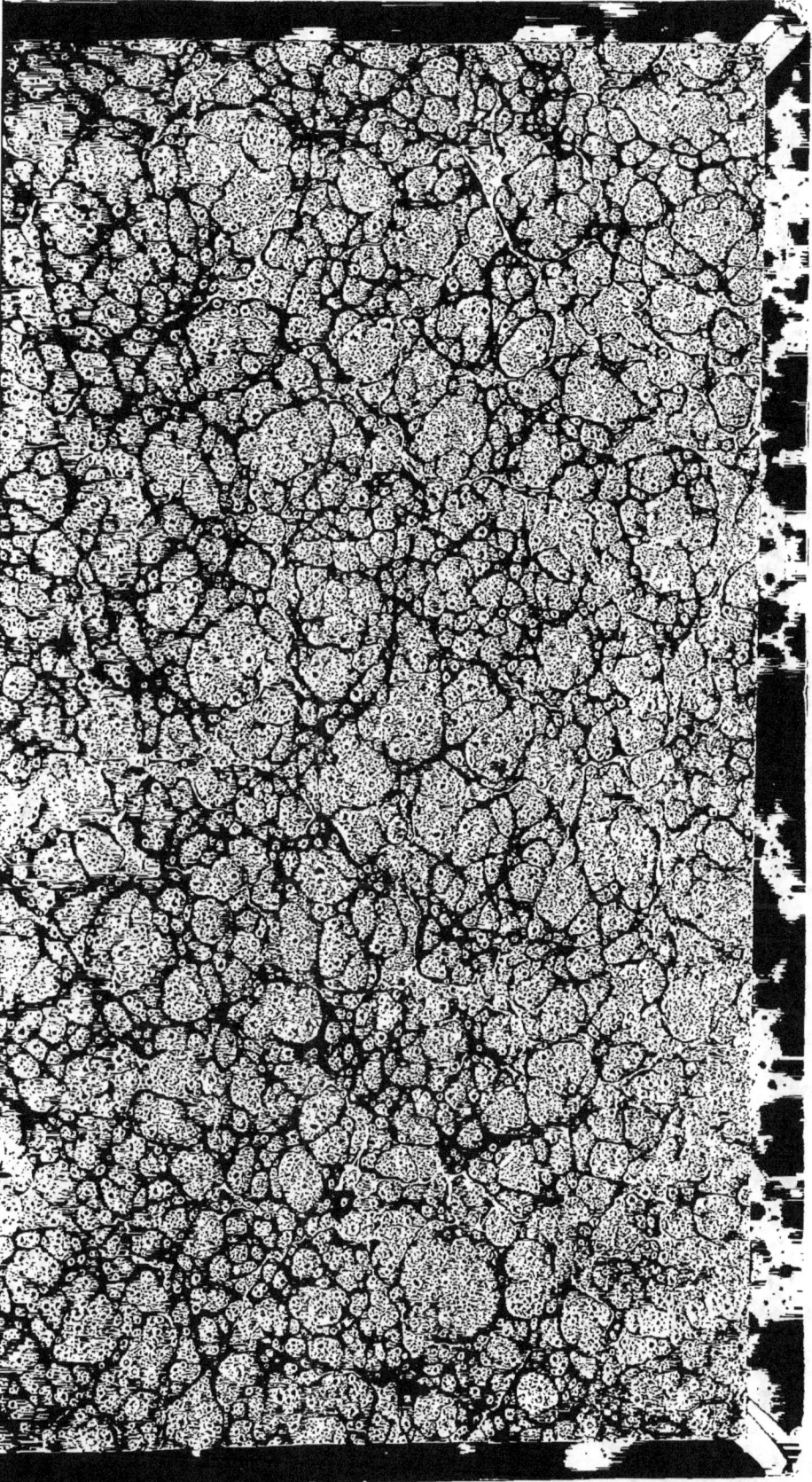

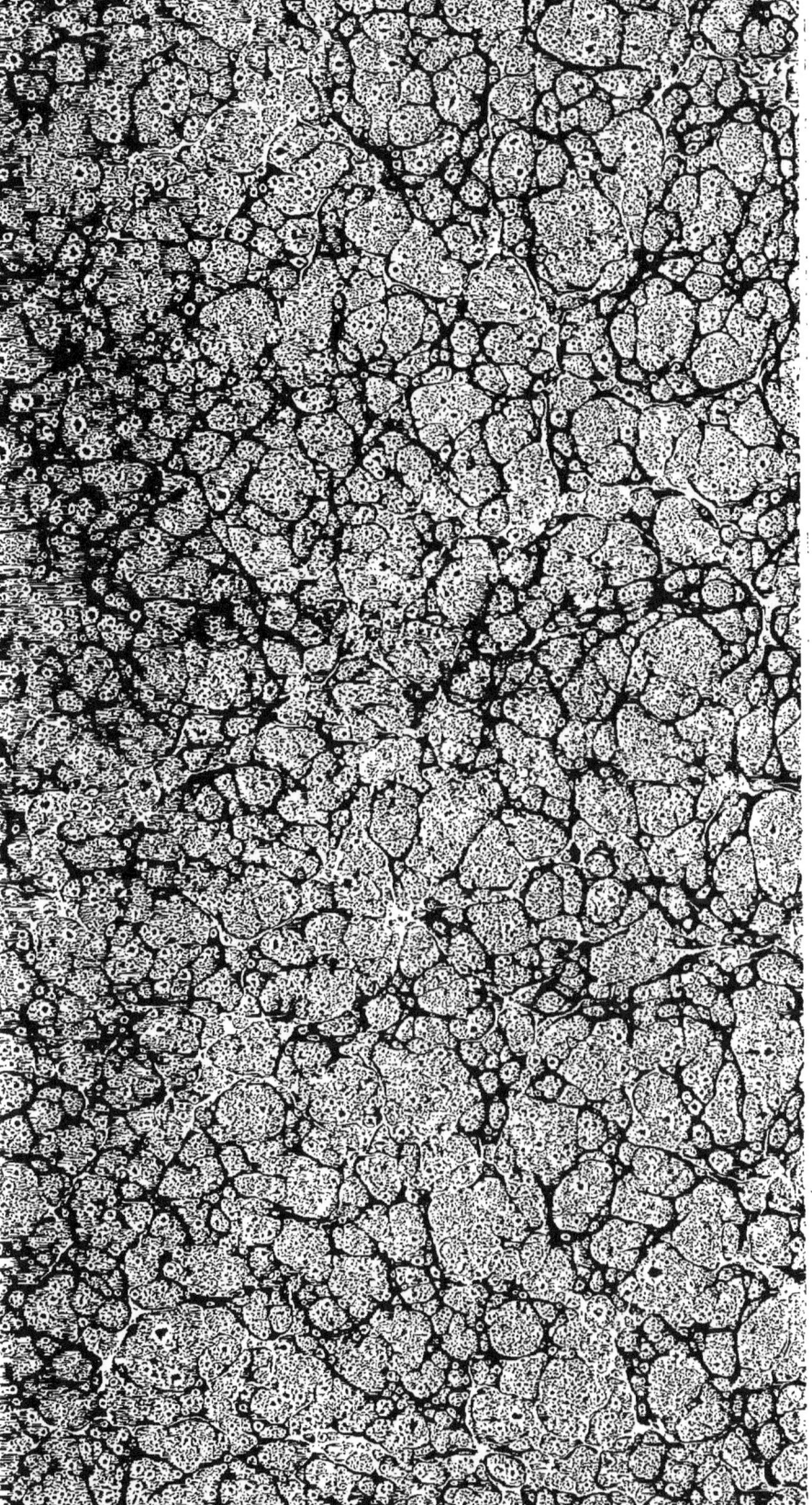

www.ingramcontent.com/pod-product-compliance
Lightning Source LLC
Chambersburg PA
CBHW051618230426
43669CB00013B/2089